ROMA –
HEN WLAD FY NHAD

en hadnewyddu erbyn y

ROMA –
Hen Wlad Fy Nhad

Dafydd Apolloni

Argraffiad cyntaf: Hydref 2004

ⓗ *Dafydd Apolloni*

Rhif Llyfr Safonol Rhyngwladol:
0-86381-918-4

Cynllun clawr: Sian Parri
Lluniau clawr: yr awdur

Argraffwyd a chyhoeddwyd gan Wasg Carreg Gwalch,
12 Iard yr Orsaf, Llanrwst, Dyffryn Conwy, LL26 0EH.
℡ *01492 642031*
🖷 *01492 641502*
✆ *llyfrau@carreg-gwalch.co.uk*
Lle ar y we: www.carreg-gwalch.co.uk

I Mam a Dad

1

'Hanes dyn yw hwn. Dyn a godod o blith y bobl a'i hanrhydeddodd gan roi iddo'r enw Gladiator.

'Mae'n troi at y dorf, yn sefyll o flaen ei bobl ac yn codi ei law chwith i'w cyfarch gan gydnabod y bloeddiadau o gymeradwyaeth.

'Oherwydd ef yw'r Cadfridog. Yr Arweinydd Dewr. A bydd adrodd ei stori am amser maith i ddod. Hanes yr hwn a frwydrodd dros Rufain, ac a ddaeth â gogoniant iddi. Annerch Rhufain ei phencampwr!'

Nid dyfyniad mo hwn gan lygad-dyst neu hanesydd Lladin neu Roegaidd, un o'r rheiny y cafodd eu sylwadau am y byd Rhufeinig effaith dyngedfennol ar ddatblygiad Ewrop, os nad y byd cyfan, yn y canrifoedd dilynol.

Nid golygfa o'r Colosseum a ddisgrifir uchod, lle troediai'r barbariaid yng ngwaed a llwch yr arena a lle'r ymgrymai'r arwr buddugoliaethus gerbron yr Ymerawdwr a'r seneddwyr.

Rhufeiniaid yw'r rhan helaeth o'r dorf a Rhufeiniwr yw'r arwr sy'n sefyll ger ei bron. Nid oes cleddyf yn ei law ond, yn hytrach, mae pêl gron wrth ei draed. Nid arweinydd milwrol gwaedlyd mohono ond capten tîm pêl-droed Roma. Oherwydd lleferir y geiriau uchod o'r Stadio Olimpico gan newyddiadurwr a sylwebydd pêl-droed sy'n paratoi ei wrandawyr ar gyfer dechrau'r gêm fawr, y 'derby', rhwng tîm y ddinas, Roma, a thîm y dalaith, Lazio. Mae Rhufain a'r ardal o'i hamgylch unwaith eto wedi ei hollti, a'r boblogaeth gyfan, bron iawn, yn cefnogi'r naill dîm neu'r llall yn y frwydr dragwyddol dros berchnogaeth y ddinas oesol hon. Hawlio'i hetifeddiaeth a wna wrth ailchwarae'r frwydr rhwng Romulus a Remus, y ddau frawd a fagwyd gan fleiddast cyn sefydlu'r dref a oedd i ledu goleuni dros weddill y byd.

Ond heno mae strydoedd Rhufain yn wag. A chyda'r fleiddast ar fathodyn ei frest, mae'r gladiatore yn troi at ei gyfeillion, a 'dan ni'n troi'r gongl, yn diffodd y radio ac yn dringo allan o'r Fiat bach ar ôl ei adael ar ganol y ffordd. Mae lle i fynd heibio, a beth bynnag, pwy sy'n mynd i fod allan heno?

Camwn i mewn i'r clwb; mae'r gêm ar fin dechrau.

'You cannot live in the present . . . ' ysgrifennodd R. S. Thomas, wrth feddwl am Gymru. Mae'n bosib dweud hynny am unrhyw le sydd â'i gymdeithas yn ymestyn yn ôl ganrifoedd maith, megis Rhufain. Ond efallai hefyd fod y ffin rhwng y presennol a'r gorffennol yn un ffug, a bod y naill yn bodoli o fewn y llall, a'r wal rhyngddynt yn aneglur wrth i ni grafu o dan yr wyneb.

Haf Bach Mihangel

2

Noson ffarwelio â Pharis, y noson cyn imi fethu trên a adawodd hebddaf i. Roedd y glaw yn gadael haen lithrig ar gerrig sgwâr y ffordd gan adlewyrchu goleuadau'r ceir a'r arwyddion *métro* ar yr Île de la Cité ar ganol y Seine. Ar ochr dde'r afon roedd olwynion y ceir prin yn risial ar hyd y lan, ac uwch eu pennau roedd y *gargoyles* yn cuddio eu hystumiau yng nghysgod oriau mân y bore ar Notre-Dame.

Roedd fy ngwaith wedi dod i ben ers tair wythnos ac roedd ffrind imi wedi awgrymu imi fynd i aros am ychydig ddyddiau efo fo yn nhŷ gwag perthnasau pell ym Menton. Yno treuliais bythefnos mewn tŷ yn llawn dodrefn o oes arall; lluniau du a gwyn o ddynion â mwstásus trwchus a choleri gwynion a merched stiff heb wên ar eu gwefusau; teleffonau llychlyd oedd byth yn canu. Roedd y bobl a briododd ac a dreuliodd eu bywydau yno wedi mynd gan adael bocs o atgofion na olygai ddim i ni. Yn y dydd fe fyddwn yn gyrru rownd yr ardal, yn bwyta ac yn eistedd i yfed coffi wrth fyrddau y tu allan i gaffis, neu'n gorwedd a chysgu yn haul y de ar y traeth. Un diwrnod cerddais at y fynwent ym mhen ucha'r pentref a darllen ar garreg fedd: *'In memory of Herbert Bird of Cincinnati who died at Mentone 27th April 1884.'*

Yn ddiweddarach y diwrnod hwnnw, nofiais allan at y creigiau ar ben yr harbwr bach lle'r eisteddai pysgotwyr cysglyd gyda'u ffyn wedi'u lledu'n ddiog dros y môr agored. Gorweddais ar fy nghefn yn y dŵr a gwylio'r haul yn araf fachlud dros doeau cochion tai gwynion y pentref. Ar draws y môr roedd modd gweld ffurf hir arfordir yr Eidal yn ymestyn a diflannu yn y pellter.

Ond rŵan roeddwn i ar fy ffordd o dŷ Damien, oedd

wedi paratoi wystrys a gwin, ac yn mynd i gyfarfod am y
tro olaf gyda'r criw arferol yn y *Cactus*. Croesais yr afon yng
nglaw ysgafn diwedd haf Paris, lle'r oeddwn wedi byw am
dair blynedd. Yn araf, ac ar ôl pwl o hiraeth, fe ddes i
adnabod ei strydoedd a'i ffyrdd; fe gamais allan i'w chanol, i
weithio, i gerdded, i ddilyn fy nhrwyn o gwmpas ei
strydoedd, i siopa a bwyta ac yfed, i garu, i ddigalonni, i
ddathlu ac i fod yn wael, i wneud y pethau mae rhywun yn
eu gwneud yn y lle y mae o'n byw. Roeddwn i'n gwybod lle
i brynu *rillettes* ac yn falch os oeddwn i'n cael y tamaid olaf
oherwydd fasa'r cigydd yn gadael imi gadw'r ddysgl;
roeddwn i'n gwybod pa bobydd oedd yn agored ar fore Sul
a pha far oedd yn agored drwy'r nos. Fe fyddwn i'n mynd
am dro i Belleville ac yn crwydro rownd y siopau
Fietnamaidd lle byddai'r crwbanod yn gwneud eu gorau i
ddringo i fyny ochrau'r bwcedi ar y llawr, cyn disgyn yn ôl
i'r gwaelod tan i gwsmer ddod a'u cymryd i fynd adra hefo
fo ar gyfer ei swper. Fe fyddwn i'n hwyr i 'ngwaith a
rhywun yn gweiddi arnaf, fe fyddwn i'n anghofio dod i lawr
yn yr orsaf *métro* briodol, yn cymryd y tro anghywir ac yn
taro i mewn i rywun nad oeddwn wedi ei weld ers
blwyddyn, ac ar fy ffordd adref, fe fyddwn i'n galw i mewn
– weithiau yn erbyn fy ewyllys – i'r *Cactus* ar y stryd lle'r
oeddwn i'n byw.

Yno byddwn i'n sefyll ysgwydd wrth ysgwydd hefo dwy
ddynes oedd wedi ymladd dros hawliau merched yn '68 ac
a fyddai'n areithio'n danbaid i 'nghlustiau chwil am ddiogi
dyn; hefo Olivier yr arlunydd oedd yn benderfynol ei fod
am fynd adra'n gynnar oherwydd ei fod eisiau codi'n ffres
drannoeth i weithio ar ei lun diweddaraf ond a fyddai'n dal
i yfed wrth iddyn nhw frwsio ymaith y pennau sigaréts a
sychu'r llawr ddiwedd nos. Neu hefo Simon, yr Iddew,

fyddai'n mynnu siarad Hebraeg â'r ddau berchennog Iddewig er i un ohonyn nhw gyfaddef imi nad oeddan nhw'n dallt hanner o'r hyn fydda fo'n ei ddweud – roedd ei Hebraeg o mor wachul; neu Michel oedd yn wir ffanatig am unrhyw beth yn ymwneud â Lerpwl ac a fyddai'n glynu wrth f'ochr wedi imi fod mor ffôl â chyfaddef fy mod i'n arfer byw yn y ddinas honno. Felly fe fyddwn yn gorfod gwrando ar ei lais yn tragwyddol restru'r chwaraewyr oedd wedi bod yn frenhinoedd Ewrop tan 1985. Deuai Sébastian o du allan i Farseille, a chredai fod popeth cyn hyfryted â'r haul. Cyhoeddai ei gariad tuag at fywyd rhwng gwydrau diddiwedd o *Kronenbourg* ac, ar ddyddiau drwg, mynnai fod pawb yn cytuno hefo fo bod y byd yn lle i fod yn hapus ynddo a bod gwlad yr addewid yn fywyd o gariad, haul a gwin, rywle y tu allan i Farseille.

Am flynyddoedd felly roedd y *Cactus* yn ail gartref imi, yn gyfeirnod ac yn fan cyfarfod. Wrth bwyso yn erbyn y bar fe wnes i ffrindiau hefo pobl o'r byd cyfan, rai ohonyn nhw ddwywaith f'oed ac amryw yn adrodd eu hanesion drwy ddannedd melyn gan fwg. Yno cefais fwyta bara a marmalêd wrth i gawodydd y gwanwyn daro'r stryd a chefais sipian *pastis* ar y pafin yn haul yr haf. Yno yr yfai dynion unig a genod mewn cariad, a châi pob un ei weini gan y merched prydferthaf i roi bwyd gerbron neb erioed, gan esmwytho'r dyddiau diflas gyda'u gwên a'u llenwi â phersawr hyfryd. Os oedd fy ffrindiau am gysylltu â mi, fe fyddent yn ffonio'r *Cactus* cyn ffonio'r fflat.

Ond mae bywyd yn newid ac yn symud o hyd. Flynyddoedd yn gynharach eisteddwn mewn bar tywyll a chynnes yng nghanol gaeaf ac eira Alsás yn gwrando ar hanes bywyd hen ŵr a chanddo bymtheg o wyrion. Mi ddywedodd yn ddistaw a chyfrinachol wrthyf mai ailddechrau tragwyddol oedd bywyd. Roedd ganddo anferth o gi tew hefo fo a hwnnw'n gorwedd yn gysglyd ar y llwch lli drwy gydol y noson. Roedd yr hen ddyn bloesg ei dafod yn ei gosi ar ei fol. Wrth i mi ddilyn y lleill at y drws agored a'r plu eira trwchus oedd yn dal i ddisgyn ar y lluwchfeydd a'r distawrwydd y tu allan, nofiodd llais yr hen ŵr ar fy ôl: *'La vie est un recommencement éternel.'* Caeodd y drws a brathodd y rhew fy nghlustiau.

Mae tri yn rhif cyfrin. O dreulio rhyw dri mis mewn gwlad, mae rhywun yn gwir ddechrau dod i'w hadnabod, a than y foment honno mae'n dal i fod yn ymwelydd neu'n dwrist. Ond ymhen rhai misoedd mae rhywun yn dechrau dod i ddygymod â'r iaith a'r ffordd o fyw, yn creu ei arferion ei hun ac yn dechrau setlo. Yn yr un modd roedd y rhychwant yma o dair blynedd yn dechrau cymryd arno ryw bwysigrwydd amgen: dw i'n adnabod sawl un sydd wedi aros am ddwy neu dair blynedd yn rhywle, wedyn penderfynu aros am flwyddyn neu ddwy arall ac sy'n dal yno o hyd. Mae'r misoedd a'r blynyddoedd yn mynd heibio ac mae pethau'n araf galedu'n arferion; dydy'r iaith ddim yn anhawster mwyach, mae gan rywun le i fyw, gwaith o fath, mae ffrindiau yno, a chyn i rywun sylweddoli nid ymwelydd mohono ond un o'r trigolion. Wrth ddod adref o'i waith mae rhywun yn disgwyl am drên neu fws ac yn rhoi un droed o flaen y llall nes ei fod o wedi cyrraedd adra a hynny heb sylweddoli beth mae o'n ei wneud; mae'r ddinas yn sydyn wedi dod yn gartref ac mae gwreiddiau yn dechrau cydiad yn y waliau. Mae casglu addurniadau bywyd yn ei gwneud hi'n anodd eu gadael ar ôl ac mae cwlwm a sicrwydd arferiad yn mynd yn anos eu datod.

Ond pam bod eisiau eu datod o gwbwl? Pam gadael a mynd i rywle arall? Ydy person sy'n gwbwl fodlon yn gweld yr angen i newid byd? Pa ddewis sydd gennym mewn gwirionedd? Elfennau allanol sy'n penderfynu a ydym yn aros neu adael, ac mae'r llwybr yn dilyn ei drywydd ei hun. Ond ar adegau mae'r mesur o ryddid sydd gennym ac anfodlonrwydd â'r sefyllfa yn peri inni fod eisiau newid.

Y gwirionedd oedd bod rhyw rym anweledig a chyfrin yn fy nhynnu o Baris, a Rhufain o'r diwedd yn galw. Rhyw chwilio am gartref mewnol yr oeddwn am wn i, a sylweddoli os oeddwn yn credu bod y cae yn lasach draw acw fod gofyn i mi flasu'r gwair a dyfai yno cyn iddi fod yn rhy hwyr.

Ac felly neithiwr, wrth imi gerdded drwy'r glaw mân o Saint-Michel i'r Marais, heibio'r Hôtel de Ville lle'r oeddwn wedi cymryd *métro* dair blynedd yn ôl heb wybod fy mod o fewn tafliad carreg i'm llety, ac wrth groesi at y Rue des Archives, meddyliais am y bobl na fyddwn i'n eu gweld ar ôl heno. Yn y *Cactus*, roedd y wynebau a fu mor gyfarwydd gyhyd yn gwenu ac yn pwdu ac yn adrodd eu hanesion fel erioed, ac addewidion nas cedwid fyth yn hedfan rhwng y gwydrau; llond ystafell o'r bobl ryfeddaf a mwyaf cyffredin y gellid eu cyfarfod, ac fe yfon ni gan chwerthin a chofleidio tan oriau mân y bore nes imi benderfynu ei bod hi'n well imi droi am y gwely gan fod rhaid imi ddal trên y bore wedyn – trên a gollais oherwydd imi ddeffro'n hwyr. Yno, ar ôl imi ffarwelio â phawb ac wrth i Jean-Marc weiddi ar fy ôl i fy siarsio i fod yn hapus os nad dim arall, gydag un chwifiad olaf, daeth fy mhrofiad o Baris i ben. Wrth droi i ffwrdd at y stryd wag a'i tharmac gwlyb fe'm trawyd gan wacter, unigrwydd ac ofn.

* * *

Wedi iddynt gyfarfod mewn bar ar yr un stryd ag y byddai'r ddau'n mynd gyda'u ffrindiau gwahanol i gael coffi yn y bore a'r prynhawn, fe gyfarfu 'mam a 'nhad rywdro arall ar risiau adeilad y llywodraeth. Llifai'r haul drwy'r ffenest fawr a thaflu ei olau ar y llwch oedd yn nofio trwy'r coridorau diddiwedd. 1966 oedd hi, a manteisiodd yr Eidalwr ar y cyfle i gydymdeimlo â'r Gymraes am y drychineb oedd newydd ddigwydd yn Aberfan. Wedi ei synnu bod Eidalwr wedi dirnad beth oedd Cymru, cytunodd i'w gyfarfod eto. Ar ôl dwy neu dair blynedd o redeg o gwmpas Rhufain ar gefn sgwters neu mewn rhes o geir bychain ar eu ffordd o le bwyta i far i lan y môr ac yn ôl, penderfynodd Mam ei throi hi am adref am sbel fach, a thaflodd 'nhad ei holl eiddo i gefn ei Fiat Cinquecento gwyn cyn neidio i mewn ei hun, cusanu a chodi llaw ar ei deulu, ei ffrindiau a'i gartref, chwilio ar fap am le o'r enw Llanrwst ac anelu tua'r gogledd i'w dilyn.

Pan gyrhaeddodd daeth o hyd i hen dŷ carreg a chanddo do o lechi glas, heb wres a dim ond hen bopty bychan nwy iddo gael gwneud rhyw damaid o fwyd iddo'i hun. Wrth i'r misoedd a'r blynyddoedd fynd heibio, synnodd at y wlad ryfedd yr oedd rhyw law anweledig wedi ei dywys ati, at y boliau trymion duon fyddai'n rowlio i lawr o'r mynyddoedd ac yn chwipio gwynt a glaw ar ei ffenest, a synnodd at y dynion fyddai'n llyncu casgenni o gwrw cynnes heb feddwl eistedd i fwynhau pryd o fwyd gyda'u ffrindiau, un o brif wobrau bywyd yn ei wlad ei hun. Ei Nadolig cyntaf, methodd â chredu fod y cinio drosodd wrth i bawb godi o'r bwrdd bwyta gwta hanner awr ar ôl eistedd. Doedd yna ddim gwin, *pasta* na garlleg, dim offeiriaid Pabyddol fel roedd o wedi arfer eu gweld, dim newyddion am adref ond dwy iaith nad oedd o'n dallt dim o'r un ohonyn nhw. Fe fyddai 'nhaid yn siarad Lladin hefo fo, mewn ymdrech i ganfod iaith gyffredin hefo'r dyn diarth oedd bron iawn yn ddu. Pan fyddai fy rhieni yn siarad Eidaleg o flaen Taid a Nain fe fyddai'r ddau'n pryderu'n ddistaw bach am ddyfodol y berthynas oherwydd fe fyddai chwifio dwylo a lleisiau uchel y ddau ifanc yn arwydd pendant o wrthdaro; dim ond yn ddiweddarach y cawsant wybod mai siarad am y tywydd yr oeddent.

Mae gen i gof o fod ar y traeth ym Mhorth y Gest un mis Awst anarferol o boeth. Roeddan ni wedi mynd yn dylwyth o Lanrwst gan godi perthnasau yn Nyffryn Nantlle tan i ni i gyd eistedd yn wyn a hanner noeth yn yr haul ar dywod tonnau miniog y Môr Celtaidd; pawb, hynny yw, ond 'nhad. Roedd o'n eistedd mewn siwmper wlân las tywyll gyda choler uchel, ar hen gadair werdd *ex-army*, ei ddwylo wedi eu plannu yn ddwfn ym mhlygiadau ei siwmper a'i bennau gliniau yn dynn wrth ei gilydd, yn edrych allan ar y môr fel pe bai hwnnw'n sgodyn fyddai'n dod i'w lyncu.

Rŵan, pan fo 'nhad yn cyfarch merch neu ddynes mae o'n ei hadnabod, mae o'n dweud 'cariad' yn lle *bella* ar ddiwedd ei frawddeg Saesneg; pan fo rhywun yn gofyn iddo sut hwyl gath o neithiwr, yn lle dweud *fantastico* neu *meraviglioso* neu *favoloso*, mae o'n dweud 'bendigedig'. Mae o'n delio gyda chwsmeriaid sy'n siarad Cymraeg yn unig hefo fo ac maen nhw'n dychwelyd. Erbyn hyn mae ganddo win, *pasta* a phapurau newydd o'r Eidal, mae'n hoff o'r wawr ogleddol ac ae wedi dechrau cael blas ar rygbi. Y gallu i addasu yw'r gallu pwysicaf sydd gennym os ydym am oroesi.

*   *   *

Un o fannau cychwyn y daith o Dal-y-sarn i Rufain yw gwaelod y stryd lle'r oedd Anti Katie, chwaer fy nhaid, ac Yncl Bob yn byw. Roedd teulu Mam yn bobl o Ddyffryn Nantlle, ac i Dal-y-sarn, lle ganwyd fy nhaid, y byddwn i'n mynd ar Ddydd Sul, weithiau yn awel ysgafn yr haf, a'r gwyrddni'n llachar yn erbyn bryniau llwydion y sgri oedd yn amgylchynu pentrefi'r dyffryn megis lafa. Neu'n amlach, ar ddiwrnodau glawog tywyll, pan fyddai'r dyffryn fel twnnel o lech, y tamprwydd yn diferu o do'r ogof, a golau pŵl haul cudd yn adlewyrchu oddi ar garreg lwyd y pentref. Yno y byddwn yn mentro allan, gyda straeon chwarel fy Hen Fodryb, am y fintai a oedd wedi disgyn i'r dŵr, eu cyrff wedi hen suddo i'r llyn diwaelod, yn dal yn fy nghlustiau. Ac yno, hefyd, byddwn yn chwarae ar waelod yr allt nesaf i'r hen reilffordd a arweiniai i mewn i geg y twnnel o dan y capel. Byddwn yn sefyll yn stond gan syllu i'r düwch lle diflannai'r rheilffordd. Bron na allwn glywed y chwarelwyr yn trin eu harfau yn y tywyllwch, haearn ar graig yn atseinio o geg y twnnel, a sgidiau gwaith y dynion yn agosáu, eu lleisiau yn treiddio'n araf wrth iddynt gamu'n ysgafn o gysgodion y twnnel, y pwll a'r chwarel. Eu bagiau dros eu sgwyddau, eu capiau am eu pennau: ysbrydion byw y tadau yn camu i mewn i fywydau eu plant.

Ar brynhawn o haul ac yntau'n sefyll ar y gongl ar waelod Bryn Hyfryd, gan edrych tua'r chwith ar hyd y lôn fach sy'n arwain i fyny'r allt, amneidiodd 'nhad at yr arwydd ar ei gwaelod, a dywedodd, mewn iaith o rywle pell o Dal-y-sarn: 'Mae stryd o'r un enw yn Rhufain, wyddost ti.'

Wn i ddim pwy benderfynodd roi enw un o brif arweinwyr y *Risorgimento*, sef mudiad undod yr Eidal yn y bedwaredd ganrif ar bymtheg, ar lôn fechan yn Nhal-y-sarn, ond pobl oddi yno, ger Stryd Cavour, ydy teulu fy mam.

Felly, ymhell cyn imi ymweld â Rhufain, roedd Rhufain wedi ymweld â mi. Oherwydd, tra oedd un ochr o 'nheulu yn hanu o bentref a dyfodd yn sgil diwydiant llechi gogledd Cymru, yn nes at y Via Cavour, Rhufain, y ganwyd fy nhaid ar ochr fy nhad: nid yn Rhufain ei hun, ond mewn hen dref i'r de-ddwyrain a sefydlwyd gan y Groegiaid.

3

Deffro yn nhafliadau olaf y nos pan fo llwydni oer y wawr yn byseddu pigau'r Alpau ac yn taflu goleuni pellach ar wynder creigiog yr eira. Mae'r trên wedi stopio a hynny sydd wedi fy neffro, er fy mod yn ymwybodol ein bod wedi camu'n llechwraidd drwy ddyffrynnoedd oer. Rŵan mae'r copaon ymhell, fel duwiau wedi troi eu sgwyddau mewn trwmgwsg, yn crudo rhyw lonyddwch, rhyw fyd cudd yn y gwacter a'r gwynt.

Mae'r cerbyd yn llonydd a distaw. Mae'n rhaid bod fy nghymdogion yn dal i gysgu: Ffrances ganol oed a ddarllenodd o'r foment y gadawsom Baris tan iddi dynnu ei gwely i lawr a mynd i gysgu; Eidalwr iau gyda sbectol gron; Americanwr yn darllen yr *Herald Tribune*; a hogyn o Algeria a wenai arnaf bob tro yr edrychwn i'w gyfeiriad. Mae'r trên yn dechrau symud eto, ac ymhen ychydig dw i'n cael fy siglo i gysgu o dan y blancedi a'r gwlân.

*   *   *

Gan fy mod wedi colli'r trên cyntaf, bu'n rhaid newid tocyn a chael dau drên, un i Milan ac un arall o Milan i Rufain. Dw i'n deffro eto wrth gyrraedd Torino a sylweddoli bod y cerbyd yn wag. Dw i'n ymestyn fy hun ac yn rhwbio cwsg o'm llygaid. Mae'r wawr wedi torri'n llawn ac wrth anelu tua Milan a gwastadeddau'r Val Padana, mae'r haul yn taflu goleuni newydd dros yr Eidal. Rwy'n ymwybodol o fod mewn gwlad dw i'n ei hadnabod yn dda ond sy'n dal yn ddieithr ac, am ennyd, â'r Alpau yn pellhau y tu ôl imi, dw i'n meddwl be' dw i'n da yma; ond mae'r archwiliwr tocynnau canol oed yn curo ar y drws, ac mae'r cwestiwn yn llithro heibio. Mae'n gofyn imi os mai fi sydd piau'r tocyn a'r pasport: *'Sono tuoi?'*

'Sì. Grazie,' dw i'n ateb, gan eu cymryd a'u rhoi i gadw ym mhoced fy siaced. Yna, daw dyn iau heibio gyda throl a choffi: *'Caffè? Vuoi qualcosa?'*

Dw i'n dewis coffi, yn talu, ac mae'r boi yn gwthio ei drol ar ei ffordd gan alw *'Ciao'* dros ei ysgwydd. Gwenaf wrth sylwi bod y ddau ŵr wedi defnyddio'r ffurf 'ti' i'm cyfarch ac nid y 'chi' neu'r *'vous'* mwy ffurfiol fuasan nhw wedi ei ddefnyddio yn Ffrainc.

Wrth ddringo ar drên Rhufain dw i'n gwbl effro. Dyma'r Eidal; ac, fel storm, os nad wyt yn barod amdani mae'n debygol o'th fwrw i'r llawr a sathru dy nerfau a chwalu dy gallineb a'th yrru adref i gysur y *queue . . .*

Mae'r trên yn llawn ac mae pawb yn cwyno. Does yna ddim lle i symud gan fod llawr y cerbyd wedi ei orchuddio gan draed a bagiau. Ond mae rhywrai'n benderfynol o frwydro'u ffordd ar hyd y coridor. Mae merched yn gwthio ac yn cau symud. Mae pobl yn gofyn am gael mynd heibio ac eraill sy'n eu ffordd, yn batrwm o gallineb ac amynedd, yn troi rownd yn araf ac yn dweud: 'Ond *signora*, lle 'dach chi'n meddwl mynd?' Ond maen nhw'n mynnu mynd heibio ac mae pobl yn anadlu i mewn a chyrff chwyslyd yn gwasgu yn erbyn ffenestri a waliau'r cerbyd. Erbyn hyn mae haul y bore wedi dringo yn yr awyr ac yn pelydru drwy'r drysau a'r ffenestri agored ar y bagiau lledr sy'n dal i gael eu llwytho gan berthnasau a ddaeth i ddweud ffarwél.

Mae'r drysau'n cau ac yn sugno'r aer allan. Safwn yn stond am rai munudau. Dim ond wedi i'r trên lusgo'n araf o'r orsaf y mae awel ysgafn yn chwythu drosom fel ochenaid ddistaw. Dw i'n sefyll ar ran o'r tamaid sydd rhwng dau gerbyd. Mae yna hen ddyn yn sefyll ar y grisiau wrth ymyl y drws ac yn pwyso yn erbyn y twmpath bagiau sy'n perthyn iddo fo ac i ddyn ifanc a dwy eneth ifanc sydd hefo fo. Mae un o'r genod â chythraul o olwg flin arni, ac yn cau symud na siarad; nid yw'r hen ŵr yn troi i edrych ar ei gyd-deithwyr, dim ond dal i sbio drwy'r ffenest ar y wlad yn mynd heibio.

Piacenza ydy'r stop nesaf ac wrth i'r drysau agor mae dyn â chap *baseball* am ei ben yn gwthio'i hun i ganol y llawr. Rhwng ei goesau mae ci defaid yn tawel setlo'i hun, ac yn dod o hyd i le i roi ei drwyn ar lawr. Wedyn Fidenza, Parma, Reggio Emilia, Modena.

Ers gadael Milan 'dan ni wedi symud i gyfeiriad y de-ddwyrain gan groesi gwastadeddau'r gogledd a dyffryn eang a ffrwythlon y Val Padana, dyffryn afon Po. Ond rŵan mae'r gwastadedd yn araf ddiflannu, a'r bryniau'n ymddangos. Ar un o'r rhain, gwelaf Eglwys San Luca yn sefyll yn yr haul; o dani, yn igam-ogamu i fyny ochr y bryn y mae'r *colonnata*, y llwybr troellog o golofnau sy'n arwain at yr eglwys. Cofiaf gerdded ar ei hyd rai blynyddoedd yn ôl gan oedi i edrych ar y darluniau wrth gilio o lygad yr haul. Dyma Bologna, a phenderfynaf ddychwelyd rywdro i weld faint o'r hen wynebau sy'n dal yno.

Ar ôl Bologna mae'r trên yn gweu ei ffordd drwy ddyffrynnoedd clòs a thwneli sy'n torri drwy'r tir uwch. Dyma'r Appennini Gogleddol ac mae'r tirwedd yn fwy cyfarwydd: afonydd culion, sychlyd a cherrig gwynion, llychlyd. Uwch eu pennau mae bryniau gwyrddion, crwn, ac eglwysi neu gestyll ar eu copaon. 'Dan ni'n anelu'n syth am y de, gan dorri ar draws yr Appennini, y gadwyn hir o fynyddoedd a bryniau sy'n ymestyn o ogledd-orllewin yr Eidal hyd Calabria yn y de. Cyn hir 'dan ni'n Prato, ac yn fuan wedyn yn Fflorens.

O'r diwedd, dw i'n cael lle i eistedd: mainc fach sy'n agor oddi ar wal y coridor. Gyferbyn â mi mae cerbyd o chwech o bobl, a chan ei bod yn amser cinio maen nhw'n cychwyn siarad am fwyd ac am goginio wrth iddynt estyn am eu pecynnau. Mae dyn ifanc yn cynnig brechdan i'r sawl a'i myn. Mae gan bawb arall ddigonedd yn barod. Erbyn hyn mae cwrw a diffyg cwsg neithiwr yn dechrau dweud arnaf a dw i'n llawn newyn. Dw i'n sbio drwy gil fy llygad i geisio cael cip ar beth sydd ganddo yn ei frechdanau gan hanner gobeithio y cynigith o un imi.

Dw i'n edrych i fyny ac i lawr y coridor ac yn gweld bod pawb yn gwneud yr un peth – y diawliaid i gyd â brechdanau crynion cartref mewn papur arian. Dw i'n gyfarwydd iawn â blas y bara ysgafn, meddal ac yn gwneud fy ngorau i beidio â meddwl am eu cynnwys. Erbyn imi gamu dros bawb i gyrraedd y cerbyd bwyd mi fyddaf yn Rhufain, felly dw i'n hoelio fy sylw ar yr olygfa.

Mor braf yw llusgo teithio. Heddiw, pan fo taith yn cael ei gwasgu i'r amser lleiaf posib, mae teimlo trên yn chwyrnu o orsaf yn bleser ynddo'i hun. Yn y byd modern mae'r pwyslais ar y cyrraedd, ond ni all y gyrchfan fodoli heb y ffordd sy'n arwain ati. Mewn byd o drosglwyddo oeraidd rhwng un maes awyr a'r llall, mae'r broses o symud ac o newid yn lled absennol, ac felly hefyd y gwerthfawrogiad o'r pellter daearyddol a diwylliannol sy'n gwahanu'r ddau le. Ond mae teithio ar drên, mewn car, ar feic neu fotor beic ac yn enwedig cerdded yn ein galluogi i weld y gweddnewidiad, y lliwiau a'r enwau yn newid, cnydau'r caeau a wynebau'r gweithwyr yn dystion i'r Arall sy'n ein tynnu yn ein blaenau.

A chofiaf eto Fologna a'r daith honno o Ogledd Bohemia, ac mae teimlad cyfarwydd yn dod drosta i. Dw i'n meddwl am y dyddiau cyntaf yn Bologna, yr ymwybyddiaeth sydyn a llwyr fy mod mewn lle arall lle mae'r golau yn wahanol a'r awyrgylch yn perthyn i lefydd eraill ac i brynhawniau newydd.

*   *   *

Mae yna rai sy'n hoff o frathiad cyfnosau oeraidd y gogledd, yn mwynhau llechu yn gyfforddus allan o'u cyrraedd mewn ystafelloedd cysurus â golau trydan, y tu ôl i ffenestri sy'n wlyb gan law. Mi rydw i yn un ohonyn nhw. Mae cysur sylfaenol mewn cysgodi rhag yr elfennau; cynhesu ein dwylo wrth y tân ar ddiwedd prynhawn o aeaf, a'r dref y tu allan yn rhedeg yn ei blaen. Ond mae cysur arall o fod mewn dinas o liw, lle teflir golau dros y toeau a'r waliau a lle bydd ffenestri uchel sy'n llyncu golau'r awyr yn atsain cynhesrwydd byd a adawyd ar ôl y tu allan i gyrion ein hamgylchedd trefol.

O ffenest y fflat ym Mharis, â'r paent gwyn yn disgyn yn gaenennau o'r pren, fe fyddwn yn edrych allan heibio'r colomennod, dros y toeau llwydion tua'r awyr lwyd uwchlaw'r ddinas; yno, roedd gwyrth natur y tu hwnt i'n cyrraedd a phryd hynny byddai'n anos osgoi'r teimlad fod llwydni'r ddinas yn ychwanegu at dristwch y frwydr rhwng pobl a'u cynefin. Dim rhyfedd, efallai, mai yn ardaloedd cynnes Môr y Canoldir y ganwyd y ffenomen o ddinas yn ein diwylliant Ewropeaidd ni. Yn y mannau cyfarfod agored – *agora* y Groegiaid – yr ymgasglai'r boblogaeth yn yr awyr iach.

Ac mae golau yn newid llawer ar bethau, a'r symud tuag ato yn newid rhywbeth y tu mewn inni. Ychydig fisoedd cyn cyrraedd Bologna am y tro cyntaf bu imi deithio o Brâg i

Budapest ac, er y gwahaniaeth rhwng hinsawdd y ddau le, roedd y tymor yn troi, yn rhoi diwedd i'r misoedd hirion o rew ac eira, o ddiwrnodau byrion a boreau tywyll lle'r oedd y ddaear yn anweledig o dan orchudd styfnig o wynder budr. Roedd y gwanwyn yn benderfynol o godi ei ben ac yn Budapest cefais sbecyn cynnes o haf, fel petasai lleisiau oedd wedi bod yn hir-ddistaw wedi eu rhyddhau. A rŵan bod Paris a gwastadedd llydan Ffrainc yn pellhau y tu ôl imi, yr Alpau wedi'u croesi, a'r penrhyn hir o'n blaenau yn ymestyn i ganol Môr y Canoldir, ac Affrica'r tu draw, dyma'r golau'n taro popeth unwaith eto.

Arrezo, Chiusi, Orto, Rhufain. Mae'r trên yn arafu gerllaw un o'r muriau Rhufeinig ac yn agosáu at do crwn, hynafol â chlympiau o wair yn tyfu rhwng ei friciau coch. Uwchlaw mae dillad golchi yn crogi o ffenestri'r tai. 'Dan ni'n llusgo i mewn i'r orsaf a godwyd gan lywodraethwyr diweddarach. Dringaf i lawr at gysgod y platfform a syllaf ar liwiau'r adeiladau sy'n llachar yn yr haul o dan y llwch. Teimlaf boethni diwedd haf ac af i chwilio am rywbeth i'w fwyta.

4

Dw i'n cerdded allan o'r Stazione Termini, heibio'r heidiau o bobl yn rhedeg i bob cyfeiriad. Mae eraill yn camu'n hamddenol gan edrych ar yr arwyddion neu ar y bobl o'u cwmpas. Mae pobl yn siarad ar eu ffonau symudol ac yn cuddio'u llygaid tu ôl i sbectols haul. Mae yna ferched yn dangos eu lliw haul mewn dillad hafaidd, a dynion yn sefyll mewn parau neu grwpiau yn llewys eu crysau, eu dwylo wedi'u plethu y tu ôl i'w cefnau, yn siarad ac yn gwylio'r byd yn mynd heibio. Wrth imi gerdded tua'r allanfa, mae arogl coffi a chacen yn treiddio drwy ddrws agored bar. Camaf i mewn a mynd yn syth at y cownter a gofyn i'r dyn am *bomba* a *cappuccino*. Mae'r dyn yn gofyn am fy nerbynneb a dw i'n cofio bod rhaid talu wrth y til cyn archebu wrth y cownter. Yfaf y coffi a llyfu gweddillion siwgr y *bomba* oddi ar fy ngên, a mynd i chwilio am deleffon.

Mae gan fy nhad gefnder yn Rhufain. Dw i wedi'i gyfarfod o'r blaen ac yn ei adnabod o a'i deulu yn reit dda. Cysylltais â'r teulu cyn cychwyn ar y siwrnai o Baris i ddweud y byswn yn Rhufain am rai misoedd. Fe benderfynson yn syth mai yno y buaswn yn aros tan imi ddod o hyd i lety, er fy mod yn teimlo'n annifyr braidd yn tarfu ar bobl eraill. Mae Paola, y ferch, yn mynd i 'nghodi o'r orsaf a dw i'n mynd allan i ymestyn ryw chydig ar fy nghoesau.

Dros bennau'r bysiau mae adfeilion coch yn gefndir i goed palmwydd sy'n siglo'n araf yn yr awel foreol. Mae'r awyr las ddigwmwl fel môr o wres yn tywallt i lawr dros y ddinas, lle mae pobl yn cerdded yn ddigyffro a gyrwyr tacsis yn pwyso yn erbyn eu ceir. Mae dyn heb ddannedd yn dod ataf a gofyn os oes gen i dân cyn mynd ar ofyn rhywun arall. Yn y cysgod eisteddaf ar fy mhac, gan dynnu fy siaced a cheisio gadael i fymryn o aer leddfu ar y gwres llethol. O 'nghwmpas mae pobl o bob lliw yn sefyll wrth lieiniau gwynion a orchuddir ag eitemau i'w gwerthu: CDs, sbectols haul, bagiau a phyrsau a chapiau pig ac arnynt enwau timau pêl-droed. Mae tacsi yn aros wrth y palmant ychydig lathenni o 'mlaen: mae'r gyrrwr yn diffodd yr injan, yn taflu ei sigarét drwy'r ffenest agored, yn chwythu ei gwmwl olaf o fwg, yn llithro'n ôl ar ei sêt a gorwedd â'i lygaid ynghau. O fewn chydig funudau mae dyn tal a dynes dal mewn trowsusau byrion yn cnocio ar ddrws y tacsi. Mae'r gyrrwr yn agor ei lygaid, yn dweud 'no', heb droi ei ben bron, ac yn amneidio dros ei ysgwydd. Mae'r ddau'n cilio i gyfeiriad y rhes o dacsis o dan sylw ac mae'r gyrrwr yn mwmian rhywbeth cyn setlo i lawr i gysgu yn un o lefydd prysuraf Rhufain.

Yn sydyn mae corn yn canu wrth f'ymyl. Dw i'n gweld swp o wallt melyn, sbectol haul a gwên fawr yn ymestyn allan o ffenest car bychan: '*A bello!*' mae Paola yn gweiddi. Dydy hi ddim wedi newid dim ac mae hi'r un mor wenog ag erioed. Dw i'n dringo i'r car. Wrth iddi roi'r car mewn gêr ac edrych dros ei hysgwydd mae hi'n siarad, hanner ei sgwrs yn dod oddi ar ei thafod, yr hanner arall yn neidio oddi ar ei dwylo sy'n llithro yn ôl ac ymlaen oddi ar yr olwyn.

'*Come stai, bello?*' mae hi'n gofyn, wrth frecio'n sydyn rhag taro cefn fan sy'n bagio i ganol y ffordd.

'*Bene,*' dw i'n ateb, gan estyn am y belt.

'*A, non funziona,*' medd Paola dan chwerthin, felly dw i'n gadael i'r belt ddisgyn yn ôl ac yn estyn fy llaw tua'r handlen uwch ffenest fy nrws.

Mae *bello* a *bella* yn ymadroddion cyfarwydd sy'n cyfateb

i'n syniad ni o 'del' neu 'boi'. Nid oes rhaid bod yn gyfaill i gael dy alw'n fêt; nid oes gofyn bod yn ddel i gael dy alw'n *bello*.

'Ti 'di gweld pa mor boeth ydy hi? Mae'n uffernol. Mae hi'n waeth rŵan nag oedd hi wythnos diwetha. A hithau'n ganol mis Medi fysa chdi'n meddwl fysai'n cychwyn cŵlio chydig erbyn hyn. Mae Mauro yn ei drôns yn tŷ 'cw, ti'n gwbod sut mae o hefo gwres! Sut oedd hi yn Paris?'

'O, pawb yn eu cotiau. Ond roedd hi'n reit braf ddoe pan adewais i.'

Mae Paola yn gofyn hanes pawb yng Nghymru. Bu farw ei mam yn sydyn ddwy flynedd yn ôl, ac mae hi'n poeni am ei thad sy'n unig ac yn wael; mae hi'n siarad yn y ffordd arbennig honno sydd gan yr Eidalwyr o siarad am drychinebau: drwy weld y sefyllfa yn ddrama ac yn bwysau enbyd, ond gydag elfen sy'n perthyn i bawb, hen ac ifanc, o dderbyn mai felly mae pethau i fod.

'Dan ni'n dal i siarad wrth i Paola weu trwy'r traffig, ac wrth sgwrsio edrychaf allan ar y strydoedd a'r bobl a'r traffig. Mae'n braf bod yma. Mae gyrwyr yn canu cyrn, cerddwyr yn camu rhwng y ceir yng nghanol y ffordd, y *motorini* yn chwibanu'n uchel ac yn igam-ogamu drwy'r traffig, a cherddoriaeth radio yn bloeddio drwy ffenestri'r ceir. Mae fy mraich dde yn gorwedd ar y drws â'i ffenest yn agored. Teimlaf y gwynt yn ei herbyn wrth inni symud, a gwres yr haul arni pryd bynnag yr arafwn, fel ffwrnais sy'n gadael ei hoel ar fy nghroen. 'Dan ni'n mynd heibio hen draphont ddŵr ac o dan fwa wal hynafol.

Cyn hir yr ydym yn troi i stryd gyfarwydd ac yn chwilio am le i barcio.

'*Hai fame?*' yw cwestiwn Paola; dw i'n chwerthin wrth ateb. Mae cinio'n barod a phawb yn disgwyl. Mae drws y fflat yn agor a dw i'n gweld pwy ydy 'pawb': dw i'n eu hadnabod i gyd yn weddol dda, er bod blynyddoedd wedi mynd heibio ers imi eu gweld ddiwethaf. Mae'r sgwrs a'r gwin yn dechrau llifo wrth i ni eistedd i lawr wrth y bwrdd. Cyn bo hir, dw i'n teimlo'n hollol gartrefol.

O amgylch y bwrdd mae f'ewythr, neu'n hytrach gefnder fy nhad, Paola, Mauro, Gianni, cariad Paola a Michela, chwaer Gianni. Heblaw am Michela, maen nhw i gyd yn byw yn y fflat ac er imi grybwyll diffyg gofod, mae'r ddadl yn cael ei gwthio i'r naill ochr a chan nad ydw i am eu tramgwyddo, dw i'n ildio.

Dw i wedi cael fy rhoi i eistedd nesaf at f'ewythr Alberto, sy'n gymeriad anarferol. Bwrdd crwn sydd ganddyn nhw ond os oes rhywun yn cael eistedd ar y pen, Alberto ydy hwnnw, ac mae'n blodeuo'r pryd gyda straeon gwir, ac anwir, am bobl y mae wedi'u hadnabod a'r byd y mae wedi byw ynddo am dri chwarter canrif. Mae'n *bon viveur*, yn llawenhau mewn bwyd da, cwmni da a gwin, a byth yn colli cyfle i gyflwyno hen gân werin Rufeinig yn ei lais toredig mwyn, â gwydr yn ei law. Fe'i ganwyd yn y 1920au, yng nghanol cythrwfl Mussolini a'r ffasgwyr, mewn Eidal bell bell o'r hon y mae'n byw ynddi heddiw, ac mae'n pwysleisio hyn wrthyf, ei ffrind o dros y môr. Mae'n sôn wrthyf am ymddygiad merched, am benaethiaid gwaith ffroenuchel, am y car yr oedd wedi safio i'w brynu ac a oedd yn un o'r rhai prin ar brif sgwariau Rhufain ac yntau'n ddyn ifanc; mae'n sôn hefyd am y rhyfel ac am ei wraig a fu farw ddwy flynedd yn ôl, ac yma mae'n tawelu ac yn edrych heibio'i wydr ar y bwrdd o'i flaen. Mae'r siarad o amgylch y bwrdd yn mynd yn ei flaen a chyn bo hir mae Alberto yn dod ato'i hun, yn gweld bod fy ngwydr bron yn wag ac yn ei lenwi unwaith eto â'r gwin gwyn hwnnw sydd i'w weld

yn llifo'n ddiddiwedd o winllannau'r bryniau y tu allan i
Rufain a thrwy dwll yng ngwaelod fy ngwydr.

'*Chi beve la birra vive cent*' *anni*,' medd wrth lenwi ei wydr
ei hun, '*mae chi beve il vino non muore mai*': 'Pwy bynnag yfith
gwrw gaiff fyw am gan mlynedd ond pwy bynnag yfith win
ni fydd farw byth.'

Yn naturiol, mae'r hen ŵr eisiau gwybod am fy nhad.
Mae 'nhad yn iau nag Alberto, ond mae'r ddau yn ffrindiau
da. Mi rydw i'n allwedd iddo siarad am eu hieuenctid, i hel
y straeon cyfarwydd sy'n trigo yng nghefn ei gof, a minnau
wrth fy modd yn eu clywed, gyda phedwar cwrs yn fy mol,
yr haul ysblennydd yn llachar y tu allan a gwin yn neidio'n
felys drwy fy ngwythiennau. Ac felly mae Alberto, sy'n yfed
ac yn bwyta er ei fod yn wael, sy'n weddw ond yn llon, yn
adrodd ei hanes yn ei grys a'i dei wrth berthynas pell o wlad
ddiarth. Yn union fel yr oedd flynyddoedd ynghynt, pan
oedd ei goesau yn ddigon cadarn i'w gario yn araf a
gogoneddus i fyny ac i lawr Via Veneto, ymysg yr enwog a'r
cyfoethog, ar nosweithiau a ymestynnai i oriau mân ei
ieuenctid, pan oedd y lle yn gyrchfan enwau mawr y byd
ffilm.

Mae'r pryd yn dod i ben a phawb yn llithro o'r bwrdd,
Alberto i'w wely a'i *siesta*, Gianni at y soffa o flaen y teledu,
y ddwy ferch i'r gegin i olchi'r llestri a finnau a Mauro at y
balconi â gwydr o *grappa*. Mae'r sgwrs yn troi'n naturiol at
bêl-droed. Mae'r tymor ar fin cychwyn a'r drychineb eithaf
wedi digwydd: llynedd, Lazio a enillodd y bencampwriaeth,
ac i gefnogwyr Roma allai pethau ddim bod yn waeth.

'Ti 'di gweld y fflagiau? Rhyw un neu ddwy yma ac acw,
'de. Does yna ddim lot o gwmpas, ysti, a dydyn nhw ddim
ond yn codi'u pennau pan maen nhw'n ennill rwbath, a
dydy hynny ddim yn digwydd yn aml iawn. Duw a ŵyr

pryd enillon nhw rwbath cyn flwyddyn diwetha!'

'Ella neith Roma ennill flwyddyn yma . . . ?'

'Ew, ia. Meddwl,' medd Mauro. 'Fysa 'na'm byd gwell nag ennill ar ôl iddyn *nhw* wneud. Does 'na ddim gwell teimlad na churo rhywun sy'n meddwl eu bod nhw'n well na chdi.'

Nes ymlaen, wedi bwyta unwaith eto, mae hi'n amser mynd i'n gwlâu, ac mae Paola yn esbonio'r trefniadau imi. Mae hi'n cysgu yn ystafell ei thad, mae Mauro yn rhannu ei ystafell gyda Gianni, a dw i'n cysgu ar y gwely-soffa yn yr ystafell fyw.

Yn y bore mae pawb yn codi'n gynnar i fynd i'w gwaith, gan gynnwys Alberto, sydd wedi ymddeol ers dros ddeng mlynedd ond sy'n codi am chwech o'r gloch bob bore i fynd i brynu papur newydd a chael sgwrs hefo'i ffrindiau yn y stryd o flaen y bar ar y gongl.

Ac mi rydw innau'n mynd i weld a gaf waith.

*   *   *

O'r lle dw i'n sefyll wrth ymyl y car fe allaf weld y môr. Mae'r car wedi rhedeg allan o betrol.

Mae hi'n fore Sadwrn ac o fewn wythnos i gyrraedd Rhufain dw i wedi cael hyd i waith. Cyn gadael Paris roeddwn wedi cysylltu hefo dyn sy'n rhedeg ysgol ieithoedd yma.

'Pa bryd mae eich gwersi yn dechrau, fwy neu lai?' gofynnais.

'Wel, mae hi'n dibynnu ar y tywydd, welwch chi,' meddai.

'O,' meddwn i, gan feddwl ei fod yn gwneud sbort am fy mhen.

'Ia. Wel,' aeth yn ei flaen, 'os ydy'r haf yn boeth ac yn tynnu ymlaen yn hir, mae'n gwersi ni yn dechrau'n hwyrach. Wedi'r cwbl, pwy sydd am ddod i eistedd mewn stafell fechan i ddysgu Saesneg pan mae'n dal yn boeth ac yn braf y tu allan?'

Nid brys na threfn yw fy nodweddion gorau, ac wrth roi'r ffôn i lawr meddyliais: dyna'r wlad i mi.

Felly ffoniais yn hwyr y bore cyntaf yn hamddenol braf, â chwpan fawr o *caffè latte* yn fy llaw, gan feddwl yn sicr y buasai, yn y traddodiad Eidalaidd byd-enwog, un ai ddim yno neu yn dweud wrthyf am ddod i'w weld mewn mis. Ond er mawr syndod roedd o yn ei swyddfa ac am imi fynd i'w weld y prynhawn hwnnw.

Edrychais ar fap a gwelais fod rhaid cymryd y *metropolitana* i'r brif orsaf yn Termini, ac yna newid i'r llinell *metro* arall a disgyn yng ngorsaf San Paolo, i'r de o ganol y ddinas. Oddi yno cerddais am tua deng munud nes cyrraedd Via Cristoforo Colombo, sef ffordd wyth lôn sy'n arwain allan o'r ddinas. Mi ddois o hyd i'r rhif cywir a churo ar ddrws a agorwyd imi gan ferch ifanc mewn sgert fer, a chyrls du yn disgyn at ei hysgwyddau.

'*Signor Apolloni?*'

'*Sì.*'

'Mae Signor Luzzo yn disgwyl amdanoch,' meddai, gan f'arwain at ddrws gwydr gerllaw.

Fe'm trawyd gan arogl trwchus sigâr, a phan gododd y gŵr o du ôl i'w ddesg i ysgwyd llaw gwelais fod ei ddannedd yn frown fel y dail trymion a orweddai rhwng ei fysedd. Gwisgai siaced dros ei grys a'i dei, er gwaetha poethni'r prynhawn, a dechreuodd chwifio'i ddwylo dros gopi o'r CV yr oeddwn wedi ei yrru ato ryw bythefnos yn gynharach, gan ddweud nad oedd angen bod yn or-swyddogol, a'i fod yn reit hapus hefo'r hyn yr oedd wedi'i ddarllen a'i glywed.

'Fel y dywedais dros y ffôn, does 'na ddim llawer o waith ar y funud – fe fydd 'na fwy tua diwedd y mis, a bydd pethau'n prysuro wedyn ym mis Hydref – ond mae yna rai gwersi'n cychwyn mewn tua phythefnos. Fyddi di'n barod i gychwyn erbyn hynny?'

'Byddaf,' atebais, wrth i gloch eglwys ganu y tu allan .

'*Bene,*' meddai Signor Luzzo. '*Caffè?*'

Fe'i dilynais allan o'r ysgol ar ôl cael fy nghyflwyno yn swyddogol i Alessandra â'r cyrls duon, ac i lawr y grisiau â ni i'r bar drws nesaf i'r prif fynediad. Archebodd ddwy banad o goffi wrth y cownter, â'r sigâr yn dal yn sownd yn ei wefusau wrth iddo osod ei waled yn ôl ym mhoced ei siaced.

'Dw i'n meddwl y gwnei di fwynhau Rhufain,' meddai gyda golwg enigmatig ar ei wyneb, ei geg yn lledu'n wên felen hir. 'Mae'r tywydd yn braf – byth yn rhy boeth yn yr haf, byth yn rhy oer yn y gaeaf – mae'r bwyd yn wych,' a lledodd ei ddwylo yn fawreddog i gyfeiriad yr amrywiaeth o *basta*, cigoedd, pysgod, saladau a bwyd melys a addurnai'r arddangosfa gerllaw, 'ac mae'r merched yn hyfryd.' Tynnodd ar ei sigâr unwaith eto, gan nodio ei ben a chilwenu. 'Mae'r bobl yn dda. Ond paid ag ymddiried gormod. Bydd ofalus: dydyn nhw ddim fel pobl llefydd eraill, yli. Nawn nhw ddwyn pethau ginnat ti dan wenu, a fyddi di ddim callach tan ei bod hi'n rhy hwyr. Ond eto, ti'n gwybod hyn i gyd, goelia i. Ti'n hanner Eidalwr wedi'r cwbl . . . ' Yna llowciodd ei goffi mewn un llymad, rhoddodd ei sigâr yn ôl yn ei geg, gwenodd eto gan estyn i ysgwyd llaw a dweud '*Ciao, Davide,*' ac i ffwrdd â fo, gan fy ngadael i synfyfyrio ar beth yn union a olygai.

Felly, a hithau'n fore Sadwrn, cefais fy neffro gan Mauro, gyda sŵn pell pobl yn codi a symud yn y cefndir.

'Andiamo al mare?' meddai â'i sbectols ar ei drwyn. Lledais fy llygaid ac edrych o 'nghwmpas. Y funud nesaf daeth twrw metelaidd codi'r *saracinesca*, y bleindiau haearn maen nhw'n eu rhoi ar ffenestri a drysau siopau, a'r rhai llai sydd ar ffenestri eu tai. Llanwyd yr ystafell â golau a adlewyrchai oddi ar yr adeiladau gyferbyn. Daeth Mauro i sefyll drosof yn fy hanner cwsg. Roedd Mauro yn arfer bod yn glamp o foi, nes iddo ddod i wybod dair blynedd yn ôl fod clefyd y siwgwr arno a bod angen rhoi trefn ar yr hyn a fwyteai ac a yfai. Er iddo golli pwysau nes ei fod bron yn denau, parhâi i symud a cherdded ag osgo dyn trwm. Roedd popeth am Mauro'n fawr, hyd yn oed ei lais.

'Yli, dw i am fynd i lan y môr, ti isio dod neu ddim?' gofynnodd eto.

'Y . . . wel . . . be' 'di gloch . . . ?' meddwn i, heb allu meddwl am ddim gwell i'w ddweud.

'Yli, os wyt ti isio dod, mi arhosaf amdanat. Coffi?'

Felly, o fewn hanner awr, roeddwn yn eistedd yn Fiat bach coch Mauro, cerddoriaeth o Giwba ac awyr iach y ffenestri agored yn fy helpu i ddeffro, a ninnau ar ein ffordd tua'r môr. Roedd rhaid mynd drwy ganol y ddinas yn gyntaf er mwyn i Mauro allu galw heibio ffrind iddo.

'Ti'n nabod Rhufain yn weddol dda, wyt ti ddim?' gofynnodd wrth danio sigarét, a chyn rhoi cyfle imi ateb fe aeth yn ei flaen i esbonio ble roeddan ni ac amneidio at wahanol adeiladau yr oeddan ni'n mynd heibio iddynt, gan drafod pethau eraill ar yr un pryd, a chaniad y corn yn cadw amser yn y cefndir.

'San Giovanni ydy hon,' meddai.

Mae Alberto a'i deulu yn byw y tu allan i hen waliau'r

ddinas, er i Alberto gael ei eni y tu mewn iddyn nhw, ac roedd rhaid pasio drwyddyn nhw i ddod i mewn i'r canol. Rŵan roeddan ni wedi oedi wrth olau coch mewn man agored a llydan, fel sgwâr mawr, â mur uchel ar un ochr iddo a bwâu i'r traffig redeg drwyddynt. Yn arglwyddiaethu dros y sgwâr roedd eglwys wen anferth, a rhes o gerfluniau o ddynion barfog yn eu gwisgoedd o liain gwyn yn addurno'r to . 'San Giovanni ydy enw'r ardal a San Giovanni in Laterano ydy'r eglwys. Mae hi'n un o brif eglwysi Rhufain, ac yn un o'r rhai hyna. Mae tipyn o fyfyrwyr yn byw yn yr ardal. Dw i'n licio San Giovanni.'

Ar ôl troi i un o'r strydoedd y tu ôl i'r eglwys tynnodd Mauro y car i un ochr, diffoddodd y modur ac aeth allan.

Mae canol Rhufain wedi ei brechu â ffynhonnau lle mae'r dŵr croyw yn llifo'n ddi-baid ddydd a nos. Gwelais ein bod wedi parcio wrth ymyl un o'r rhain ac es i allan i gael llymad neu ddau. Roedd y dŵr oer mor braf nes imi roi fy nwylo o dan y ffrwd a'i daflu dros fy wyneb a 'ngwar.

Cyrhaeddom sgwâr arall gydag eglwys lai yn ei ganol. 'Santa Maria Maggiore,' meddai Mauro. Trodd y car o gwmpas y sgwâr gan anelu i lawr allt hir.

'Felly dysgu Saesneg i bobl wnei di yma, 'ta, ia?'

'Ia,' atebais innau.

'A dyna wnes di ym Mharis, ynte? Ond dim Saesneg ydy dy iaith di, naci, os cofia i'n iawn?'

'Naci. Cymraeg ydy fy iaith gyntaf i.'

'Ia, na fo, *il gallese*,' meddai, ac yna pwyntiodd i'r dde. 'Yli, i lawr yn fan'cw mae'r Forum, a hwn o'n blaenau ni 'di'r Colosseum.' Edrychais ar waliau'r Colosseum yn codi'n uchel uwchlaw'r traffig oedd yn rhedeg o'i gwmpas, ac ar yr heidiau o dwristiaid yn sefyll wrth ei ymyl. 'Ti 'di bod tu mewn?' gofynnodd Mauro.

'Do, flynyddoedd yn ôl, pan o'n i'n hogyn bach. Tithau?'
gofynnais wrth i ni ddilyn gweddill y traffig o gwmpas yr
hen arena.

'Do, unwaith,' atebodd, 'hefo ryw drip ysgol. Dw i'm yn
cofio rhyw lawer amdano fo,' chwarddodd. 'Uffernol on'd
ydy? Yr holl bobl 'ma wedi dod o bob rhan o'r byd i weld y
pethau 'ma a 'dan ni byth yn mynd i'w gweld nhw. Dw i
erioed wedi bod yn Amgueddfa'r Fatican. Ac i be' ddiawl â
i? Dw i'n gwbod fod o'n un o'r amgueddfeydd gorau a
hardda yn y byd, ond pryd mae amser gan ddyn i fynd i
weld y pethau 'ma? Mae'r rhain i gyd ar eu gwyliau – yli'r
Siapaneaid 'na yn fan'cw yn tynnu lluniau, a'r Americaniaid
hefo'u blydi doleri a'u camerâu mawr – ond mae'n rhaid i ni
sy'n byw yng nghanol y pethau 'ma fynd i weithio, 'does? A
beth bynnag, os oes gen ti wyliau, ti'm yn mynd i aros yn
Rhufain, nag wyt? Ti'n mynd i blydi fynd i rywle gwahanol,
'dwyt?' Oedodd am ennyd i danio sigarét arall. 'Ond mae'n
warthus hefyd. Mi ddylwn i fynd. Yli, y *circo massimo*.'
Amneidiodd at hirgylch o wair a llwch mewn cwm bach o'r
neilltu. 'Ti 'di gweld y ffilm *Ben-Hur* hefo Charlton Heston,
on'do, hefo'r troliau a'r rasio 'na? Wel, yma ddigwyddodd o
i gyd, yli. Ia, be' oeddan ni'n ddeud . . . ? O ia, 'na fo, dw i
erioed wedi bod yn y *terme* chwaith, yli – ond, os wyt ti'n
gweithio drwy'r wythnos, pwy ddiawl sydd isio ymladd
hefo miloedd o bobl i chwilio am le i barcio, a gorfod aros i
fynd i mewn i adeilad llawn coridorau o hen bethau! Well
gen i fynd i'r stadiwm . . . neu i lan y môr. 'Ta waeth. Felly, y
gallese 'ma, fel rhyw dafodiaith Saesneg ydy hi neu be'?'

'Naci, mae hi'n iaith ar ei phen ei hun. Fel Eidaleg a
Phwyleg.'

'Mor wahanol â hynny? O'n i'n meddwl eu bod nhw fwy
fel y gwahaniaeth rhwng *romano* a *napoletano.* Felly os mai

Cymraeg ydy dy iaith gyntaf di, be' ti'n neud yn dysgu Saesneg i bobl, 'ta?'

'Fydda i'n gofyn y cwestiwn yna i fi fy hun yn aml.'

'A'r boi Carlo 'ma, y *Principe di galles* 'ma. Ydy o rwbath i neud hefo chi?'

'Nachdi. Sais ydy o, dim ond nad oes gennon ni ddim llawer o ddewis am y peth.'

'Hefo'r clustia 'na, *mamma mia*.'

Troesom ar yr hanner-trafford lle bûm ar ddechrau'r wythnos, heibio fflatiau uchel a swyddfeydd ag enwau cwmnïau a hysbysebion yn sefyll ar eu toeau. Diflannodd y rhain yn araf wrth i arwyddion Fiumicino, Napoli a dinasoedd y de ymddangos ar ochr y ffordd.

'Y Via del mare ydy hon.' Ffordd y môr. Pallodd y cerrig a'r waliau, ac roedd Rhufain wedi'i gadael o'n holau. Rŵan roedd coed palmwydd a chedrwydd o boptu'r ffordd a'r tir yn wastad. I'r dde, bellter o'r ffordd, gwelwn olion waliau ac adeiladau bricsen goch, arwydd clir o adfeilion Rhufeinig.

'*Ostia Antica* ydy hwnna?' gofynnais.

'Ia,' atebodd Mauro.

Heddiw mae'r ffordd yn arwain at yr arfordir lle ceir tref Ostia a'r môr. Ond yn ystod oes yr hen Rufeiniaid nid oedd y tir yn ymestyn cyn belled a deuai'r môr yn nes at Rufain. Yn y man hwnnw lle'r oedd yr arfordir y sefydlwyd tref Ostium, sef y prif borthladd a wasanaethai Rufain. Dros y canrifoedd, mae'r môr wedi disgyn yn ôl gan greu lle i sefydlu tref newydd o'r un enw yn yr Eidaleg, Ostia, gan adael dociau a harbwr yr hen Ostia, *Ostia Antica*, yn adfeilion sych mewn gwastatir o wair, fel llong yn rhydu yn yr haul, ymhell o'r môr.

Ar ôl ychydig filltiroedd trodd Mauro'r car oddi ar y briffordd at lôn fechan. 'Fydda i o hyd yn dod ffor'ma,' meddai, 'mae'n gynt na mynd ar hyd y ffordd fawr. Ond dydy hi ddim y fwyaf cyfforddus chwaith.' Ac roedd yn llygad ei le: roedd y ffordd ar allt fechan, gyda'r cedrwydd unwaith eto o bobtu'r llwybr cul, a dim ond lle i un car deithio. Roedd rhaid inni droelli o un ochr i'r llall er mwyn osgoi'r twmpathau tarmac lle gwthiai gwreiddiau'r cedrwydd at yr wyneb. Roedd y ddau ohonom yn cael ein taflu o gwmpas yn ein seddi am nad oedd Mauro yn arafu fawr ddim. Roedd hen dŷ fferm mewn cae ar ochr y ffordd ac o'i flaen goed olewydd a geifr yn pori'n ddioglyd ar y gwair melyn.

'Ddes i ffor'ma hefo ffrind imi unwaith. Ar gefn *motorino* roeddan ni, a dyma ni'n rhedeg allan o betrol! Ac wedyn roedd rhaid imi wthio'r blydi beic i lawr y lôn dros y twmpathau 'ma, yr holl ffordd i'r dref!' Chwarddodd Mauro, a minnau hefyd wrth ei ddychmygu yn rhegi.

Rŵan 'dan ni ar y briffordd eto ac mae'r môr yn y golwg, yn las a thawel fel yr awyr a ymestynna'n ddigwmwl hyd y gorwel – ond mae'r car wedi stopio, a'r tanc yn wag. Roedd wedi stopio unwaith o'r blaen, ar waelod allt fechan, ond, yn wyrthiol, fe ailgychwynnodd a'n galluogi i ddringo'r allt a throi'r gongl lle daeth y môr i'r golwg. Mae Mauro wedi mynd i chwilio am betrol a dw i'n aros wrth y car ac yn gwylio'r llif o geir yn cario pobl y ddinas at y môr a thraethau olaf y flwyddyn.

Mae yna ymadrodd sydd gan yr Eidalwyr, sef *'l'ultima spiagga'*, sy'n cyfateb i'r hyn a gyfleir gan y gair Saesneg *'swansong'*, cân ffarwél, y cyfle olaf am haul cyn y gaeaf. Cyfieithiad llythrennol o'r Eidaleg fuasai 'y traeth olaf' – syniad na fuasai'n golygu llawer i bobl sy'n byw mewn gwledydd lle nad yw'r hinsawdd yn caniatáu iddynt dreulio'u hamser hamdden ar lan y môr.

Cyn hir gwelaf Mauro yn dod yn ôl â thanc o betrol yn ei law. Mae'r car yn cychwyn, ac i ffwrdd â ni.

Ar ochr y ffordd, mae yna Frasiliaid yn dawnsio ac yn curo drymiau. Gadawn y car yn ymyl ffens bren. Tynnaf fy sgidiau, a cherddaf i lawr at y traeth. Mae'r tywod mor boeth nes fy mod yn dawnsio. Mae awel ysgafn y môr yn chwythu ar fy wyneb. Tynnwn amdanom a disgyn yn swp ar ein tywelion. Teimlaf braidd yn amlwg, fy nghnawd gwyn heb liw haul a phawb arall yn felyn braf. Edrychaf ar Mauro, sy'n edrych arnaf yn awgrymog, a gwelaf ei fod yn dduach a mwy blewog fyth yn yr haul, fel rhyw greadur gwyllt o'r coed. Rwyf innau fel dyn sâl wrth ei ochr. Mae'r haul yn dechrau cnoi fy nghroen, felly codaf, ac wedi cynefino, taflaf fy hun i'r môr. Edrychaf allan tua'r cefnfor ac yna i fyny at yr haul, a thua'r gorwel eto. Ceisiaf feddwl beth sydd o 'mlaen, dros y dŵr. Sardegna ffordd yna; i lawr i'r de, Sicilia, a thu hwnt, Tiwnisia.

Yn ôl ar y traeth, mae Mauro yn darllen *il Corriere dello Sport,* papur newydd dyddiol sy'n trafod chwaraeon yn unig a phêl-droed yn bennaf. Mae dau brif bapur newydd chwaraeon yn yr Eidal – y llall yw *la Gazzetta dello Sport,* papur pinc nodedig sy'n cael ei gyhoeddi ym Milan ac felly'n ffafrio timau'r gogledd, tra bod y *Corriere* yn cael ei argraffu yn Rhufain ac yn rhoi mwy o sylw i dimau'r brifddinas. Safaf wrth fy nhywel i sychu yn yr haul, ac mae Mauro yn codi ei ben o'i bapur: 'Mae'r bencampwriaeth yn cychwyn fory. Roma yn erbyn Verona.'

Wedyn mae Mauro yn esbonio sut mae pethau'n gweithio yn yr Eidal a pha mor anodd yw hi i newid y drefn ac i fynd yn erbyn y grymoedd pwerus sy'n rhedeg y wlad. Mae'r dadansoddiad fwy neu lai fel hyn: mae'r gogledd yn gyfoethog a'r de yn dlawd; yn y gogledd mae'r prif ddiwydiannau ac felly yno mae'r perchnogion grymusaf; yn Torino ceir ffatrïoedd Fiat a'r ganolfan economaidd yw Milan. Y teulu Agnelli sydd berchen Fiat, ac yn Milan ceir pencadlys ymerodraeth economaidd Silvio Berlusconi. Mae'r de ar y llaw arall yn llwm, mae'r maffia yn rheoli a'r bobl yn ddiog – o leiaf, dyna ddywed pobl y gogledd. Ar ben hynny mae Agnelli yn llywydd ac yn berchennog tîm pêl-droed Juventus ac mae Berlusconi yn llywydd AC Milan. Pam bod Juve, Milan a hefyd Inter wastad wedi arglwyddiaethu dros bencampwriaethau'r Eidal? A yw'n bosib mai pres sy'n gyfrifol? Neu wleidyddiaeth efallai? Mae chwaraewyr Juventus yn cael eu dewis yn awtomatig i chwarae dros eu gwlad, tra bod chwaraewyr Roma, Napoli neu Lazio yn cael eu hanwybyddu cyn amled â phosib. Pan fo timau fel Napoli hefo rhyw leidr pen-ffordd fel Maradona yn ennill y bencampwriaeth, a hynny ddwywaith yn olynol, mae fel rhywun yn gosod bom yn erbyn holl sefydliad yr Eidal.

'Ti'n meddwl eu bod nhw am adael i rywun y tu allan i'r grŵp yna o Filan a Torino ennill y *scudetto*'r flwyddyn yma, ar ôl i dîm fel Lazio ennill y flwyddyn ddiwetha? Ti'n gall, dywed? Mae'r Eidal heddiw, fel erioed, wedi'i seilio ar arian. Arian a grym. Yr eglwys, y maffia, dynion busnes o bob math. Mae arian yn rheoli popeth rŵan. Mae Berlusconi yn taflu pob math o gachu ar y teledu hefo'i sianeli o, a hysbysebion bob dau funud. Dw i'n cofio gweld gêm derfynol Cwpan Ewrop rhyw ddwy neu dair blynedd yn ôl, rhwng Manchester United a Bayern Munich. Ti'n cofio'r un efo Bayern Munich yn ennill o un i ddim hefo rhyw ddau funud i fynd a'r gêm wedi darfod i bob pwrpas, ac yna Manchester United yn cael gôl i'w gwneud hi'n gyfartal? Ti'n cofio? Wel, dyma nhw'n ailgychwyn a dyma hi'n mynd yn ddwy i un i Manchester United yn yr eiliadau olaf! Gêm anhygoel . . . gwych! Fysa chdi byth wedi meddwl fod Bayern yn mynd i golli'r gêm yna, ond mi ddoth Manchester United yn eu holau . . . o nunlle . . . ac ennill. Dyna ydy pêl-droed, ynte? Cynnwrf, angerdd, emosiwn. Dyna pam 'dan ni'n hoffi'r gêm: oherwydd ei bod yn rhoi cyfle i bobl deimlo'r petha 'ma. Rŵan, fysa 'na ddim gwahaniaeth gen i 'tasa Bayern Munich wedi ennill – does 'na'm diawl o ots gen i am Manchester United – ond pan ddigwyddodd o felly, a finnau wedi cynhyrfu ac yn disgyn oddi ar ochr fy nghadar, roeddwn i isio gweld ymateb y chwaraewyr ar ddiwedd y gêm. Ti 'di dilyn y gemau am flwyddyn gyfa, t'isio'u gweld nhw yn dathlu ac yn crio a dwn i'm be'. Ond be' sy'n digwydd yn yr Eidal? Yr eiliad mae'r dyfarnwr yn chwythu'i chwiban ar ddiwedd y gêm, pan ti 'di dy lyncu'n gyfan gwbl gan be' sy'n digwydd yn y stadiwm, be' sy'n digwydd? Hysbysebion! Am tua deng munud! Maen nhw wedi difetha'r holl deimlad a'i werthu i fusnas. Maen nhw'n gwbod bod pawb yn gwylio, ac maen nhw'n manteisio ar y cyfle i hysbysebu pethau. Maen nhw'n cymryd y pethau gora mewn bywyd – teimlad ac emosiwn – ac maen nhw'n eu gwerthu. Dyna'r Eidal iti.'

*   *   *

Dw i wedi bod yn anarferol o lwcus ac wedi dod o hyd i le i fyw. Mae'r flwyddyn hon yn flwyddyn dathlu dwy fil o flynyddoedd ers sefydlu'r Eglwys Gristnogol, a chyda Rhufain yn gyrchfan naturiol i bererinion Pabyddol o ledled y byd, mae llety ac ystafelloedd yn brin ac yn ddrud. Anelais am un o'r prifysgolion i weld y tameidiau hysbysebion ynglŷn â llety, ac yng nghanol y papurach mi ddois i o hyd i un yn dweud bod ystafell ar gael yn Ostiense, ardal y brifysgol. Ffoniais y rhif a chlywed llais dyn yn ateb. Newydd roi'r hysbyseb ar y ford yr oedd o, a fi oedd y cyntaf i ffonio. Dywedodd fod y fflat mewn stryd o'r enw Via del Gazometro, heb fod ymhell o'r brifysgol: 'Mae'n hawdd iawn dod o hyd iddi, mae 'na danc gas mawr ar waelod y ffordd. Wela i di yna mewn awr.'

Tynnais fap o 'mag a chwiliais am Via del Gazometro. Cerddais allan drwy'r brif fynedfa, heibio'r glaswellt lle'r oedd y myfyrwyr yn gorwedd, yn smocio, yn darllen ac yn sgwrsio yn haul y bore, tuag at stryd lydan Via Ostiense. Trois i'r dde a cherdded ymlaen tan imi weld ffrâm uchel ar ffurf cylch o fariau haearn, tebyg i danc enfawr heb waliau. Ai hwn oedd y 'tanc' yr oedd y boi wedi cyfeirio ato? Edrychais o 'nghwmpas gan chwilio am rywbeth a edrychai yn debycach i danc, ond welais i ddim byd. Trois y gongl a gweld arwydd mewn llythrennau mawr yn sillafu'r gair *Italgas*, a llun fflam las uwchlaw cwt lliwgar yn gwerthu planhigion a blodau. Edrychais o 'nghwmpas: hon oedd Via del Gazometro, Stryd y Metr Gas.

Chwiliais am y rhif cywir ac edrych am enw'r boi ar yr intercom wrth y drws.

'*Sì?*' daeth llais o'r intercom.

'*Sono Dafydd,*' medda fi.

'*Chi?*' daeth y llais unwaith eto.

'*Sono Dafydd! Per l'appartamento . . .* '

'*A! Sì! Entri. Primo a sinistra.*'

Camais i gyntedd hir â llawr marmor. Roedd yn dywyll a ffres ar ôl disgleirdeb yr haul, ond yn y pen pellaf gallwn weld grisiau yn arwain at ddrws arall oedd eisoes yn agored. Roeddwn bellach mewn iard gron yng nghanol yr adeilad, a ffenestri'r fflatiau o'i chwmpas yn ymestyn rhyw bum llawr at y cylch o awyr las uwchben.

'*Ciao,*' daeth llais o un o'r drysau a wynebai'r cwrt. '*Sono Valerio.*'

Trois i edrych a gweld hogyn gyda gwallt perffaith a chanddo gwiff bach yn saethu allan o dop ei dalcen, barfan o linellau tenau o amgylch ei ên yn arwain i fyny at ei glustiau, a dillad perffaith daclus.

'*Prego,*' meddai gan estyn ei law i ysgwyd f'un i, ac amneidio imi gamu i mewn i'r fflat o'i flaen.

Yn y cyntedd, cerddodd Valerio heibio imi gan fynd drwy ddrws ar y dde ac fe'i dilynais i ystafell gymharol fawr gyda dim byd ynddi ond bwrdd carreg ar goesau haearn a dwy gadair blastig gyda seddi gwellt, fel y ceir mewn caffis. Roedd pob man yn dywyll heblaw'r ychydig olau a dreiddiai drwy'r rhaniadau yn y bleindiau ar y ffenest.

'Dyma'r ystafell fyw,' meddai. 'A drwodd yn fan'cw mae'r gegin.'

Roedd y gegin yr un mor wag heblaw am sinc, cwpwrdd uwch ei ben, ffrij a phopty. Dim bwrdd, dim ond ychwaneg o gadeiriau plastig. Daeth Valerio heibio imi unwaith eto gan arwain y ffordd trwy ddrws ar ochr arall y gegin. Yma roedd stafell ymolchi fechan ac ynddi gawod a ffenest fechan ac arni fariau.

'Mae popeth yn newydd ac wedi ei ail-wneud. Does 'na neb wedi byw yma o'r blaen. Tyrd i weld y gweddill.'

Aethom yn ôl drwy'r gegin a'r ystafell fyw â'i lamp unig at ystafell fawr oedd hefyd yn wag, heblaw'r tri gwely sengl ar hyd un wal a'r cwpwrdd dillad yn erbyn wal arall. Roedd y ffenestri'n agored a'r bleindiau heb eu cau yma, a ffrydiai'r golau drwyddynt.

'Ac os mai stafell sengl wyt ti isio, dyma d'un di,' meddai gan fynd yn ôl at y fynedfa ac at ddrws wedi'i gau. Roedd yr ystafell hon yn fechan ac yn gul â gwely sengl bychan ynddi, ffenest agored gyferbyn â'r drws, a bwrdd. Cerddais at y ffenest ac edrych allan ar y Via del Gazometro: y stryd a'r ceir; pobl wedi ymgasglu o flaen drws y bar lawr grisiau, rhai'n pwyso yn erbyn drysau eu siopau gyferbyn, eraill yn pwyso o ffenestri a balconïau'r tai yr ochr arall i'r stryd; *pizzeria* gyferbyn heb agor ei ddrysau eto, eglwys i'r dde, ac i'r chwith ar waelod y stryd, fframwaith gwag y tanc absennol. O'r adeilad oren gyferbyn deuai sŵn plentyn yn cael ei ddwrdio gan ei fam. Roedd yna fwrdd bychan, steil siop ddodrefn gwna-fo-dy-hun, a chadair blastig wrth ei ymyl. Roedd y lle'n drewi o baent, a theils llwyd golau a waliau gwynion ym mhobman. Es yn ôl i'r ystafell fyw ac agor y ffenest a gweld y man caeëdig lle safwn funudau yn gynharach. Edrychais i fyny unwaith eto ar y ffenest o awyr las.

'Iawn, fe gyma i o,' meddwn i.

'*Va bene*,' meddai Valerio. 'Elli di ddod yn ôl fory? Fydd Dad yma i sortio petha allan hefo chdi.'

Drannoeth es i'n ôl i'r fflat a chyfarfod Signor Marroni. Dyn byr ag acen Napoli gref, a gamai'n nerfus â'i freichiau'n aflonydd fel petasai'n jabio'r awyr o'i gwmpas. Esboniodd na fuasai yna gytundeb ysgrifenedig gan mai dyna'r drefn arferol yn yr Eidal. Roedd eisiau'r rhent ymlaen llaw ar ddechrau'r mis, fuasai yna 'run dderbynneb; ac roedd y biliau yn cael eu cynnwys yn y rhent. Er ei ddiffyg papurau swyddogol, roedd eisiau gweld fy mhasport ac eisiau imi arwyddo dogfen yn dweud fy mod yn ffrind i'r teulu Marroni ac yn cael aros yno am ddim, rhag ofn i'r heddlu ddod â chyhuddiadau yn ei erbyn am logi'r lle yn anghyfreithlon. Roedd Signor Marroni yn amlwg yn llogi tŷ am y tro cyntaf ac yn gor-boeni am ddiddordeb yr heddlu yn yr holl fusnes. Roedd hefyd yn falch fy mod yn barod i gyd-fynd â system oedd yn torri'r gyfraith.

Edrychodd ar fy mhasport ac yna fe'i gosododd ar y bwrdd. Gofynnodd ei fab a gâi ei weld. Dywedodd Valerio wrth ei Dad: 'Yli, yr un pen-blwydd â chdi!'

Nodiodd y tad ei ben a chiledrych arnaf. Roeddwn wedi byw mewn llefydd gwaeth ond gan fy mod yn dueddol o fod yn hygoelus, cymerais fod cyd-ddigwyddiad dyddiad fy ngeni a dyddiad geni'r creadur nerfus o 'mlaen yn arwydd da. Mae'n rhaid ei fod o'n foi iawn, fel fi. Cefais foddhad hefyd o'r ffaith fy mod yn mynd i fyw yn y fflat ar fy mhen fy hun am y tro.

Aeth y tad yn ei flaen. 'Ella gei di ddod acw ryw ddydd. Ella gei di ddod i gael cinio. Yng ngogledd Rhufain 'dan ni'n byw ond mae gennym dŷ yn Nettuno. Yno fyddan ni pan mae hi'n rhy boeth yma yn Rhufain, ac ar y penwythnos hefyd, ysti. Dw i wedi gweithio am flynyddoedd hir. Pan ddes i o Napoli doedd gen i ddim byd. Ond fe weithiais yn galed a chyn hir roedd gen i fusnes fy hun. A rŵan mae gen i hawl i fwynhau y pethau dw i wedi'u casglu, on'd oes?'

'Siŵr iawn,' cytunais, gan eistedd i lawr ar un o'r cadeiriau plastig.

'Fe lenwa i'r fflat 'ma yn ara deg, gyda chydig fwy o ddodrefn hefyd,' meddai, gan edrych arnaf i a'r gadair.

'Pa fath o fusnes oeddach chi ynddo, cyn i chi ymddeol, os ga i ofyn?' gofynnais iddo.

'*Pizzeria*,' meddai. '*Pizzeria* oedd gen i.'

Roedd hynny'n esbonio'r cadeiriau, o leia.

*   *   *

Gadewais dŷ f'ewythr Alberto ddoe, gan addo na fuaswn yn

petruso dod yn ôl atynt os oedd unrhyw broblem o gwbl – 'Casa mia è casa tua,' dywedodd: 'Fy nhŷ i yw dy dŷ di'. A rŵan dw i'n ceisio ymgartrefu yn y tŷ gwag gyda'i ystafelloedd moelion. Ffloresent yw'r lampau ym mhobman heblaw'r ddwy ystafell wely. Mae Signor Marroni yn amlwg yn gwneud y gorau o'i brofiad ym maes y *pizzerie*.

Dw i newydd ddod yn ôl i'r tŷ ar ôl bod ar y bws i'r ysgol. Mae rhyw fath o archfarchnad fechan ychydig ddrysau i lawr y lôn. Tynnaf o'r bag plastig yr un hen bethau: *pasta*, tomatos mewn can, *pancetta*, sef cig mochyn yn debyg i facwn, bara, llefrith, siwgr, te a choffi. Am ryw reswm, ges i halen gan Paola. Roedd yna offer coginio, platiau, cyllyll a ffyrc ac yn y blaen, yno'n barod, a pheiriant coffi hefyd. Paratoaf goffi ac agor ffenestri'r ystafell fyw a'r gegin. Tra bo'r coffi'n berwi dw i'n mynd i'n ystafell wely i danio'r radio a thynnu 'nghrys a'n sgidiau i drio oeri ychydig bach. Yn y gegin tolltaf y coffi ac eistedd yno yn y cysgod am ychydig cyn dychwelyd i f'ystafell ac agor y bleindiau. Mae'r haul yn tywynnu i mewn drwy'r ffenest o ddiwedd bore tan hwyr y prynhawn. Safaf yn ei wres gan bwyso ar y sil ffenest ac edrych allan i'r stryd.

Mae hi tua phedwar o'r gloch y prynhawn ac mae'r siopwyr yn cychwyn ailagor wedi ysbaid amser cinio. I fyny'r ffordd mae pobl wedi ymgasglu o flaen yr eglwys. Mae hers yn sefyll yn y stryd.

Mae'r ffordd yn llawn ceir wedi'u parcio ar y ddwy ochr, ac mae'r traffig yn cael trafferth i fynd heibio'r hers, sydd wedi parcio yng nghanol y ffordd. Wrth iddynt arafu, mae'r gyrwyr yn y ceir yn gwneud arwydd y groes. Merched yn mynd â'u plant adref, dynion yn eu faniau â sigaréts yn eu cegau, plant ifanc ar gefn eu *motorini* yn ymgroesi hyd yn oed, cyn cyflymu a diflannu rownd y gornel.

*　*　*

Mae hi'n ddydd Mercher a dydw i ddim yn gweithio'r bore 'ma. Pan es i'r ysgol ddoe, cefais amserlen yr wythnos a chael ar ddeall nad yw f'oriau yn debyg o newid rhyw lawer dros y misoedd nesaf. Am y tro cyntaf ers imi fyw yn Liberec mae gen i oriau gwaith cyson, sy'n fy ngalluogi i wneud syms cywir ynglŷn â faint fydda i'n ennill bob mis, ac i roi amser i bethau eraill, gobeithio.

Neithiwr, ar ôl bwyta, yfais botel o gwrw a darllen ychydig cyn clwydo'n gynnar. Deffrois bore 'ma a chodi o 'ngwely, camu am y ffenest a'i hagor. Llifodd sŵn y stryd i mewn i'r ystafell, cyrn a moduron a sgwteri'n cwyno. Agorais y bleindiau i belydrau'r haul; roedd yr awyr uwchben yr antena teledu yn las.

Mae'r haul yn gwmni cyson yn ystod y dydd. Megis y mae'r haen o leithder yn awyr lonydd dyddiau llwyd llefydd eraill. Mae hi'n anodd dod i'r arfer o fynd allan gyda'r nos heb gôt ysgafn neu siaced. Yr unig bethau sydd eu hangen ydy pres, sigaréts a rhywbeth i'w ddarllen. Mae un haen o ddillad yn fwy na digon.

Mae'n rhaid imi fynd i weithio'r prynhawn yma felly dw i'n penderfynu mynd allan am dro bach i weld yr ardal. Rwy'n anelu tua'r iard lwytho. Mae hi tua deg o'r gloch y bore ac mae'n amlwg oddi wrth y bocsys ffrwythau gweigion a'r ffrwythau a'r llysiau hyd y llawr mai math o farchnad agored yw'r lle. Dw i'n agosáu at un o'r giatiau ac yn gweld bod yna bobl y tu mewn yn clirio ac yn llnau ac yn casglu, tameidiau o bapur yn nofio o gwmpas ymysg y ffrwythau wedi eu difetha, a rhesi diddiwedd o feinciau. Rhain yw'r *mercati generali*, y marchnadoedd cyfanwerthol lle mae ffermwyr a chynhyrchwyr amaethyddol o bell ac

46

agos yn dod â'u nwyddau. Ac nid cyd-ddigwyddiad mo'r lleoliad: y Via Ostiense yw'r brif ffordd a adeiladwyd gan y Rhufeiniaid hynafol i gysylltu Rhufain â'r môr yn Ostia. Dyma un o brif fynedfeydd y ddinas ar gyfer nwyddau o bob math. Y noson o'r blaen, roeddwn wedi bod allan hefo un o'r athrawon eraill yn yr ysgol, ac ar fy ffordd adref yn oriau mân y bore wedi sylwi ar y llif faniau a lorïau trymion yn mynd heibio i gyfeiriad y farchnad, gyda'u henwau ar yr ochrau yn dynodi llefydd oedd gryn bellter o Rufain: Piemonte, Abruzzo, Calabria, a rhifau ceir Torino, Firenze, a hyd yn oed Ffrainc ac Awstria. Meddyliais am y gyrwyr blinedig o Ffrainc yn eistedd yn eu cabiau: yn dod i Rufain fel mae eraill yn mynd i'r swyddfa.

Ar ôl cinio, dw i ar fy ffordd i 'ngwaith ar y 769, ac mae'n oedi wrth y stop o flaen y *mercati generali*. Mae tair hen ddynes yn dringo ar y bws gan lusgo trolïau siopa yn llawn llysiau ar eu holau. Roeddwn i'n meddwl nad oedd hawl gan gyfanwerthwyr ddelio yn uniongyrchol â'r cyhoedd. Mae'r bws yn stopio eto, a dyn bychan browngoch ei groen yn camu i mewn. Mae'n cario bocs mawr yn llawn *basilico*, ac yn mynd i eistedd mewn sedd ar ochr cilhaul y bws. O fewn rhai eiliadau mae arogl ffres y *basilico* yn ffrydio drwy'r holl gerbyd ac yn cael ei wasgaru gan yr awel a ddaw drwy'r ffenestri agored, fel perarogl cae o ddail melys.

Mae llefydd yn dod yn fyw inni drwy ein synhwyrau. Adlewyrchiad arbennig yr awyr sy'n ymestyn dros gyfandir cyfan; y golau ar ddiwedd pnawn; yr aer ffres ac oer ar ddyddiau clir ar ôl disgyn y dail cyn dyfod yr eira; arogl rhosmari wrth wal gerrig, neu fresych wedi'u berwi, neu bersawr merch. Dywedir mai synnwyr arogl yw synnwyr cryfaf y cof; ond mae synau, hefyd, yn ein galw yn ôl i le ac amser penodol. Sŵn tractor yn mynd heibio'r tŷ, neu gerddoriaeth sy'n felys gan amser, a'r wyneb cyfarwydd oedd wrth ein hymyl yn dod yn fyw eto i donau bythgofiadwy cân. Neu synau iaith, p'un a ydym yn ei deall ai peidio.

Un o'r synau sy'n cyfleu amser a lle yw sŵn bleindiau yn cael eu hagor a'u cau. Mae'n sŵn na chlywn mohono yng Nghymru, ond yn rhan naturiol o guriad beunyddiol gwledydd eraill. Megis sŵn ysgafnach agor bollt haearn hen ddrws neu ffenestr bren, mae'n dynodi dechrau neu ddiwedd diwrnod. Mae'n arwydd i ni ddeffro a chofleidio'r dydd neu'n arwydd i ni gau'r byd allan pan fo lleisiau'n galw plant i'r tŷ o'r gwyll.

Ond mae synau eraill hefyd, ac un ohonynt yn newydd imi. Hyd yn oed wedi'r ychydig amser dw i wedi'i dreulio yma, mae un y cofiaf amdano am amser hir, sef sŵn corn car yn cael ei ganu mewn stryd wag, ddistaw. Nid oes sŵn modur yn unlle, neb yn gyrru nac yn symud, ond mae rhywun yn dal i ganu ei gorn yng nghanol y llonyddwch. Ar fy ffordd i'r ysgol, cerddaf ar hyd stryd hir sy'n agor yn sgwâr llydan; mae hi'n amser cinio, ac yn yr Eidal mae hyn yn golygu bod popeth yn stopio a phawb un ai'n coginio neu'n bwyta. Clywir corn aflafar yn cael ei seinio. Yn y diwedd, daw dynes i sefyll wrth gar â drws y gyrrwr yn agored. Mae hi'n edrych o amgylch y stryd ac i fyny ar y ffenestri a'r balconïau a, chydag un llaw y tu mewn i'r car, mae hi'n canu'r corn. Roedd hi wedi parcio a gadael ei char ac yn y cyfamser daeth rhywun arall a gadael ei gar wrth ochr ei char hi. Mae hi'n sownd. Does ganddi ddim dewis ond gwneud stŵr a cheisio tynnu sylw'r boi sydd wedi cau ei llwybr. Wrth imi droi'r gongl mae sŵn y corn yn dal i ganu, yn cael ei foddi yng ngheginau'r tai gan glecian cyllyll a ffyrc a'r lleisiau ar y teledu.

Os ydy'r boi sy'n creu'r rhwystr yn berson meddylgar, mae'n gadael neges yn y ffenest yn dweud lle mae o. Mae'r person sydd wedi'i gau i mewn yn medru mynd i chwilio amdano wedyn a'i lusgo at ei gar i'w symud. Ond yn llawer amlach, bydd rhywun yn gadael ei gar ar ochr y stryd, gan ffurfio ail res o geir wedi'u parcio, ac yn mynd yn ei flaen i gael cwpanaid o goffi, i brynu sigaréts, dweud helo wrth rywun mae o'n ei adnabod, mynd i siopa, i alw rhywun mae o i fod i'w godi, efallai. *Doppio parcheggio* neu *parcheggio in doppia fila* maen nhw'n galw hyn: 'parcio dwbl'. Does gan y gyrrwr cyntaf ddim dewis ond canu ei gorn. Os ydy o'n lwcus, fe ddaw'r llall allan o ryw far cyfagos gan ymddiheuro a phrysuro ychydig i symud ei gar. Weithiau mae'n rhaid mynd i mewn i siopau a bariau gan weiddi dros bob man a oes rhywun yno yn berchen Fiat Uno gwyn neu Lancia du. Yna rhoddir clec i'r coffi, mae'r gwpan yn disgyn ar y soser, *ciao* amhenodol yn cael ei alw a'r boi yn ei heglu hi am ei gar.

Roeddwn i a Mauro yn dod adref i dŷ Alberto un noson, tua thri neu bedwar o'r gloch y bore, ac wrth inni droi o flaen y tŷ fe glywsom sŵn canu corn. Wrth nesáu fe welsom mai dwy hogan oeddan nhw, un yn eistedd yn y sêt gefn a'r llall yn gorwedd yn erbyn y drws agored yn taro'r corn bob hyn a hyn. Roedd rhywun wedi'u cau i mewn – a Duw a wyddai lle'r oedd hwnnw wedi mynd os nad i'w wely – a hwythau eisiau mynd adref. Pan ddringais i 'ngwely fy hun ddeng munud yn ddiweddarach roedd y corn yn dal i ganu yn y pellter, ond dim sŵn modur yn unlle.

Adref yn y fflat, dw i'n estyn cwrw o'r ffrij a mynd i eistedd wrth y ffenest. Mae'r stryd i gyd dan gysgod wrth i ffresni'r cyfnos ddisgyn ar y ddinas. Mae'r amser braf hwn pan fo gafael yr haul yn llacio yn dod yn gynharach beunydd, a'r ysgafnder yn weladwy yn symudiadau'r bobl.

Ar draws y ffordd maen nhw'n agor y *pizzeria*. Yn ôl yr olwg sydd arno, mae un o'r ddau gogydd wedi bod i lan y môr; mae o'n eistedd wrth y bwrdd ar y palmant, ei freichiau a'i wyneb yn goch. Mae'r cogydd arall yn dew ac yn frown a chanddo groen gwynnach lle bu strap ei arddwrn. Wrth y bar gyferbyn, mae dwy hogan ifanc, un yn fechan ac yn blaen a chanddi wallt cwta a'r llall yn dal ac yn dywyll â'i gwallt hir du yn disgyn hyd ganol ei chefn noeth a'i bronnau llawn. Mae gan ei hwyneb nodweddion hanner-Sipsiwn, hanner-Arabaidd, gan beri i ddychymyg dyn iach fynd ar chwâl.

Mae'r ddau gogydd yn edrych draw arni ac mae un o'r perchnogion yn dod allan yn ei fest â brws llawr yn ei law; mae'n pwyso yn erbyn y brws ac mae'r tri ohonyn nhw yn sbio ar yr eneth a'i ffrind yn croesi'r ffordd at y bar bychan, drws nesaf i'r *pizzeria*, i brynu cacen. Maen nhw'n dal i'w dilyn hefo'u llygaid am ychydig ar ôl iddynt gerdded heibio iddyn nhw. Mae'r perchennog yn dweud rhywbeth, mae'r cogydd tew yn chwerthin ac mae'r un coch yn tanio sigarét.

Dw i'n ceisio darllen ychydig ond mae'r llyfr yn ddiflas, felly i lawr y grisiau â mi i'r bar. Mae'r lle yn llawn pobl sydd un ai'n gwag-symera neu'n paratoi i dreulio'r noson yn rhywle arall. Mae un neu ddau ddyn yn yfed alcohol ond mae'r mwyafrif llethol yn cael coffi, sudd ffrwythau, cacenni neu hufen iâ. Gorffennaf fy niod ac af allan gan droi i'r dde hyd Via del Gazometro a Via Ostiense, ac yna i'r chwith nes cyrraedd Porta San Paolo.

Yn yr hen amser, os buaset yn dod o'r môr neu o'r wlad o gyfeiriad Ostia, Porta San Paolo oedd y porth cyntaf fuasai'n rhaid i chdi fynd trwyddo er mwyn cael mynediad i Rufain. Yno, arferid archwilio dy nwyddau a chodi treth arnat amdanynt cyn rhoi caniatâd iti fynd yn dy flaen. Porta Ostiense oedd yr enw arno yr adeg honno, cyn i'r Eglwys Gristnogol gael ei sefydlu, a chyn i honno newid enwau rhannau ac adeiladau'r ddinas i rai oedd yn ymwneud â thraddodiad y grefydd newydd. Adeiladwyd mur Aurelius i amddiffyn y ddinas rhag bygythiad y Gothiaid oedd yn ymosod o'r gogledd yn ystod y drydedd ganrif. Mae'r ardal lle dw i'n byw ynddi rŵan y tu allan i'r muriau hyn, ac felly nid yw'n rhan o Rufain fel yr oedd hi yn ei hanterth. Diflannodd y rhan o'r mur wrth y porth ryw ddiwrnod yn 1943, wedi iddi gael ei tharo gan fom o awyren Americanaidd. Mae'r sgwâr i gyd wedi'i foddi yn lliw bricyll yr haul sy'n machlud tua'r môr.

Dw i'n croesi'r sgwâr ac yn mynd drwy'r waliau, ac i mewn i ardal Testaccio. O 'nghwmpas mae cannoedd o bobl yn eu ceir â'r ffenestri'n agored a sŵn eu sgyrsiau yn llenwi'r awyr. Mae pobl ifanc yn hedfan heibio ar eu sgwteri yn y cyfnos tyner. Mae'r ddinas gyfan ar ei ffordd i rywle, gyda'r haf yn ffarwelio a'r bobl yn heidio allan i'w fwynhau. Fe'u gwyliaf am rai munudau, cyn anelu am adref.

Camaf i mewn i'r fflat a chynnau'r lamp ffloresent yn yr ystafell fyw, ac af ati i baratoi rhywbeth i'w fwyta. Tynnaf y gadair eto tua'r ffenest. Mae pobl wedi ymgasglu wrth y bar ac yn sefyll y tu allan yn siarad ac yn gweiddi wrth i floeddiadau metalaidd cerddoriaeth radio'u ceir foddi unrhyw sŵn arall. Dros y ffordd mae'r *pizzeria* wedi cau ond mae'r perchnogion a'r gweithwyr yn bwyta ac yn yfed gwin wrth fwrdd unig ac yn taflu ambell gip ar y dyrfa o bobl ifanc ar eu ffordd adref, ac ar y rhai sydd heb adael y bar gyferbyn.

Mae hi'n nos Wener a dw i'n eistedd yma ar fy mhen fy hun. Meddyliaf am wynebau cyfarwydd y *Cactus* ym

Mharis; mi fuasai'r lle'n llawn dop rŵan. Dw i wedi bod yma ers ychydig wythnosau, dw i wedi dod o hyd i waith ac i le i fyw, ond petawn i ym Mharis mi fuasai llond lle o bobl dw i'n 'u nabod o 'nghwmpas i, a sgyrsiau hawdd, a hwyl.

Dyma'r anhawster o beidio â symud am dair blynedd; mae'r gwreiddiau yn dueddol o ddal yn rhy dynn, ac o amharu ar unrhyw drawsblaniad. Be' dw i'n 'i wneud yma yn hen wlad fy nhad?

*　　*　　*

Mae'r glaw yn disgyn dros Rufain. Mae'r awyr yn wyn a llwyd uwchlaw'r toeau a'r waliau melyn ac oren, sy'n futrach heddiw, a'r cerrig gwlybion ar y llawr yn adlewyrchu'r tywyllwch. Mae'r ymbarél ar du blaen y *pizzeria* wedi ei frychu gan wlybaniaeth, a'r byrddau a'r cadeiriau, sydd fel arfer yn llawn, wedi'u pentyrru. Ychydig o bobl sy'n cerdded ar y stryd, sy'n rhes ddigalon o geir a goleuadau coch. Mae gwacter trwm yma; mae'r ddinas wedi stopio a phopeth yn crogi'n ddisymud ar linyn gwlyb, fel diwrnod sydd ddim yn cyfri, nad yw'n rhan o fywyd go iawn. Mae pawb ar goll a dydw i ddim yn gwybod be' i'w wneud hefo fi fy hun heddiw.

Yr Hydref

5

Ar y tir uchel ar lannau'r Tevere, ychydig filltiroedd o'r môr, roedd casgliad di-nod o dai pridd a phren o Oes yr Haearn, allan o gyrraedd llifogydd yr afon islaw a'r tir corsiog lle disgynnai dŵr y nentydd o'r bryniau. Yma gosodwyd efeilliaid mewn basged ar lan yr afon, a daeth bleiddast o hyd iddynt. Rhoddodd ei llefrith iddynt, a'u magu nes i fugail eu cymryd ymaith a'u magu. Enwau'r ddau frawd oedd Romulus a Remus. Wedi iddynt dyfu'n ddynion, fe benderfynasant sefydlu tref newydd yn yr union fan. Er mwyn cael gwybod gan y duwiau pa un ohonynt ddylai gymryd arno'r cyfrifoldeb o fod yn arweinydd ar y sefydliad newydd hwn, dewisodd yr efeilliaid fryn yr un ar lan yr afon a dringodd y ddau eu bryniau dewisol i ddisgwyl am arwydd. Dewisodd Remus fryn yr Aventino a dringodd Romulus i ben y Palatino. Yn sydyn oddi fry disgynnodd chwe fwltur dros yr Aventino gan arwain Remus i gredu ei fod wedi ei fendithio gan y duwiau. Yna ymddangosodd fwlturiaid uwchben y Palatino hefyd, ond y tro hwn yr oedd deuddeg ohonynt: ymddangosai mai Romulus oedd wedi'i ddewis wedi'r cwbl. Adeiladodd ef fur o amgylch ei dir ar y Palatino, ond digiodd hyn ei frawd a neidiodd dros y mur, gan beri i Romulus yntau wylltio a lladd ei efaill.

Digwyddodd hyn yn y flwyddyn 753 cyn Crist, ac yn ôl yr haneswyr, y bobl gyntaf ar lan y Tevere oedd hedyn dinas Rhufain. Roedd Romulus o linach arwyr a duwiau – adroddir i'w fam, Rhea Silvia, gael ei threisio gan Fawrth, y duw rhyfel, ac roedd hi'n ferch i Numitor, brenin ar ardal gyfagos, a oedd yn hanu o linell Aenas, un o arwyr rhyfeloedd Caerdroea.

Tyfodd y dref; ffynnodd a llewyrchodd gan dderbyn

ffoaduriaid a theithwyr o ardaloedd eraill. Ond roedd rhywbeth yn llesteirio'i datblygiad: dynion oedd mwyafrif llethol ei thrigolion. Penderfynodd Romulus geisio denu merched i ymsefydlu yn y dref. Wedi sawl ymgais yn yr ardaloedd cyfagos, a'r llwythau hynny'n gwrthod ymgartrefu yn Rhufain, dewisodd Romulus strategaeth fwy uniongyrchol. Yn ystod gŵyl oedd wedi denu pobl o deyrnasoedd ac o lwythi eraill i Rufain, ymosododd dynion Romulus ar ferched o ardal y Sabine, eu cadw yn erbyn eu hewyllys a'u gorfodi i'w priodi. Yn gyfnewid am hynny buasent yn cael moethau a manteision dinasyddion Rhufeinig. Wedi brwydr, cafwyd cytundeb ac unwyd y ddau lwyth, gan sefydlu polisi Rhufeinig oedd i lywio datblygiad y dref drwy'r canrifoedd dilynol.

Diflannodd Romulus ryw ddiwrnod mewn cwmwl: pan gododd y cwmwl o'i orsedd roedd yn wag. Dewiswyd arweinydd i gymryd ei le ac fe'i gwnaed yn frenin. Fe'i dilynwyd yntau gan bump arall. Rhannwyd y boblogaeth i ddosbarthiadau yn ôl eu cyfoeth; dynodwyd felly eu cyfrifoldebau adeg rhyfel yn ogystal â'u hawliau adeg heddwch, gan osod y trigolion oedd yn berchen ar geffylau, yr *equites,* yn flaenaf, a'r tlodion di-eiddo ar y gwaelod. Disgwylid i'r haenau isaf hyn fynd i frwydro gyda ffyn a cherrig.

Er gwaetha trefn y strwythur cymdeithasol, daeth gwendidau dynol i'r amlwg unwaith eto, gan beri i'r brenin orfod dengid i'w wlad ei hun ar ôl i un o'i feibion amharchu gwraig un o brif ffigyrau'r gymdeithas. Cyhoeddwyd diwedd y frenhiniaeth Rufeinig, a chychwyn y weriniaeth.

*   *   *

Ar fryn y Palatino, a ddewisodd Romulus yn gadarnle i'w deyrnas, y trigai arweinwyr gwleidyddol Rhufain dros y canrifoedd. Mabwysiadwyd y bryn yn ddiweddarach fel cartref personol i'r ymerawdwr llywodraethol. Mae'r gair *palatino*, sydd yn air Eidaleg, yn dod o'r Lladin *palatium*. O'r gwreiddyn yma y ceir *palais* yn Ffrangeg ac felly *palace* yn Saesneg; o hwnnw y cawn 'plas' yn y Gymraeg.

Mae Lladin hefyd yn benthyg o'r Groeg wrth gwrs a chysylltiadau niferus rhwng Groeg a'r ieithoedd Celtaidd, heb sôn am y tebygrwydd yn ysbryd a mytholeg gynnar y ddau ddiwylliant. Mae Ceres, duwies amaethyddiaeth y Rhufeiniaid, yn cyfateb i Demeter, duwies y Groegiaid, ac i Ceridwen y byd Celtaidd. Mae safle Groeg fel prif iaith neu lais swyddogol gwareiddiad Ewrop wrth i'r cyfandir ddatblygu i fod yn ddiwylliant dyrchafol, wedi arwain at foddi'r diwylliannau eraill a oedd yn esblygu ar yr un pryd.

Ystyrir hanes fel 'stori' pobl a digwyddiadau y gwyddom amdanynt ers dechrau defnyddio'r gair ysgrifenedig. Mae popeth a ddigwyddodd cyn hynny yn cael ei ddiystyru fel cyfnod cyn-hanes. Anwybyddir felly y rhan fwyaf o hanes annibynnol y Celtiaid; gwthir i'r naill ochr holl hanes yr Indiaid Americanaidd, er eu bod wedi byw yn reit hapus am filoedd o flynyddoedd cyn ac ar ôl i rywun yn Ewrop ddysgu ysgrifennu. Yn yr un modd dosberthir yr Awstraliaid cynhenid i ddosbarth y gwareiddiadau cyn-hanesyddol, gan nad oeddent yn arddel y gair ysgrifenedig tan ryw ddau gan mlynedd yn ôl. I ennyn parch hanesyddol, ac i dderbyn gwerthfawrogiad fel diwylliant a gwareiddiad, mae gofyn i genhedloedd wybod sut i ysgrifennu. Mae hanes yn dangos yn reit blaen yr hyn sy'n digwydd i bobloedd sy'n dibynnu ar yr elfen lafar yn unig.

Roedd iaith Geltaidd yn cael ei siarad ar un adeg mewn

tiriogaeth a oedd yn ymestyn o'r wlad a elwir heddiw yn Awstria hyd at orllewin Iwerddon, ac o wastadeddau gogleddol yr Eidal hyd at ogledd yr Alban. Heddiw fe'i siaredir mewn pocedi gwasgaredig ar arfordir gorllewinol Ewrop, fel llais lleiafrifol. Ond nid iaith y bobl Geltaidd yn unig sydd wedi colli ei dylanwad: ers oes yr iaith Roeg o leiaf, drwy gyfnod lledaenu Lladin o dan y Rhufeiniaid, Ffrangeg o dan y Normaniaid a thwf pwysigrwydd Sbaen yn y byd, gwelwyd ymerodraethau Portiwgal, yr Iseldiroedd a Ffrainc yn ffynnu a chwalu gan arwain at ddirywiad ym mhwysigrwydd eu hieithoedd. Heddiw, Saesneg yw iaith masnach a gwleidyddiaeth. Mae grym y gwledydd Seisnig, o dan arglwyddiaeth yr Unol Daleithiau, yn sicrhau bod ymerodraeth sy'n marw yn ddaearyddol yn cael ei chadw'n fyw yn ieithyddol, ac yn golygu mai Saesneg yw Lladin yr oes hon. Ymhen y rhawg fe'i disodlir hithau gan iaith newydd, neu hen iaith, y pŵer nesaf.

Mae ieithoedd yr Eidal wedi tyfu o'r *vulgaro*, iaith y werin a ddisodlodd y Lladin, ac wedi derbyn dylanwadau o Sbaen, Ffrainc, yr Almaen ac Affrica, yn ogystal ag o fân ieithoedd eraill, mewn rhyw ffurf neu'i gilydd. Mae'r broses hon wedi parhau ers diflaniad y gwareiddiad Groegaidd, a'r canlyniad yw'r iaith Eidaleg gyfoes. Ond er gwaetha'r holl addasu mae'r Eidalwyr wedi gorfod ei wneud dros y canrifoedd, mae'r iaith Saesneg yn anodd iddynt ddygymod â hi am nad oes tamaid o ots ganddyn nhw amdani. '*Io parlo due lingue: romano e italiano*'. Dw i'n siarad dwy iaith: Rhufeineg ac Eidaleg. Petaswn i'n siarad am Napoli buasen nhw'n dweud yr un peth, ond yn cyfnewid *romano* am *napoletano*; yn Palermo, *siciliano*, neu, fwy na thebyg, *palermitano* ac Eidaleg fasa hi. Mae eraill yn falch o allu dweud nad ydynt hyd yn oed yn siarad Eidaleg go iawn, mai eu tafodiaith leol yn unig maen nhw'n ei siarad. Ond mae'r teledu wedi dod ag Eidaleg safonol i bob ystafell fyw erbyn hyn. Ac eithrio pobl hŷn rhai o ardaloedd y de, mae dod ar draws pobl sy'n siarad tafodiaith leol yn unig yn anarferol.

Ar gyfer fy ngwers gyntaf roedd yn rhaid imi fynd i ardal yn ne'r ddinas lle does dim byd ond adeiladau uchel newydd a swyddfeydd ugain llawr. Roeddwn wedi cyfarfod Paola yn y bore a chynigodd hi fynd â mi yn y car. Y diwrnod hwnnw roedd hi'n bwrw glaw, a phawb yn betrusgar o dan y dŵr, a'r ceir eu hunain fel pe baent ddim isio bod allan. Roeddwn i'n hwyr yn barod, a finnau wedi penderfynu ceisio bod yn brydlon. 'Ta waeth, roedd y traffig yn araf, a dyma ni'n mynd ar goll, a finnau'n dechrau digalonni ynglŷn â'm gallu i gyrraedd unrhyw le mewn pryd. Yn y diwedd dyma gyrraedd y stryd gywir. Neidiais allan o'r car, rhedeg am y fynedfa a chael fy nghyfeirio i'r lifft. Edrychais ar y cloc ar y wal: 14-10. Roeddwn i ddeugain munud yn hwyr.

Cyrhaeddais y llawr cywir a chael fy nghyfeirio i swyddfa ym mhen draw'r coridor. Roedd dyn canol oed mewn siwt a thudalennau o bapur yn ei law yn sefyll yno. Edrychodd arnaf yn syn, ac ysgwyd fy llaw. Fy mhryder oedd bod cadw dyn busnes pwysig i aros yn sicr o'i yrru yn flin fel tincar. 'Fi ydy'r athro Saesneg,' meddwn i, gan geisio fy ngorau i wneud i'r frawddeg swnio fel ymddiheuriad.

'A! Il professore d'inglese!' meddai. 'Be' ddiawl wyt ti'n neud 'ma yn y tywydd yma? Duw, doeddwn i'm yn disgwyl gweld neb yma yn y glaw 'ma. Wel, diolch iti am ddod. Valentino ydw i.'

Yn Ffrainc mi fuasai'r boi wedi ffonio'r ysgol i weld beth oedd yn bod, mi fuasai'r ysgol wedi fy ffonio i ar y ffôn symudol ac wedyn mi fuaswn wedi gorfod mynd i weld y bos er mwyn cael pregeth ynglŷn â *la ponctualité*. Dyma'r lle i mi, addefais yn dawel unwaith eto.

Pasiwyd deddf gan lywodraeth ffasgaidd Mussolini yn gwahardd dysgu Saesneg a gwrando ar radio Saesneg neu gerddoriaeth Americanaidd, gan mai iaith y gelyn oedd hi. O ganlyniad dysgodd cenedlaethau hŷn yr Eidal Almaeneg neu Ffrangeg, y naill yn iaith swyddogol a'r llall yn cael ei hystyried yn iaith dderbyniol gan yr awdurdodau, efallai oherwydd ei phwysigrwydd ym myd celf. Aeth Saesneg yn iaith gwbl estron iddynt. Felly, i ran o'r boblogaeth, mae Saesneg yn iaith ddieithr maen nhw'n dewis ei hanghofio. I eraill, mae hi'n iaith ryfedd y cânt eu gorfodi i'w dysgu fel arwydd o'u statws mewn cymdeithas, neu i efelychu'r actorion Americanaidd ar y teledu.

Mae gan yr ysgol gytundeb i ddysgu Saesneg a Ffrangeg i un o adrannau'r llywodraeth. Fi sydd wedi cael y rhan fwyaf o'r gwersi. Mae hyn yn golygu fy mod yn dysgu Saesneg i weithwyr y wladwriaeth, rai ohonynt ddwywaith fy oed. Daw rhywrai i ddysgu, a'r rhan fwyaf i gael dwy awr o orffwys o'u gwaith unwaith yr wythnos. Heddiw, rhoddir sylw i ffurfiau gorffennol berfau. Person cyntaf gorffennol y ferf 'ysgrifennu', sef *I wrote* sy'n peri penbleth. Mae yna ymadrodd Eidaleg, *hai rotto le palle*, sef, yn llythrennol, 'ti wedi malu fy mheli', hynny yw, 'fy ngheilliau'. Dyna pam y dywed Americaniaid *'you've broken my balls'*, enghraifft o ddylanwad Eidaleg ar Saesneg Americanaidd. Mae'r ymadrodd yn cyfateb i'r ymadrodd 'ti'n boen yn y tin'. Ond pan fo siaradwr Eidaleg yn ynganu'r geiriau Saesneg *I wrote* mae'n debygol iawn o gael ei ynganu fel *hai rotto*, sef y ffurf gryno o ddweud dy fod ti'n boen yn y tin. Ysgrifenyddes dew yn ei phumdegau sy'n ceisio dygymod ag *I wrote*, ac mae'r holl ystafell yn ysgwyd gan chwerthin a minnau'n anghyfforddus wrth orfod amddiffyn yr iaith Saesneg. Mae popeth anghyfarwydd yn cael ei gyfieithu'n llythrennol i'r Eidaleg ac yn ymddangos yn hollol ddisynnwyr: y cwestiwn *what is it like?* yn mynd yn 'be' mae o'n hoffi?', *dollar* yn mynd yn *dolore*, sef 'dolur', a'r gwahaniaeth rhwng *how do you do* a *how are you* yn un o'r pethau rhyfeddaf maen nhw wedi'i glywed erioed. Ac anghofiwn am y gwahaniaeth rhwng *I did* ac *I have done*: 'Felly, os dw i wedi gwneud rhywbeth yn y gorffennol, hynny yw, cyn rŵan, yna mae'n rhaid imi feddwl os ydw i wedi gorffen ei wneud o ai peidio, neu os ydy'r amser pan nes i o wedi gorffen ai peidio. A hynny cyn agor fy ngheg! Am bobl od . . . ' meddai gŵr ifanc wrthyf.

Eto mae'n hawdd gweithio hefo nhw. Techneg syml a chyffredin wrth ddysgu iaith yw ceisio creu sefyllfa ddychmygol er mwyn rhoi cyfle i'r dysgwyr ymarfer ffurfiau ac ymadroddion na fuasen nhw'n eu defnyddio fel arall. Gellir gofyn iddynt ddychmygu bod y gwyliau a drefnwyd ar eu cyfer gan asiant teithio wedi bod yn drychineb; maen nhw'n mynd at yr asiant ac yn mynnu cael eu harian yn ôl. Rhan yr asiant yw amddiffyn ei hun a dod o hyd i ateb mwy ffafriol iddo fo. Amcan yr ymarferiad yw eu cymell i siarad. Ond yr hyn sy'n anodd gyda'r Eidalwyr yw eu tawelu, a hwythau'n dadlau nes bod eu hwynebau'n goch am yr arian a wariwyd ganddynt yn ofer, a'r siom a gawsant. Wrth i'r Saesneg sychu, mae'r lleisiau'n codi a phawb am gael dweud ei ddweud yn Eidaleg, fel plant sydd wedi anghofio mai gêm ydy hi.

Y tu allan i'r swyddfeydd mae baner enfawr yr Eidal yn chwifio'n ddiog yn yr awel. Tynnaf fy ffôn symudol o 'mag gwaith wrth fynd i lawr y grisiau. Mae gen i ddwy neges, un gan berchennog y tŷ ac un arall gan Duncan, Albanwr sy'n dysgu yn yr un ysgol â fi. Mae neges ryfedd Signor Marroni yn f'atgoffa i beidio â gwneud twrw wrth gau ac agor drws ffrynt y fflat, rhag ofn i'r boi gyferbyn gwyno. Gwrandawaf ar neges Duncan: *'How are you there, Daffyd? I've been meaning to call you for a couple of weeks. Anyway, I'll be in the Irish pub from eight o'clock tonight. If you can come I'll see you there.'* Edrychaf ar fy oriawr; chwech o'r gloch. Dw i'n mynd am dro.

Ar Via Cavour mae Eglwys Santa Maria Maggiore yn sefyll yn gadarn ar fryn yr Esquilino. Dw i'n troi i lawr yr allt ac yn cerdded tua'r Forum. Edrychaf tua'r chwith, heibio'r ceir sy'n saethu heibio ar y ffordd garegog, at y Colosseum sy'n sugno haul ola'r dydd i'w feini, ac yna i'r dde, lle saif adeilad gwyn y Vittoriano, fel bloc o farmor yn goruchwylio Piazza Venezia oddi tano.

Y Foro Romano neu'r Forum oedd canolfan wleidyddol, economaidd a chymdeithasol yr hen Rufain. O'r Via dei Fori Imperiali edrychaf i lawr ar y gwenoliaid yn cylchu uwchlaw'r dyffryn sy'n gorwedd rhwng bryniau'r Palatino ar y naill ochr a'r Capitolino ar y llall. Mae carreg oren y Palatino yn llachar rhwng gwyrddni'r cedrwydd a'r coed palmwydd, a chefn y Vittoriano yn codi'n uchel y tu ôl i'r Capitolino. Mae Rhufain heddiw sawl medr yn uwch nag oedd hi pan adeiladwyd hi gyntaf, a llawer o'i hen adeiladau a'r hyn sy'n weddill o'i strydoedd a'i sgwariau hynafol o dan lefel bresennol y stryd. Er mwyn cyrraedd y Forum, rhaid disgyn i lawr allt fechan i ddod at lefel y ddinas wreiddiol. Cerddaf ymysg grŵp o ymwelwyr yn dilyn merch ifanc sy'n gweiddi cyfarwyddiadau Rwseg ac yn aros yma ac acw am y sgyrswyr a'r llusgwyr traed yn y cefn.

Yn y llwch mae bric a marmor yr hyn sy'n weddill o gae chwarae pwysigion y ddinas, lle'r ymgasglai'r werin i sefyllian, i werthu, i hel straeon ac i wrando ar sgyrsiau'r gwleidyddion a'r cyfreithwyr. Dyma yw gwir fan geni Rhufain. Wedi'r Ail Ryfel Byd cafwyd tystiolaeth fod pobl wedi bod yn trigo ar y Palatino yn yr wythfed a'r seithfed ganrif CC. Dyna roi diwedd i goel canrifoedd mai chwedl yn unig oedd hanes Romulus a Remus. Mwy na thebyg fod pobl wedi byw yno ers diwedd yr Oes Efydd a chychwyn yr Oes Haearn. Wedi disbyddu ardal y Forum, cychwynnwyd adeiladu arni.

O amgylch yr anheddau cynnar hyn, datblygodd man cyfarfod y ddinas, a dyna hanfod y Forum. Ystyr y gair Eidaleg *fuori* yw 'allan', 'tu allan' neu 'yn yr awyr agored', ac fe ddeillia o'r gair Lladin *forum*. Roedd Forum y Rhufeiniaid yn chwarae'r un rhan yn eu cymdeithas hwy ag oedd *agora*'r Groegiaid, man agored yn y ddinas lle'r arferid addoli'r duwiau a lle byddai'r bobl a'u harweinwyr yn cwrdd i drafod pynciau pwysig y gymuned. Arferai'r hen Geltiaid addoli a dathlu eu gwyliau mewn mannau agored, yn y coed er enghraifft, a math o *forum* neu *agora* ydy'r llan – mae'r cysylltiad ieithyddol rhwng yr ansoddair Cymraeg 'agored' a'r gair Groeg *agora* yn amlwg.

Dw i'n mynd i lawr y Via Sacra nes cyrraedd bwa Titus, a godwyd i gofio'r ymerawdwr a gipiodd Jerwsalem yn y flwyddyn 70. Mae'r lle yn garreg goffa i'r dynion a roddodd eu henwau i'r ddinas: yr ymerawdwr gwallgo Caligula a gafodd ei lofruddio gan ei warchodlu personol; Nero a ofnai ei fam drwy'i galon ond a'i lladdodd ac a ganai tra llosgai Rhufain o flaen ei lygaid; eraill a gafodd eu gwenwyno yn eu gwlâu neu yn eu baddonau gan weision, gwarchodwyr, mamau a gwragedd, neu rai a gurwyd i farwolaeth yn y stryd gan y dorf Rufeinig; Commodus a ymladdai yn yr arena ac a fwynhâi ei hun yn lladd anifeiliaid gwylltion gyda'i arfau gladiatoraidd; a Caracalla a laddodd ei frawd cyn i yntau gael ei ladd gan un o'i warchodwyr. Mae angen llawer o ddychymyg gweledol er mwyn dirnad sut olwg oedd ar yr adeiladau. Yn wreiddiol roedd y lle yn lliwiau i gyd, a marmor coch a phorffor a cherrig lliwgar o bob cornel o'r Ymerodraeth yn addurno'r plastai a'r temlau.

Mae'n bryd imi fynd i chwilio am Duncan. Croesaf y Forum ar fy ffordd yn ôl i Via Cavour ac ardal y Monti tua Piazza Suburra. Roedd hon yn ardal ag iddi enw drwg ddwy fil o flynyddoedd yn ôl, Suburra'r puteiniaid a'r mân droseddwyr, a gwelaf wrth imi gerdded i fyny'r stryd gul o dan awyr sy'n prysur dywyllu, arwydd 'Sexy Shop' a phob math o ddillad isaf yn addurno'r ffenest. Mae dynes yn baglu allan o far gan regi a chwerthin. Ar sgwâr cyfagos mae tyrfa wedi ymgasglu a bwrlwm distaw ffrae yn codi. Mae'r gwynt hefyd wedi codi, a neidiaf allan o ffordd car â'i gorn yn canu. Dw i'n gweld drws tafarn a golau yn y ffenest, ac wrth imi agor y drws daw ton o dwrw i 'nghyfarfod. Mae Duncan yn pwyso'n gyffforddus yn erbyn y bar, ac wrth fy ngweld, yn codi ei ddwy fraich i'r awyr, peint yn un llaw a sigarét yn y llall. 'Daffyd!' Mae ganddo flew coch ar ei ên ac mae'n edrych fel petai o newydd fwyta mochyn gwyllt cyfan ac yn barod i'w olchi i lawr â chasgen neu ddwy o gwrw.

'Daffyd, my Welshman!' ac mae'n troi at ddau foi sydd hefo fo. 'This man is from Wales.'

Mae'r ddau yn siglo wrth ymyl Duncan, sy'n ddwywaith eu maint, ond maen nhw'n gwenu ac yn codi gwydr i 'nghyfarch.

'This man,' mae Duncan yn mynd yn ei flaen, 'is going to

help us catch Englishmen! Ha!Ha!' ac mae rhywun yn rhoi peint yn fy llaw ac mae pobl ym mhobman yn yfed, yn canu ac yn sbio i mewn i'w gwydrau. Mae baneri Gwyddelig a lluniau o dim pêl-droed Celtic ar y waliau, y Pogues yn gweiddi, ac ar derfyn dydd mewn dinas oesol dw i'n disgyn yn gyfforddus i freichiau defod gyfarwydd nad wyf wedi cael profiad ohoni ers amser hir.

'Nhad ac Alberto, 1989.

Amser swper yn Tor Bella Monaca.

Alberto a Rossana (ei wraig)

Mam, zia Margherita,
Dad a zio Walter, Cortona

Paola (gyda Theml Sadwrn
yn y cefndir)

Dad yn Llanrwst (heddiw)

Alberto (2000)

Paola a Mauro (yn Via Leonina)

Alberto

*Alberto (ar y dde) a'i frawd,
Pasg 1943*

68

Mauro (gyda cholofn Foca yn y cefndir)

Nonno Beppe, 1939

Tor Bella Monaca (2000)

Y wlad a'r ddinas yn cyfarfod (Tor Bella Monaca, Haf 2002)

Baner y Clwb – yn y Stadio Olimpico.

Duncan o'r Alban.

'L'ultima spiaggia' – 'y traeth olaf': mynd i lan y môr am y tro olaf cyn y gaeaf.

Yr heddlu 'wrth eu gwaith' wrth San Pietro.

Cymeriad lleol yn sefyll ar y Scudetto.

Rhoi'r byd yn ei le o flaen y Caffe Testaccio.

Cyrion Rhufain, 2000.

*Trinità dei Monti – Eglwys Trindod
y Mynyddoedd*

Y Colosseum, o fryn y Celio.

Bryn y Pincio, o Piazza del Popolo   *Y Foro Romano*

Piazza del Popolo

Via Marmorata

Marchnad Traiano

Pont dros y Tevere

'Mam, os breuddwyd yw hyn: paid â 'neffro!'

Y Circo Massimo, haf 2001

Tanc dŵr ar gyfer y rhai sy'n dathlu.

Dathlu ar y Circo Massimo

Testaccio, haf 2001

Car cefnogwr tîm pêl-droed Roma

Testaccio, haf 2001

*Yn dilyn buddugoliaeth Lazio yn 2000, braf iawn yw rhwygo'r Scudetto
oddi ar eu crys yn 2001.*

6

Ddoe wrth agor ffenest fy stafell wely daeth min awyr ffres i 'neffro. Roedd haen denau o gwmwl rhyngon ni a'r haul a blas yr hydref ar y bore. Yn ddirybudd, roedd awyr drom yr haf wedi codi a'r hydref wedi ei gario yma yn y nos.

Canodd y ffôn: Marroni. Be' ddiawl oedd hwn isio eto? Cyn imi gael cyfle i ddweud helo, roedd y boi wedi dechrau pregethu am ei bryderon am y fflat. Roedd yn ymyrryd bob yn ail ddiwrnod, i gadarnhau bod y set o gadeiriau plastig yn dal yn gyfan ac nad oedd neb wedi baeddu'r waliau. Roedd o'n amau fy mod am gael rhywun yma i fyw a thalu am ei le yn answyddogol. Ond sut ar y ddaear y gallwn freuddwydio gwneud hynny a Marroni'n debygol o ddangos ei wyneb unrhyw funud a dal dieithryn yn byw yn ei dŷ? Siaradais yn llawer rhy neis hefo fo a rhois y ffôn i lawr.

Canodd y ffôn eto, ac atebais yn frwnt heb edrych ar y rhif ar y sgrîn. '*Sì!*'

'Hei! Be' uffarn sy'n bod arna chdi?' Roedd y llais yn gyfarwydd.

'Pwy sy 'na?' gofynnais.

'Twll dy din di sydd yma!' Roeddwn i'n gwybod pwy oedd o rŵan.

'*A! Ciao Mauro! Come stai?*'

'Dw i'n iawn ond sut wyt ti, y diawl? Mae sŵn wedi pwdu arna chdi.'

'O, Duw, perchennog y tŷ . . . dydy o'm yn gall . . . dw i 'di cael llond bol arno fo . . . 'ta waeth, sut wyt ti?'

'Dw i 'di bod i ffwrdd am sbel. Be' ti'n neud fory?'

'Y . . . dw i'n gweithio yn EUR yn y pnawn, dyna i gyd, pam?'

'T'isio dod i Centocelle am *bizza*?'

'Iawn. Nos fory, felly?'

'Ia. Dw i'n gweithio yn Laurentina felly wna i bigo chdi i fyny yn EUR.'

Felly dyma fi yn eistedd wrth y llyn bychan artiffisial yn y parc yn EUR. Wedi bore brathog arall, mae rŵan yn fwy mwyn a'r haul yn uchel a chlir. Dw i'n gorwedd yn ôl ar y gwair. Mae madfallod bychain yn saethu i mewn ac allan o'r palmentydd concrit.

Esposizione universale romana yw EUR, ardal i'r de o Rufain a adeiladwyd gan Mussolini ar gyfer arddangosfa oedd i fod i ddigwydd yn 1942. Mae'r steil yn efelychu hen fawredd y Rhufeiniaid, a oedd yn rhan hanfodol o symboliaeth ei drefn. Mae'r 'colosseum sgwâr' yn adeilad sgwâr ac uchel gyda bwâu a cholofnau, sydd, yn ôl y sôn, yn arwain at goridorau hirion a gwag oddi mewn. Adeiladwyd tai newydd a swyddfeydd yma wedi'r rhyfel. Mae'n lle rhyfedd, afreal braidd, ac ymhell o swyn yr hen ddinas.

Dw i'n hepian ychydig cyn codi a mynd i gyfarfod Mauro. Mae o yn y fan hefo boi sy'n gweithio hefo fo a dringaf i mewn i'r cefn rhwng yr offer a'r bocsys. Dw i'n hanner eistedd ar hwb yr olwyn ac yn hanner dawnsio rownd corneli, dros ffyrdd llydan a thrwy strydoedd unffordd nes inni barcio o flaen bloc o fflatiau i ollwng y boi arall. Ond mae Mauro yn mynd allan hefyd ac yn amneidio arnaf i'w ddilyn. Mae'r ardal i gyd yn flociau uchel o fflatiau â golch yn crogi o'r ffenestri, dysglau lloerennau wrth eu miloedd ar y waliau, a lorïau a faniau wedi'u parcio ymhob man. Mae plant bychain yn chwarae pêl-droed ar y ffordd. Mae ffrind Mauro yn agor drws rhyw fflat ac yn dweud wrthan ni am aros eiliad. Yn fuan mae'r drws yn agor eto a dau gi anferth yn rhedeg tuag atom, a dw i'n neidio o'u ffordd.

'O, maen nhw'n iawn, ysti. Nawn nhw'm dy frifo di,' dywed y ffrind. Dw i'n eistedd i lawr ac maen nhw'n fy llyfu nes bron â 'moddi.

'Mae ganddo lond lle o anifeiliaid, ysti,' medd Mauro gan f'arwain at gongl fach lle mae tanc gwydr ac ynddo blanhigion amrywiol. 'Ti'n 'i weld o?'

Dw i'n craffu. Yna mae rhywbeth du yn dal fy sylw: 'Esgob! Tarantula ydy o!'

'Ia. T'isio cyffwrdd ynddo fo? Fe ellith Beppe ei adael o allan i chdi os wyt ti . . . '

'Na, dim blydi ffiars, yli. A does gen i'm ffydd yn y gwydr 'na.' Dw i'n cymryd cam pendant tuag yn ôl.

'Tyd i weld hwn, 'ta,' medd Beppe. Dw i'n ei ddilyn yn betrusgar braidd i'r stafell folchi.

Ar y llenni llaes gwynion ar y ffenest, uwchben y sinc, mae igwana yn dal ei hun yn hollol llonydd ar y cyrtens, ei droedfedd a hanner o gorff yn crogi'n beryglus fel ar gangen coeden o dan y dail.

'Beppe nath y tŷ yna i gyd, ysti,' dywed Mauro wedyn yn y car. 'Torri i mewn i dŷ cyngor oedd yn wag. Symud i mewn a chychwyn ei adnewyddu a gwneud cartref iddo'i hun. Mae'n hollol gyfreithlon, ysti. Mae'n digwydd o hyd.'

'Dan ni'n mynd heibio lle Mauro ac ar ôl iddo folchi, yn neidio i'r fan eto a mynd i lawr i ardal Centocelle. 'Dan ni'n stopio wrth far ar y gornel. O flaen y bar mae rhes o reilings â dynion hen ac ifanc yn siarad yn frwdfrydig o'u cwmpas. Tu mewn, mae arddangosfa o fwyd ar y naill ochr ac ar y llall res o beiriannau gamblo â stolion uchel o'u blaenau. Mae pobl yn pwyso ar y bar, yn chwarae neu'n cerdded o gwmpas, a phawb un ai'n siarad neu'n gwrando. Mae'r lle yn foel a'r llawr yn deils gwyn ar ei hyd, a does yna'r un ferch ar ei gyfyl. Dau frawd o Napoli yw'r perchnogion, a heddiw Gaetano sy'n sefyll y tu ôl i'r bar, yn ddyn mawr tal mewn oed, het gegin am ei ben a'i fest wen i'w gweld drwy ei grys-T gwyn.

Mae rhywun yn dod i ysgwyd llaw Mauro ac mae'n troi ataf gan estyn ei law a rhoi cusan imi ar fy nwy foch. Vincenzo ydy hwn a dw i wedi ei gyfarfod o'r blaen. Mae Vincenzo yn fychan a sgwâr, a chanddo wallt cyrliog du, wyneb coch, llygaid glas a breichiau trwchus fel coesau. Mae ei ên fel tamaid o farmor. Mae'n debycach i fugail o Drawsfynydd nag i Eidalwr. Dw i'n adnabod boi arall yma hefyd, neu o leia mae'i wyneb yn gyfarwydd imi, ac i'r gwrthwyneb i Vincenzo, mae Maurizio yn dal a thenau fel pìn, ei wefusau'n dew a'i ben yn gwyro ymlaen ar ei wddw hir, main. Mae gwydr hanner litr o gwrw wrth ei benelin ar y bar.

'Dan ni'n sefyll o gwmpas yn ddi-nod, fel pawb arall.

'Ciao Mauro,' glywa i o'r tu ôl i mi. Mae Marco yn un arall dw i'n cofio ei weld o'r blaen, ac mae o'n dod ataf ac yn estyn ei law a rhoi'r ddwy gusan imi ar fy mochau. Mae ganddo wallt du cyrliog sydd wedi dechrau cilio o'i dalcen a sbectol wedi'i dal at ei gilydd â selotep. Mae'n cerdded i mewn i'r bar gan sbio o'i gwmpas, a dweud 'helo' wrth Gaetano cyn cerdded draw i'r lle dw i'n sefyll wrth y drws a dweud: 'Sut mae pethau felly? Ti'n dod i fyta? Gawn ni apperitivo gynta. Be' t'isio?'

'Dan ni'n gofyn am botel fawr o Peroni a dau wydr ac yn eu hyfed nhw wrth y bar ond mae Marco yn gadael ei wydr ac yn mynd i siarad hefo gwahanol bobl rhwng pob llymad. Mae rhywun yn penderfynu ei bod hi'n amser mynd am fwyd. Felly dw i'n dilyn Mauro a Marco allan o'r bar a cherdded i lawr lôn ddistaw lle mae pobl yn sefyll ar y balconïau, plant yn gweiddi a chŵn yn cyfarth. Cerddwn heibio i bistyll bach a'r dŵr yn sibrwd yn braf, nes i dwrw byddarol y traffig foddi ei dreiglad ysgafn. Mae lle bwyta ar y chwith â llefydd i eistedd y tu allan ond mae'r bwytawyr wedi darfod bron a'r byrddau'n wag nawr bod y nosweithiau yn oeri'n gyflym. Mae Mauro a Marco yn dweud 'helo' wrth y gweinwyr ac yn dewis bwrdd o dan do. Mae'r lle yn waliau gwynion i gyd, a theledu ar y wal yn y gornel. Ar y muriau eraill mae lluniau o fywyd bob dydd yn Rhufain ganrif neu ddwy yn ôl. Cyn imi gael cyfle i graffu'n fanylach, mae dyn byr a chanddo wyneb crwn, gwengar yn dod yn hamddenol tuag atom ac mae Marco'n gofyn am win a dŵr. Pan fo'r rhain yn cyrraedd mae Vincenzo yn sgwario i mewn yn wên i gyd a Maurizio yn llusgo y tu ôl iddo, ei wefus isa yn hongian i lawr a'i lygaid yn hanner cau.

'Yli golwg ar hwn,' dywed Marco wrth i Maurizio estyn gwydr iddo fo'i hun a thollti'r gwin clir a ffres iddo. Mae'n anwybyddu pawb ac yn edrych o'i gwmpas.

Ar ôl cryn drafod, 'dan ni'n penderfynu archebu *supplì*, *fiori di zuccha* sef blodau *courgettes*, a *filetti di baccalà*, tameidiau o benfras, i bawb. Mae Vincenzo a minnau isio *olive ascolane*, felly 'dan ni'n gofyn am blatiad o'r olewydd wedi eu stwffio a'u ffrio mewn olew. Pêl hirgron o reis wedi ei chau yn dynn am belen o gaws *mozzarella* a'i ffrio mewn olew yw *supplì*. Cyn pen dau funud mae'r seigiau sydd newydd gyrraedd y bwrdd wedi eu difa bron yn llwyr. Mae ceg Mauro wedi chwyddo fel pecyn o reis. 'Dw i'm yn cyfri, jyst eu byta nhw ydw i,' medda fo a dw i'n estyn am damad o *baccalà* cyn i'r rheiny ddiflannu hefyd.

Cawsom damaid i aros pryd i leddfu'r newyn mwyaf ac mae'r bwyd seimllyd yn pwyso'n drwm ar ein stumogau. Rhaid yfed mwy o win i olchi'n cegau. Archebwn *bruschetta* bob un a thanio sigarét. Pêl-droed yw'r testun sgwrs poblogaidd â Roma ar frig y gynghrair ar ôl y gemau cyntaf. Mae Vincenzo yn sbio arnaf ac yn dweud wrtha i am beidio â chael fy swyno gan yr hogiau eraill, nad ydyn nhw'n werth dim byd ac yn deall llai. Mae Vincenzo yn cefnogi Lazio: 'Gan ein bod ni wedi ennill y *scudetto* y flwyddyn ddiwetha maen nhw o'u coeau ac wrth eu bodda i gael yr esgus lleia i ddathlu. Ond,' ac mae'n troi yn ôl at y lleill rŵan, 'dim ond tair gêm sydd wedi bod a hefo pwy 'dach chi 'di chwara? Vicenza – pwy ddiawl ydyn nhw? Pwy arall? Lecce? Tîm ail adran, y diawl . . . '

'Cau dy geg, nei di,' medd Mauro â Vincenzo wedi cychwyn dadl na ellir mo'i hennill, wrth i'r *bruschette* gael eu chwifio o gwmpas yn angerddol. Mae pobl sydd heb ddiddordeb mewn pêl-droed yn bobl brin iawn yn yr Eidal. Mae Rhufain yn ail yn unig i Napoli, lle mae pêl-droed yn fater o dragwyddol bwys. Wedi i Napoli ennill y bencampwriaeth am y tro cyntaf, gyda chymorth Maradona, roedd pobl yn torri i mewn i'r mynwentydd ac yn ysgrifennu dros y cerrig beddau – 'Does gennych chi ddim syniad be' 'dach chi wedi'i fethu!' – cyn gosod cerfluniau o'r Archentwr yn y sgwariau ar hyd a lled y ddinas.

Mae sôn i brotest anarferol ddigwydd yn Rhufain ryw ddwy neu dair blynedd yn ôl, pan benderfynodd llywydd Lazio brynu chwaraewr byd-enwog i'r tîm. Nid y prynu ynddo'i hun oedd y testun llosg i gefnogwyr Roma, ond y ffaith fod llywydd y clwb hwnnw'n digwydd bod yn berchennog prif gwmni llefrith Rhufain a'i fod wedi codi pris llefrith er mwyn cyllido'r pryniant. Am wythnosau, bu ymwelwyr tramor yn cerdded o'r naill far i'r llall yn chwilio am rywun fyddai'n fodlon gwneud *cappuccino* iddyn nhw, gan fethu'n glir â dallt pam bod pawb yn Rhufain yn yfed coffi du.

Ar ôl y *bruschette* 'dan ni'n cael *pizza*, chwaneg o win, coffi a *grappa* i olchi'r cyfan i lawr. Mae cyfeiriad y sgwrs wedi troi at wleidyddiaeth ond heblaw am ambell sylw negyddol am Silvio Berlusconi, sy'n disgwyl ail gyfle i lywodraethu, does fawr i'w drafod gan fod pawb yn cytuno. 'Dan ni'n codi i fynd allan, cyn stopio eto ar ôl ychydig i gael coffi a *grappa* arall. Yna mae Mauro yn cynnig mynd â fi adref a dw i'n disgyn yn ddiolchgar i sêt flaen y fan.

* * *

Fy ngwers gyntaf heddiw oedd gwers hefo dyn tal, moel ag ysgwyddau crwn, a'r sbectol ar ei drwyn gwyn, gloyw fel gwydr anelu gwn. Mae Signor, neu Professor, neu Dottor – pethau cymhleth yw teitlau'r Eidalwyr – Borin yn bennaeth adran un o weinyddiaethau'r wladwriaeth. Mae'n dod o ardal Veneto, heb fod ymhell o Fenis ei hun, ac mae'n rhannu acen galed a maintioli ei gyd-ardalwyr. Mae hefyd yn rhannu eu tuedd i ymfalchïo mewn trefn, ac yn ymwybodol iawn o'i ddyletswydd proffesiynol i raddau a fuasai yn ymylu ar Biwritaniaeth heblaw am yr agwedd hamddenol honno sy'n rhan mor annatod o'r Eidalwyr. Doedd dau gan mlynedd o bresenoldeb Awstriaidd yn amlwg ddim cweit yn ddigon i olchi'r Eidal allan o dir ei wreiddiau na'r gwaed Lladin o'i wythiennau.

'*I enjoy my work very much,*' addefa wrtha i, wrth eistedd ar ben bwrdd llydan ei swyddfa eang â'i ffenestri fel drysau. Mae'n sôn gyda balchder am y degfed tro, am waharddiad Mussolini ar ddefnyddio Saesneg, fel petai o ei hun yn gyfrifol am y penderfyniad. Yna mae'n mynd yn ei flaen:

'Weli di, ar un adeg roedd y *gentlemen* a'r sgolars a'r dosbarth uwch yn dysgu Ffrangeg oherwydd eu diddordeb mewn celf. Rhesymau diwylliannol oedd ganddyn nhw dros ddysgu'r iaith, er mwyn darllen a dyfynnu'r beirdd mawr Ffrengig. *L'arte!* Ond heddiw mae pawb yn dysgu Saesneg, a hynny er lles busnes. Nid rhesymau artistig ond rhai economaidd . . . a masnachol.' Mae golwg hyll ar ei wyneb wrth iddo ddweud y gair olaf yma, fel petasai rhywbeth afiach wedi glynu wrth ei sgidiau.

'Rydach chi'n iawn,' medda fi. 'Ond ffordd o ddod ymlaen yn y byd ydy'r ddwy, ynte? Cyn bod masnach, y ffordd i wneud hynny oedd dangos bod gennych addysg, a'ch bod yn gelfyddydol. Ond heddiw, busnes a pharodrwydd i weithio a gwneud arian yw'r ffordd, a Saesneg ydy iaith busnes. Pwy sy'n poeni am gelfyddyd erbyn heddiw?'

'Yn fy nhŷ newydd, mae yna ffenest fach ar dalcen y tŷ. Dw i'n disgwyl am wydr lliw i'w haddurno. Mae yna ddyn dw i'n nabod, mab i ffrind imi. Crefftwr sy'n arbenigo mewn ffenestri lliw, a dydy hi ddim yn grefft sy'n cael sylw fel cerflunio neu ddarlunio neu ysgrifennu llyfrau. Ond mi ddylsa gael mwy o sylw. Weli di, does yna ddim allwn ni wneud hefo'n dwylo alla roi lliw i olau fel mae gwydr yn medru gwneud.'

*   *   *

Dw i'n eistedd yn fan Mauro. Mae hi'n dywyll ac mae gwynt main yn chwythu nes peri imi gau'r ffenest. Mae Mauro wedi mynd i weld rhywun. Gwelaf o gongl fy llygad ddynes yn plygu i lawr wrth bistyll ac yn llenwi potel. Mae hi'n gweiddi i fyny tua'r adeilad cyfagos ac mae wyneb yn ymddangos ar y trydydd llawr a basged yn cael ei gollwng ar linyn. Mae'r ddynes wrth y ffynnon yn rhoi'r botel lawn yn ofalus yn y fasged; mae'r fasged yn cael ei chodi'n araf at y ffenest, y botel yn cael ei thynnu allan, yr wyneb yn diflannu a'r ddynes ar y stryd yn cerdded i ffwrdd.

Mae Mauro yn dod yn ôl a 'dan ni'n mynd yn ein blaenau i Centocelle. Yn y bar mae Marco, Vincenzo, Fabio, brawd Marco, sy'n grwn i gyd ac yn debyg i grwban, ac un neu ddau arall na wn eu henwau. Gofynnaf i Gaetano am botel fawr o *Peroni* i fi a Marco, sy'n siarad hefo dyn bach â sbectols. Mae Marco yn mynd i'r toiled ac mae'r dyn hefo sbectols yn troi ataf i siarad am hyn a'r llall, fel petaswn i wedi bod yn dod yno ers blynyddoedd. Dw i'n ceisio dilyn trywydd ei sgwrs ond mae yna foi ifanc yn cerdded ato ac yn sibrwd yn ei glust. Heb ddweud dim, na hyd yn oed edrych ar y boi, mae o'n cerdded allan o'r drws, yn diflannu rownd y gornel ac yn dod yn ôl i sefyll wrth f'ymyl ar yr un adeg ag y mae Marco yn dychwelyd o'r toiled.

Mae wyneb Vincenzo'n gochach nag arfer heno ac, ar ôl gorffen y cwrw, 'dan ni'n dau'n croesi'r stryd. Trown i mewn i far arall ac mae Vincenzo yn gofyn os dw i am gêm o pŵl. Mae'r lle'n wag heblaw am hen ddyn yn eistedd mewn cadair ar olwynion gyda'r stwffin yn dod allan o'r tyllau yn y defnydd. Mae'n gwisgo slipars carped, hen drowsus â thyllau ynddo, siwmper wlân ac, oddi tani, hen grys gyda'r golar wedi gwisgo ac yn fudr. Mae Vincenzo yn gofyn iddo am gwrw ac mae'n codi o flaen y teledu ar y wal yn y gornel, yn mynd at fainc sy'n gweithredu fel bar ac yn tynnu dwy botel o *Peroni* o'r oergell cyn eu rhoi ar y bar. Mae o'n gwneud hyn i gyd heb dynnu ei lygaid oddi ar y teledu, lle mae dyn tew mewn siwt, wedi'i amgylchynu gan genod ifanc prydferth mewn gwisgoedd cynnil, yn adrodd straeon ac yn canu bob yn ail. Dydy'r hen foi ddim i'w weld yn mwynhau'r rhaglen, ond mae'n mynd yn ôl at ei gadair heb yngan gair. Mae'r waliau yn hanner glas, hanner gwyn, gyda lluniau tîm pêl-droed Lazio drostynt i gyd. Mae calendr y flwyddyn nesaf yn dangos capten y tîm yn dal y gwpan i fyny. Uwchben y drws mae'r geiriau *FORZA LAZIO* a llun eryr gyda'i adenydd ar led. Yng nghanol y llawr mae bwrdd pŵl mawr.

'Wel, be' ddudais i wrthach chdi?' medd Vincenzo wrth daro. 'Y Roma 'na. Ha! Ddudis i 'tha chdi, on'do? Maen nhw i gyd yn malu cachu yn meddwl fod Roma yn mynd i ennill y *scudetto*, a'r unig beth maen nhw wedi neud ydy ennill tair gêm ar ddechrau'r bencampwriaeth yn erbyn tri thîm bychan, ac wedyn dyna fo 'de: Inter 2 – Roma 0. Maen nhw'n mynd i Milan, yn chwarae eu gêm fawr gyntaf, a be' sy'n digwydd? Cic yn din!' Mae o'n rhoi ei dafod rhwng ei wefusau ac yn gwneud sŵn fel rhech gan droi ei fawd i lawr tua'r llawr ar yr un pryd. 'Dw i'n deud 'tha chdi, paid â llyncu'u geiriau nhw.'

Ar ôl y gêm eisteddwn i yfed wrth yr unig fwrdd, o dan galendr 2002. Mae Vincenzo yn estyn i'w waled ac yn tynnu tamad o bapur allan. Gwelaf mai llun wedi'i brintio ar gerdyn meddal ydy o. 'Ti'n gwbod pwy ydy'r dyn yma?' gofynna wrthyf. Yn y llun mae hanner uchaf hen ddyn mewn gwisg mynach, a barfan wen drwchus yn disgyn i lawr ei frest. Mae ychydig o wallt brith ganddo o amgylch gwaelod ei ben; y tu ôl iddo mae ffug awyr las.

'Dw i wedi gweld llun hwn o'r blaen. Pwy ydy o?'

'Padre Pio. Cyma fo. Rho fo yn dy waled,' dywed gan roi'r llun o 'mlaen.

'Dydw i ddim yn Gatholig, ysti,' medda fi.

'Dim ots am hynny, cadwa fo.' Mae o'n codi ei botel at ei geg ac yn llyncu ei lymaid olaf, ac yn fy siarsio: 'A phaid byth â'i daflu!'

Codwn a gadael y bar, â'r hen ŵr yn dal i edrych ar y teledu fel petasan ni heb fod yno o gwbl, ei geg ar gau yn dynn, ei ddwylo yn gorwedd wedi eu plethu ar ei fol a sŵn metalaidd y teledu yn neidio oddi ar y waliau.

Roedd y genod hanner noeth yn dawnsio rŵan.

7

Ar ôl siarad hefo nhw dros y ffôn a hanner trefnu i fynd i'w gweld, ymwelais o'r diwedd â zia Margherita, chwaer fy nhad, a zio Walter. Cymerais y bws 360 yn Termini a mynd i ardal y Parioli. Es i lawr wrth ymyl Piazza Ungheria, wrth groesffordd o strydoedd llydan, yn olau gan goed ac adeiladau hardd a siopau crand. Roedd hi'n rhyfedd troi'r gornel at y lôn a arweiniai at Largo Tenente Bellini a'r sgwâr bach cyfarwydd o flaen y tŷ. Roedd y coed wedi hen ddechrau bwrw'u lliwiau a'u canghennau wedi oeri wrth noethi'n gyflym. Roedd gweld y dail yn gorwedd yn aflonydd ar ochr y ffordd yn f'atgoffa o'r adeg o'r flwyddyn pan arferwn ddod i'r Eidal gyda'm rhieni, plentyn bach mewn trowsus byr yn mwynhau sŵn crensian y dail crin ar lawr wrth ddilyn fy mhêl oren ar draws y tarmac.

Cyrhaeddais yr adeilad a chymryd y lifft cyfarwydd i'r trydydd llawr, ac wrth agor y drws haearn rhwyllog gwelais Margherita yn sefyll ar riniog ei haelwyd. Agorodd y drws llydan wrth imi agosáu, ac agorodd hithau ei breichiau i 'nghyfarch. Mae hi'n fychan ac yn dipyn hŷn na 'nhad, a'r diwrnod hwnnw roedd hi'n gwisgo dillad duon a ffedog am ei chanol. Fe 'nghofleidiodd, nid yn unig fel nai, ond hefyd fel mab ei brawd bach. Roeddwn fel pont yn cau'r pellter rhyngddynt, a'i chario'n ôl at y dyddiau hynny pan oedd o yma hefo hi.

Roeddwn yn falch o'i gweld, ac o weld f'ewythr, a ddaeth o'r stafell fyw i 'nghyfarch. Roedd yn cerdded yn arafach a chyda mwy o ofal nag oeddwn i'n 'gofio, coler ei grys yn llac braidd am ei wddw, ei wallt bellach yn hollol wyn, ei fol wedi chwyddo rywfaint.

'Dos i eistedd yn fan'na am dipyn bach, mae cinio bron

yn barod,' meddai Margherita gan fy ngwthio tua'r stafell fyw. Ges i fflach o atgof arall wrth weld llawr teils, digarped yn arwain tua'r ffenest anweladwy rownd y gornel. Dyma deimlad ac arogl tai Eidalaidd yn fy nharo'n sydyn: tai cyffyrddus heb fod yn foethus, arogl amhenodol lloriau a waliau cerrig, arogl glân wedi ei gymysgu ag arogl cegin, dŵr yn disgyn o'r tap, cadach gwlyb yn y sinc a bwyd newydd ei baratoi. Dim gormodedd o ddodrefn na phapur wal, na chymysgwch o ddeunydd a charpedi yn tywyllu'r awyrgylch, ond stafelloedd golau lle mae'r teils yn anadlu'n ffres yn ystod y misoedd poethion, a'r cadeiriau sythion yn oer, heb eu gwneud ar gyfer gorwedd yn ôl rhwng clustogau meddal o flaen y tân. Arogl tai sy'n hawdd eu glanhau, efallai. Mae syniad yr Eidalwyr o foethusrwydd yn un gwahanol.

Dilynais fy modryb i'r gegin.

'Sut mae dy dad?' gofynnodd.

'Mae o'n iawn, ychi.'

'O . . . *bello mio,* ' meddai.

Cyn iddo ymddeol bu Walter yn gweithio ar ran y Fatican a chofiaf iddo fynd â 'nhad a minnau i un o adeiladau'r corff llywodraethol. Mae gennyf gof niwlog o loriau marmor, llenni hir yn ymestyn o'r to i'r llawr, a byrddau bregus, addurniadol yn dal clociau a chanwyllbrennau aur. Ar ôl cinio gofynnais i Walter am Padre Pio.

'Mynach,' meddai. 'Iachawr cleifion. Maddeuwr pechodau. Roedd ganddo alluoedd gwyrthiol. Roedd ôl archollion y groes ar ei ddwylo a'i draed a'i ystlys. Pan faddeuai bechodau, fe lifai gwaed ohonynt. Mae'r Eglwys yn mynd i'w wneud o'n sant cyn hir.'

Ar ôl cinio fe ddaeth y ddau i 'nhywys at y drws a

gafaelodd fy modryb yn dynn ynof gan f'annog i ddod eto'n fuan ac i'w chofio hi at fy nhad pan siaradwn efo fo nesaf.

'Tyrd unrhyw dro, does dim angen i chdi ffonio o flaen llaw. Yma'r ydan ni, ysti. I le'r awn ni?' meddai, wrth i'w phen bychan ddiflannu o olwg y lifft.

Cerddais drwy Villa Borghese a dod at ochr bryn y Pincio. Roedd y cymylau wedi codi a Rhufain yn ganopi o goed, o doeau gwastad ac eglwysi yn ymestyn yn uchel ac yn dywyll yn erbyn yr haul. Roedd y cysgodion yn ymestyn, a meddyliais am adref.

Y Gaeaf

8

Ryw ddeng niwrnod yn ôl symudodd dau fyfyriwr i'r ystafell drws nesaf yn y fflat. Nid yw'r ieuengaf o'r hogiau, Eugenio, erioed wedi byw oddi cartref o'r blaen. Mae'n dod o dref ym mynyddoedd canolbarth dwyreiniol yr Eidal ac aeth adref y penwythnos cyntaf a dod yn ôl â bwcedi o gig oen a chig cwningen mewn sawsiau olewydd a gwin gwyn, poteli o olew olewydd a dysgl enfawr o *lasagne* ei fam i'w rhoi yn y rhewgell. Dydy o ddim yn hoff o olchi llestri ac felly mae'n defnyddio dysglau plastig a'u taflu i'r bin ar ôl gorffen. Roedd ei daid yn ymladd ar ochr y ffasgwyr yn ystod y rhyfel ac mae o eisiau mynd yn filwr neu'n blismon.

Mae'r llall yn hŷn ac ar ei drydedd flwyddyn yn y brifysgol. Mae'n dod o Sisilia. Mae'i wyneb yn llawn creithiau, fel petai wedi cael damwain ac wedi llosgi, ac o amgylch ei wddw mae ganddo sgarff fach y mae'n ei gwisgo'n wastadol. Mae golwg drist yn ei lygaid. Salvatore ydy ei enw.

*   *   *

Wrth imi ddod adra o 'ngwaith neithiwr roedd y glaw yn disgyn yn gyson ar y strydoedd, a'r dŵr yn cronni yn y tyllau ar y ffyrdd gan adlewyrchu goleuadau Nadoligaidd y ffenestri. Roedd pennau pawb i lawr, eu hymbarelau i fyny a chlystyrau o gysgodion ar waliau'r adeiladau.

Pan agorais ddrws y fflat, daeth Salvatore i 'nghyfarfod hefo'i fag ar ei gefn: '*Ciao*, Salvatore. Am law; dw i'n lyb doman!' medda fi. 'Ti'n mynd allan?'

'Dw i'n mynd,' medda fo.

'O, iawn. Wela i di wedyn, ia?'

'Na,' medda Salvatore yn syml. 'Dw i'n mynd. Yn gadael y fflat. Mae 'na lanast wedi digwydd.'

'Be' sy 'di digwydd?' gofynnais yn syn.

Dywedodd fod pawb i fyny grisiau. 'Nawn nhw ddeud 'tha chdi. 'Na i ffonio ti fory, yli.'

'Ond dydy dy rif ffôn di ddim gen i,' medda fi, gan estyn am fy ffôn symudol.

'Dim ots. Mae'n iawn.' Estynnodd ei law. Roedd o'n crynu'r mymryn lleiaf. Edrychais i'w wyneb gwyn, creithiog: roedd dagrau yn ei lygaid. '*Ciao*, David,' ac i ffwrdd â fo.

Es i fyny i'r fflat a dyna lle'r oedd pawb: Marroni, ei wraig, dau o'u meibion ac Eugenio. Yno hefyd oedd taid a mam Eugenio.

'Be' sy 'di digwydd?' gofynnais, gan ollwng fy mag wrth y drws a hongian fy nghôt wlyb ar gefn cadair wag.

'*Un macello!*' meddai Marroni: llanast.

Roedd Eugenio wedi dod o hyd i Salvatore yn y gegin gyda'i ben ar y bwrdd a phoer yn slefran o'i geg. Roedd o'n cael trafferth anadlu. Tynnodd Eugenio ei dafod allan, a mynd i'r bar i ffonio am ambiwlans. Roedd Salvatore wedi disgyn i'r tân yn ddwyflwydd oed a llosgi'i wyneb. Mae'n debyg iddo wella, ond byddai ansicrwydd ac iselder ysbryd yn ei daro yn aml, yn arbennig pan fyddai'i hyder yn wan wrth iddo gyfarfod pobl newydd. Pan ddaeth dau feddyg i sbio arno fo, dyma nhw'n dweud ei fod wedi cael *overdose*, a rhoeson nhw drawiad o fethodon iddo fo. Mewn ofn roedd Eugenio wedi ffonio ei fam a hithau wedi ffonio Marroni. Wrth siarad amdano, roedd pawb wedi stopio cyfeirio at Salvatore wrth ei enw; 'fo' oedd o rŵan, a phan ddois i adref y prynhawn yma, daeth ton o ddisenffectant i 'nghyfarfod. Mae Salvatore wedi diflannu a'r lle 'ma'n burlan.

*　　*　　*

'Pan oeddwn yn gweithio yn y gogledd a 'ngwraig i adra, roedd rhaid imi rentu stafell yn ystod yr wythnos a mynd yn ôl i Napoli ar y penwythnos at fy nheulu. Roedd gen i stafell fach i mi fy hun mewn tŷ gyda theulu arall – nhw oedd biau'r tŷ – a doedd dim hawl gen i i ddefnyddio'r gegin, dim ond y stafell folchi, pan oeddan nhw wedi gorffen yno, neu heb godi. Pan fyddwn i'n dod yn ôl i'r tŷ byddai'r teulu un ai'n gwylio'r teledu yn eu stafell fyw neu'n byta yn y gegin, ac fe fydden nhw'n disgwyl – yn ddigon naturiol – imi fynd i mewn i'm stafell ac aros yno. Ti'n dallt? Roeddwn i'n cloi fy hun yn fy stafell!'

Yn y cyntedd wrth ddrws f'ystafell, mae Marroni yn neidio o'r naill droed i'r llall, ei ddwylo yn chwifio ac yn pwyntio a phlygu mewn arwyddion o weddi, ei lais yn torri a'i wyneb yn goch. Yr un hen stori am dlodion y de yn dioddef hiraeth, unigrwydd a mwy o dlodi yn ninasoedd diwydiannol y gogledd. Dw i newydd ddweud wrtho fo fod ffrindiau imi yn debygol o fod yn dod i Rufain dros y misoedd nesaf a'u bod yn cymryd yn ganiataol y byddant yn aros yn y fflat hefo fi. Yna digwydd sôn eu bod yn dod i weld gêm: hynny sydd wedi ei yrru dros y dibyn. Mae'r syniad o griw o *'inglesi'* yn dod i'w dŷ o ar adeg gêm i yfed, i ymladd, i chwalu'r tŷ a gwneud pob math o lanast, fel mae *'inglesi'* wastad yn gwneud, wedi codi ofn afreal arno fo, ac mae ei lygaid yn troi ffor' yma a ffor' acw fel 'tasa fo ar lwyfan. Gallaf weld yn y llygaid hynny ddelweddau o'i dŷ yn mynd ar dân, o heddlu'n ymgynnull y tu allan ac ohono yntau yn ei goban nos yn sefyll yng nghanol Via del Gazometro, ei wraig yn wylo a'r holl stryd wedi colli parch tuag at y dyn a adawodd i hwliganiaid o Loegr gysgu yn ei dŷ. Rwy'n ymwrthod â'r demtasiwn i'w adael yno i daeru ac i oeri ar ei ben ei hun bach.

Mentraf ddweud bod fy sefyllfa innau braidd yn wahanol, yn bennaf gan nad ydw i wedi dod i fyw yn ei dŷ, ac na fyswn i wedi gwneud hynny beth bynnag. Siawns nad ydw i'n talu digon o rent iddo i allu gwahodd fy ffrindiau yma i aros am ychydig ddyddiau: nid Saeson ydan ni ond Cymry, nid gêm bêl-droed fydd hi ond gêm rygbi. Yn ola, dw i'n dweud wrtho fo nad ydy o wedi cael ei wneud i rentu tai, ac os mai fel'na mae o'n gweld pethau, yna ddylia fo ddod yma i fyw ei hun. Fysa fo'n gallu cadw golwg ar ei fflat gymaint ag a fynnai wedyn.

Mae o'n mynd yn wyllt eto ac yn hytrach na dweud wrtho am stwffio'i fflat i fyny'i ben-ôl, dw i'n bygwth gadael y fflat. Er bod ei geg yn dal ar agor, mae'r twrw'n distewi. Yna mae'n mwmian rhywbeth am fy ffonio yn ystod y dyddiau nesaf, yn estyn am ei gôt ac yn mynd allan drwy'r drws.

Roeddwn wedi bwriadu gadael beth bynnag, gyda fflat i ffrind i Duncan yn mynd yn wag ar ddiwedd y mis. Dw i'n mynd at fy ffôn ac yn ffonio ffrind Duncan: *'I'll take the flat after you've left.'*

'OK, I'm leaving in mid December,' dywed.

'Dan ni'n cytuno i gyfarfod yfory, a dw i'n rhoi'r ffôn yn ôl yn ei grud â phwysau'r byd wedi codi oddi ar fy sgwyddau.

*   *   *

Ddechrau bob Rhagfyr mae coeden Nadolig yn cael ei gosod yng nghanol sgwâr San Pietro. Fe'i rhoddir yn anrheg gan blwyf gwahanol bob blwyddyn ac mae traddodiad yn mynnu bod cynrychiolwr gwleidyddol yr etholaeth y mae'r plwyf yn rhan ohoni yn dod i Rufain i'w chyflwyno yn swyddogol i'r Pab. Y flwyddyn hon, plwyf yn Awstria sy'n ei rhoi, a'r cynrychiolydd gwleidyddol yw gŵr o'r enw Jörg Haider.

Mae Jörg Haider yn arweinydd plaid adain-dde eithafol sy'n mwynhau digon o gefnogaeth ymysg poblogaeth Awstria i ganiatáu iddi ffurfio llywodraeth yno. Mae etifeddiaeth wleidyddol yr Eidal yn golygu bod unrhyw wyro tua'r dde yn peri ymateb cryf gan yr adain chwith, a disgynyddion y mudiad comiwnyddol-sosialaidd a wnaeth fygwth gwneud gwlad Bloc Dwyreiniol o'r Eidal yn ystod y saithdegau yn parhau i brotestio pan fo cyfle ganddynt i gyhuddo rhywun, neu rywbeth, o ffasgaeth. Roedd taid Mauro yn gomiwnydd selog drwy gydol cyfnod rheolaeth Mussolini, ac mae'r traddodiad wedi gadael ei ôl i raddau. Felly, gan fy mod wedi trefnu i'w gyfarfod o a Marco'r prynhawn yma, mae'n awgrymu cwrdd o dan furiau Castel Sant Angelo, ar waelod Via della Conciliazione a arweinia i fyny i sgwâr San Pietro.

Cerddaf drwy'r porth a thrwy ardal Testaccio at yr afon. Dw i'n croesi Ponte Palatino lle mae Ponte Rotto, y bont wedi torri, yn sefyll yn fwa ynysig wrth ymyl y bont newydd. Mae chwyn yn tyfu ohoni a gwenoliaid yn codi a glanio ar ei chefn. Wrth edrych i fyny, gwelaf hofrennydd yn cylchu uwchlaw canol y ddinas: mae'r heddlu yn paratoi i gadw trefn. Dw i'n mynd heibio'r Ponte Cestio, yr hen *Pons Cestius* Rufeinig, sy'n cysylltu ynys Tiberina â'r lan yr ochr yma. Mae ysbyty ac eglwys ar yr ynys yn ein hatgoffa mai yno y byddai'r gwahanglwyfus a phobl â'r pla yn cael eu rhoi o'r neilltu i'w hatal rhag heintio gweddill y boblogaeth.

Af yn fy mlaen ar hyd y glannau – y *lungotevere* – at y

Basilica San Pietro. Mae Castel Sant Angelo i'w weld yn gochlyd a chynnes yng ngolau haul diwedd pnawn. O'i flaen mae baneri a balŵns cochion yn neidio uwch pennau'r dyrfa, eu hadlewyrchiad yn dawnsio'n araf ar wyneb y dŵr. Mae gwylanod yn chwyrlïo uwchlaw, eu galwadau croch yn cael eu boddi gan dwrw'r hofrennydd.

Syllaf ar y dŵr budr a'r chwyn trwchus tywyll a gwelaf rywbeth yn symud yn y dŵr. Am eiliad, mae'i faint yn gwneud imi feddwl mai chwaden neu gi bychan ydy o, ond wrth i'r pen godi allan o'r dŵr, ac i gorff crwn a thew y creadur fflopian ar y cerrig, gwelaf mai llygoden fawr ydyw, y mwyaf imi ei gweld erioed. Mae'n debycach i gath nag i lygoden, a'i chynffon fel rhaff yn llithro allan o'r dŵr ar ei hôl. Mae llawer yn dweud straeon am lygod Rhufain, eu bod yn bwyta popeth afiach gaiff ei daflu i'r Tevere; straeon pysgotwyr am gŵn yn diflannu ac am lygod gwyllt yn ymosod ar unrhyw beth fo'n disgyn i'r dŵr. Maen nhw'n dweud fod mathau o lygod yn Rhufain nad ydynt i'w cael yn unlle arall yn y byd, oherwydd iddynt ddod yma ar longau masnach o borthladdoedd yr Ymerodraeth, a rhedeg at yr afon i ymgartrefu yno ac yn nhwneli a ffosydd tanddaearol y ddinas lle maen nhw wedi lluosi a thrigo a thyfu am ganrifoedd.

Mae rhyw ddwsin o *carabinieri* mewn lifrai amddiffynnol yn cario gynnau awtomatig yn cerdded heibio. Dw i'n mynd i'r un cyfeiriad â nhw ond wrth Ponte Vittorio Emanuele dw i'n cael fy stopio gan *carabiniere* mewn dillad terfysgol â helmed am ei ben a'r sgrîn o flaen ei lygaid wedi ei godi; yn ei ddwylo mae gwn awtomatig.

'*Dove vai?*' hola wrth edrych i lawr arnaf o uchder ei helmed.

'*Al castello,*' dw i'n ateb.

'Qui non si passa.'

Dw i'n gofyn iddo sut ydw i fod i ymuno felly â'r bobl sydd o flaen Castel Sant Angelo. Y tu ôl iddo saif llwyth o *carabinieri* eraill, rhai yn smocio, rhai yn siarad a chwerthin ac eraill yn syllu'n ddifrifol ar y dorf. Mae un ohonyn nhw'n ffidlan hefo'i wn. Mae'r un o 'mlaen i yn amneidio arnaf i groesi'r bont ac ymuno â'r castell o'r ochr arall. *'Grazie,'* atebaf, ond dydy o ddim yn cydnabod. Dw i'n croesi Ponte Vittorio ac yn cyrraedd Ponte Sant Angelo sy'n arwain yn syth i fyny at y castell.

Pan oeddwn yn blentyn roedd Castel Sant Angelo yn cynrychioli hud a hyfrydwch Rhufain imi. Mi fyddai gweld cip ohono ar y teledu neu mewn llyfrau yn creu delwedd o holl elfennau'r ddinas. I mi, roedd popeth yno: hen adeilad o garreg goch lle bu marmor gynt, tyrau, delwau marmor o angylion, ffordd, pont. Bedd i'r ymerawdwr Hadrian oedd diben gwreiddiol yr adeilad, ond ers hynny fe'i defnyddiwyd fel carchar y Fatican, ac yna fel caer. Ar do'r adeilad crwn mae angel, adain am ei sgwyddau a chleddyf yn ei law. Y weithred o osod cleddyf yn ôl yn ei wain sydd wedi ei anfarwoli yn y cerflun.

Yn ail hanner y chweched ganrif disgynnodd Rhufain i ddyfnderoedd enbyd o dlodi, newyn, dinistr a phla. Roedd y cyfoethogion wedi gadael y ddinas am y wlad a chymerwyd eu tai gan y rhai a adawyd ar ôl, a'r rheiny'n ceisio'u gorau i osgoi'r afiechydon a drigai ar gyrff y meirw yn y strydoedd. Yn 590, gwelwyd yn yr awyr uwchben y castell ffigwr yr archangel Michele yn rhoi ei gleddyf yn ôl yn ei wain fel arwydd fod y frwydr drosodd a'r pla ar fin dod i ben.

Mae nifer o bobl â baneri cochion wedi ymgasglu ar y sgwâr ar waelod y bont. Croesaf yr afon a cherdded heibio

Pedr a Paul a'r rhesi angylion ar ochr y bont nes cyrraedd y man cyfarfod ar ei chongl dde ar ochr y castell. Mae cannoedd o bobl yma, y rhan fwyaf yn gwisgo lliwiau coch o ryw fath, ond mae eraill yn cario offer ffwtbol Americanaidd, eu hysgwyddau wedi eu chwyddo a'u gorchuddio â bagiau plastig, a helmedau moto-beic am eu pennau. Mae'n amlwg fod y ddwy ochr yn disgwyl helynt.

Yn sydyn dw i'n gweld Mauro yn pwyso yn erbyn y wal a dw i'n mynd ato. Mae o'n pwyntio tua'r wal wrth waelod y castell, lle mae Marco'n siarad yn gyffro i gyd â dau ddyn a dynes. Mae arogl canabis yn dod o bob cyfeiriad, ac mae band yn canu ar lwyfan. I'r chwith, mae torf fwy o brotestwyr, a lle gwag rhyngddynt a rhes ddu o blismyn arfog sy'n sefyll y tu ôl i reilings haearn. Yn y cefndir mae Via della Concilizione – symbol o'r cytundeb rhwng Mussolini a'r Pab yn 1929, Cytundeb y Lateran – sy'n arwain i fyny i sgwâr San Pietro a'r goeden Nadolig hollbwysig. Mae ei gwisg o oleuadau yn dechrau gloywi. Mae'r haul yn machlud, y tywyllwch yn disgyn a'r lleithder yn codi'n fygythiol o'r afon islaw.

Mae Marco a Mauro'n adrodd straeon am brotestiadau cymysg y gorffennol, ac yn sydyn mae'r dorf yn symud ymlaen i gyfeiriad yr heddlu a gweiddi mawr yn dod o'r tu blaen. Mae llawer yn cario baneri papur ac arnynt negeseuon megis 'DIM CROESO I NATSÏAID'. Mae llais protestiwr yn dod dros fegaffon o rywle, yn galw am ddisgyblaeth ac am ymdrech benderfynol i dorri drwy linell yr heddlu ac anelu am sgwâr y *basilica* a'r goeden. Dydy hynny ddim yn edrych yn debygol o edrych ar darianau a gynnau'r heddlu. Mae'r dorf oedd wedi cyrraedd rhes gyntaf yr heddlu ac wedi oedi yno yn sydyn yn dechrau encilio. Mae pobl yn rhedeg o gyfeiriad y rheng flaen ac yn neidio i lawr o'r waliau, rhai yn ei heglu hi ac yn disgyn ar lawr wrth inni symud yn ôl i gyfeiriad y llwyfan sydd bellach yn wag. Mae sŵn tanio yn hollti'r cyfnos, a mwg yn codi o'r llawr ac yn nofio'n gyflym tuag atom. Mae pobl ifanc a hen yn baglu i'w osgoi, eu sgarffiau a'u baneri cochion am eu trwynau a thros eu llygaid. Yn sydyn dw i'n teimlo fy llygaid yn dechrau llosgi a dw i'n codi fy sgarff dros fy nhrwyn a cheisio cau fy llygaid. Mae pobl yn sgrechian ac yn gweiddi. Mae eraill wedi dringo ar ben y wal sy'n disgyn at lan yr afon, ac yn gweiddi rhegi ar y *carabinieri*. Mae'r haul wedi hen fachlud erbyn hyn, goleuadau'r stryd wedi cynnau a helmedau duon yr heddlu'n fflachio o dan y lampau.

Mae'r dorf yn trio'n ofer droeon, ond mae llai o bobl yn gwthio bob tro, nes bod y lle yn dechrau gwagio ychydig, a'r gofod o flaen yr heddlu yn llanast o boteli, tameidiau o ddillad a phapurau. Mae rhai o'r tu blaen yn dod heibio'n gwaedu; mae dau berson yn cael eu cario gan eraill, y naill hefo gwaed yn llifo o'i ben a'r llall â'i goes yn gwaedu. Yn nes i'r tu blaen, dw i'n gweld esgid unig a diferion o waed ar lawr.

Yn ara deg, mae pethau'n tawelu a phobl yn ymlacio. Mae'r gwynt yn ailgydiad yn oglau'r canabis, ac mae'r band yn ailgychwyn chwarae, a llinynnau'r gitâr a llais y canwr yn brwydro yn erbyn dwndwr yr hofrennydd uwchlaw.

* * *

Mae hi'n Ddydd Sul a Rhufain yn dal ei gwynt ar gyfer y *derby*. Ers gêm gyntaf y bencampwriaeth, mae Alberto wedi mynnu 'mod i'n mynd atyn nhw bob Dydd Sul i weld Roma yn chwarae. Heno mae perthnasau a ffrindiau yn dod i weld y gêm, ond 'dan ni'n cael swper hefo'n gilydd cyn iddyn nhw ddod: 'Mae'n rhaid ein bod wedi byta ac wedi treulio'r bwyd yn iawn cyn i'r gêm gychwyn,' yw barn Alberto.

Yn y gegin mae Marco'n troi llond sosban o saws tomato. Mae potel o win o fewn cyrraedd ar y bwrdd wrth y popty. Dw i'n cael glasiad hefo fo yn y gegin, ond mae o'n cwyno am y saws: *passata* mae o wedi'i ddefnyddio, ond mae'r saws yn neidio i bobman wrth goginio ac yn baeddu'r popty a'i ddillad ar yr un pryd. 'Mae saws tomatos cyfa neu domatos ffres yn haws i'w goginio, 'na i gyd.' Mae arogl melys garlleg yn codi fel stêm o'r hylif tew, coch.

Mae 'mhen i'n troi cyn cychwyn bwyta oherwydd mae Alberto wedi agor dwy botel o win *prosecco* fel *aperitivo* a hwnnw'n llifo wrth i'r gwydr ar ôl gwydr amlygu tensiwn f'ewythr a phawb arall. 'Os enillwn ni heno,' medd Alberto, gan bwyso ymlaen a sibrwd yn gyfrinachol yn fy nghlust, 'fe gawn ni ddiferyn o *spumante*, yli, mae o'n . . . '

'Be' ddudaist ti?' gwaedda Paola o ben pella'r coridor. 'E? Be ddudaist ti?' Mae hi'n dod rownd y gornel ac yn sefyll o flaen ei thad. ''Na fo, mae o wedi gneud hi rŵan, on'do! Mauro . . . Mauro, 'nes di glywed hynna? Mae Dad wedi rhoi *spumante* yn y ffrij ar gyfer y gêm! Wel, 'dan ni'n siŵr o golli rŵan, on'd ydan!'

Mae Paola yn esbonio arwyddocâd y gwin yn y ffrij: 1984 oedd hi, y flwyddyn ar ôl *scudetto* diwethaf Roma sef y 'darian fach', y bathodyn ffurf tarian dri-lliw mae pencampwyr adran gyntaf yr Eidal yn cael yr hawl i'w gwisgo ar eu brest y tymor canlynol. Roedd Rhufain wedi cyrraedd gêm olaf y tymor ac o fewn buddugoliaeth i ailennill y bencampwriaeth, ac yn chwarae adref yn erbyn Lecce oedd heb ennill gêm oddi cartref drwy'r flwyddyn ac eisoes wedi cael eu darostwng i'r ail adran. Gyda'r baneri eisoes yn crogi o ffenestri'r ddinas a'r dathliadau wedi'u paratoi, rhoddodd Alberto, y cefnogwr ffyddiog, botel o *spumante* i oeri yn y ffrij, yn barod i'w hagor ar y chwiban olaf. Collodd Roma'r gêm a'r bencampwriaeth ac ers y diwrnod hwnnw dydy Alberto ddim yn cael rhoi potel i'w hoeri ar gyfer unrhyw gêm.

'Alla i ddim credu . . . !' Mae Paola yn ysgwyd ei phen. Mae Mauro yn mwmian 'Iesu Grist' neu rywbeth tebyg y tu ôl imi, ond mae Alberto yn medru esbonio popeth: 'Na, 'nes i ddim ei rhoi yn y ffrij yn benodol ar gyfer y gêm . . . roeddwn i wedi rhoi'r botel yno ddoe, ylwch, jyst i'w chadw'n oer, ynte . . . yn gyffredinol, felly. Wrth gwrs, os enillwn ni . . . '

'Cau dy geg, Dad, blydi hel!'

'Ond does dim rhaid inni'i hyfed hi, chwaith . . . ' ychwanega'n sydyn iawn, a wincio arna i wrth i Paola ddychwelyd i'r gegin.

Ar ôl bwyd mae'r ffrindiau a'r cefndryd a dwn i'm pwy yn cyrraedd, a phawb yn cael hyd i le i eistedd mewn cylch sanctaidd o flaen allor y teledu. 'Dan ni'n cael coffi a *grappa* ac *amaro*, ac mae cyfle i ddweud jôcs a chwyno am gefnogwyr Lazio – yn ffasgwyr, boneddigion a chrachach bob un – gan gynnwys cariad Paola, sydd wedi ei alltudio'n wirfoddol am y noson i wylio'r gêm mewn cwmni mwy addas. 'O, hefo rhyw Laziali fel fo yn rhywle,' yw ei hateb pan ofynnaf i ble mae o wedi mynd i weld y gêm.

Mae Roma yn ôl ar frig y gynghrair, Lazio yn cael trafferth rhoi dechrau i'w tymor, Juventus yn ara deg ac Inter a Milan yn cael eu gadael ar ôl. Mae Lazio yn gobeithio newid gêr heno a gweddnewid eu tymor, gan ddaro Roma o'r brig ac ennill tri phwynt iddyn nhw eu hunain ar yr un pryd. Dw i'n gobeithio am fuddugoliaeth i Roma, ond yn wan fy ffydd braidd, ac yn dueddol i gytuno hefo'r di-

romanisti fod Roma yn mynd i golli stêm yn hwyr neu'n hwyrach, ac yn amau mai heno fydd hi. Wrth gwrs, dw i ddim yn dweud hyn wrth neb, oherwydd maen nhw mor ofergoelus, os collan nhw, fi fydd yn cael y bai. A dw i'n hoffi cael dod yma i fwyta.

Mae'r gêm yn dechrau a'r ddwy ochr yn cael cyfleon, ond mae Roma yn graddol gael y gorau arni ac yn rhoi digonedd o foddion i bawb o gwmpas y teledu i godi ar eu traed, dim ond i ddisgyn yn ôl i'w cadeiriau wrth i'r gôl beidio â dod, a rhegfeydd amhosib eu hatal hedfan o amgylch yr ystafell fyw. Mae'r hanner cyntaf yn gorffen ac mae hi'n gyfartal ddi-sgôr. Mae pawb yn gollwng ochenaid o ryddhad ac yn estyn am sigarét neu wydr arall o win, neu lasiad o *grappa*. Dw i'n camu tuag at y ffenest ac yn gweld bod trigolion y stryd i gyd yn cymryd llond cegiad o awyr iach wrth y ffenest neu ar y balconi. Tu ôl imi mae'r tebygrwydd o weld buddugoliaeth i Roma yn cael ei dafoli.

Mae'r ail hanner yn dechrau. Dw i'n eistedd rhwng Marco a bwrdd bychan lle mae'r poteli i gyd o fewn cyrraedd pawb, ac mae Marco'n estyn ei wydr gwag i mi bob hyn a hyn heb dynnu ei lygaid oddi ar y sgrîn. Mae un boi yn codi ac yn camu yn ôl ac ymlaen y tu ôl i'r soffa, a'r eneth ddaeth hefo fo yn ysmygu un sigarét ar ôl y llall. Yn sydyn, mae pêl yn cael ei tharo i gyfeiriad Peruzzi, gôl-geidwad Lazio, mae o'n estyn amdani, yn ei chyffwrdd ac yn ei gyrru tuag at Negro, un o'i amddiffynwyr ei hun, ond dydy Negro ddim yn disgwyl cael y bêl a, chyn iddo allu ymateb, mae hi wedi ei daro ar ei frest ac wedi hedfan yn araf, araf, fel pluen, dros y llinell ac i mewn i'w rwyd ei hun.

'Goooooool!' Mae pawb ar eu traed yn neidio ac yn cofleidio'i gilydd, yn cusanu ac yn troi i weld y teledu unwaith eto er mwyn cael gweld y gôl yn iawn, cyn cusanu eilwaith, tra bod cyrn ceir yn canu y tu allan.

'*Autogol! Che bello!*' cyhoedda Marco wrth i bawb setlo'n ôl yn eu seti yn wên i gyd. Ond o fewn dau funud i ailddechrau'r gêm mae Marco'n ailfeddwl: 'Mae'n waeth rŵan. Mae'n rhaid stopio nhw rhag sgorio, a blydi eistedd yma ar bigau'r drain tan i'r gêm orffen.'

Mae o'n iawn hefyd, oherwydd mae'r tensiwn ar ôl y gôl yn waeth na chynt. Dydy rhai ddim am wylio, ac yn codi a mynd yn ôl ac ymlaen i'r gegin. Mae rhywun yn cynnig gwneud coffi er mwyn cael esgus i adael yr ystafell. Ond mae'r eiliadau yn mynd heibio, yr amser ychwanegol wedi darfod, a'r chwiban olaf yn mynd. Lazio 0 – Roma 1. Mae pawb yn ysgwyd llaw ac yn cofleidio, a'r tu allan mae pobl yn gweiddi, fel petasai llywodraeth gas wedi'i disodli.

'Dw i mor falch mai *autogol* oedd hi,' medd Mauro wrtha i.

'Pam? Rwy'n methu â deall pam na fysai'n well ganddyn nhw ennill o bum gôl i ddim, a rhoi stid iawn iddyn nhw. Mae hi'n anoddach profi pwynt gyda nhw'n sgorio i'w rhwyd eu hunain,' medda fi.

'Yn union,' medd Mauro. 'Fydd hi'n waeth iddyn nhw, rŵan, on' bydd? Fyddan nhw'n fwy blin fyth, on' byddan?'

O ddrws y gegin mae sŵn corcyn yn saethu, ac mae Paola yn dod â gwydrau glân ac yn tollti'r *spumante* i bawb.

'Mae'n oer braf,' dywed Alberto wrth ddal ei wydr yn ei law a gwylio'r peli bychain yn codi i'r wyneb, ei lygaid yn groes, ei wyneb yn goch a llond potel o wên ar ei wyneb.

9

I Dal-y-sarn, Dyffryn Nantlle, yr arferwn fynd i weld teulu fy mam, ond roedd y siwrnai i ymweld â theulu fy nhad yn antur bur wahanol, ac mae'r atgofion hynny wedi'u cadw gennyf, nid fel lluniau hiraethus oedolyn yn delfrydu plentyndod, ond yn union fel y maent: yn llefydd llawn lliw a golau tragwyddol. Er mai pellteroedd diddiwedd o gerrig a strydoedd oedd tir lled-estron y byd arall hwnnw, yr oedd yn ddinas o olau. Ac nid golau coch yn atal ceir neu olau ffug yn sillafu geiriau llachar ar ochrau'r adeiladau mohono ond golau o'r awyr ac o'r haul, yn cael ei sugno gan waliau'r ddinas a'i adlewyrchu ar adegau gwahanol, o'r wawr tan y machlud, gan lenwi'r llygad.

I'r hen Roegiaid, y tywyllwch a ddeuai gyda'r oerni a'r anffrwythlondeb oedd yn achosi pryder wrth weld y gaeaf yn cau amdanynt. Yn eu mytholeg hwy roedd y gaeaf yn adeg pan oedd Perseffoni, merch Zeus a Demetr, yn cael ei charcharu gan Plwto yn y byd tanddaearol. Disgwyliai'r bobl am ei dychweliad i roi terfyn ar y tymor anffafriol, i alluogi bywyd i barhau ac i ffynnu yng ngwres yr haul. Yng nghrefydd Bwda mae golau yn dynodi sancteiddrwydd. Felly hefyd Gristnogaeth – yn y portreadau o Grist, o'r Forwyn Fair ac o'r saint, gwelir y ffigyrau â gwawl uwch eu pennau. *Aureola* yw'r gair mewn Eidaleg ac, fel *aurora,* sy'n golygu 'gwawr', mae'n deillio o'r enw *oro,* 'aur', sy'n ei dro wedi esgor ar yr ansoddair *aureo,* sef 'euraidd'. Felly, ni chawn 'wawr' heb 'aur' – mae'r wawr yn borth i'r aur.

Arferai'r paganiaid ddathlu troi cefn ar ddiwrnod byrraf y flwyddyn. Felly hefyd yr hen Geltiaid, a fyddai'n dathlu gwthio ffin y nos yn ôl fymryn ar ddiwedd Rhagfyr. Nid yw'n syndod i'r symbol hwn gael ei fabwysiadu a'i gadw gan yr Eglwys Gristnogol ac iddo barhau hyd heddiw yn nathliadau'r Nadolig. Roedd Iesu Grist, yn ôl y portread Beiblaidd, yn cynrychioli'r frwydr rhwng da a drwg, rhwng goleuni a thywyllwch.

10

Yng ngorsaf drên y maes awyr, es i far gerllaw, archebu coffi, anadlu ei sawr melys ac egsotig, a theimlo'r hylif trwchus, byrhoedlog yn llifo i lawr fy nghorn gwddw. Yna, cymerais y trên i Termini ac o fan'na i orsaf Piramide, cerdded heibio Porta San Paolo, a throi i'r chwith i gyfeiriad eglwys Santa Maria Liberatrice. Ar y dde mae Caffè Testaccio, ac i ystafell mewn fflat ar y trydydd llawr yn fa'ma y symudais cyn y Nadolig. Yno hefyd mae hogan o'r Alban o'r enw Angela sy'n yfed, meddwi, gweiddi, crio a glanhau yn ddiddiwedd. Ni wn a ddylwn ei chofleidio a'i chysuro neu ei chrogi yn ei chwsg.

O un o'r balconïau hyn yn y stafell fyw gallaf wylio fy mhlwyf newydd, Testaccio. I'r chwith, tua'r gogledd, gellir gweld uchder tywyll bryn yr Aventino â'i goed uchaf yn dwyn pelydrau olaf yr haul. O flaen y fflat, mae plant bychain yn gweiddi ac yn cicio pêl dros y tamaid parc rhwng y coed, y mamau yn eistedd ar y waliau isel yn sgwrsio, yr henoed ar y meinciau o dan y canghennau noethion a'r bobl ifanc yn dwr o gylch y sgwteri ar y palmentydd, yn smocio, dadlau, chwarae ymladd, a charu. Mae goleuadau'r stryd a'r siopau ynghynn, wrth i bobl frysio o'r cigydd i'r siop lysiau ac yna at y pobydd, tra bo eraill yn sefyll mewn grwpiau o flaen y bariau o gwmpas y sgwâr. I'r dde saif yr eglwys, â goleuadau'r stryd yn rhoi sbecyn o liw yma ac acw i'r cysgod ar ei hwyneb.

Mae golau'r Caffè Testaccio yn golchi dros y tarmac du, dynion yn pwyso yn erbyn ceir pobl eraill, sigaréts yn tywynnu yn y tywyllwch a galwadau bloesg eu ffraeo yn dringo i'r awyr lle safaf i. O 'mlaen, rhed stryd lydan hir tua'r muriau a thua gweddill y ddinas y tu hwnt i'r muriau, i Ostiense, lle'r arferwn fyw.

Mae ardal Testaccio yn dwyn ei henw oddi wrth y Monte Testaccio, y bryn sydd fel lwmpyn o wair yng nghanol y gwastadedd. Mae'r bryn fel pe bai allan o'i gynefin, ac mae'n argraff gywir, oherwydd nid bryn naturiol ydy o, ond twmpath o grochanau a dysglau clai. Pan ehangwyd yr hen ddinas ar gyfer y dociau newydd ar lan yr afon, fe fyddai'r dysglau gâi eu torri wrth ddadlwytho'r llongau yn cael eu pentyrru mewn man diarffordd: hwn oedd y *mons Testaceus*, yn llythrennol y mynydd o lestri toredig. Gydag amser fe'i gorchuddiwyd â phridd a gwair, ac yn ddiweddarach arferid aberthu anifeiliaid byw yno yn ystod y carnifalau. Hyd yn oed heddiw, mae ardal Testaccio wedi cadw rhywfaint o'i chymeriad tomen sbwriel. O gopa'r bryn, gellir gweld sgri o wastraff ar lan yr afon: poteli a charpiau o ddillad, papur, haearn, plastig a phob math o declynnau trydanol amhosib eu hadnabod. Ar ochr arall yr afon, mae trwyn du a rhydlyd cwch yn gwthio allan o'r chwyn.

Ar ôl swper daw Duncan draw ac awn i lawr y grisiau i'r bar, lle'r yfwn boteli o *Peroni* wrth fwrdd yn ymyl y ffenest. Mae pawb yn edrych i'n cyfeiriad wrth inni siarad Saesneg, y fo'n siarad am yr Alban, finnau'n siarad am Gymru, a'r ddau ohonom yn siarad am yr Eidal, cyn i'n cynulleidfa golli diddordeb a throi yn ôl at eu *Campari*, eu coffi, eu cacennau a'u cwrw. Mae'r drysau i gyd yn agored, a'r tywyllwch wedi disgyn fel dwrn ar y sgwâr tu allan. Mae ceir yn cael eu gadael yng nghanol y stryd a'r sgwteri yn sefyll fel stolion ar y palmant lle mae hogiau ifanc yn smocio ac yn llyfu hufen iâ wrth chwarae hefo gwallt y genod. Mae'r hogiau fel modelau, y genod fel doliau, a does dim byd yn bodoli iddynt ond pleser synhwyrus heno.

Yn ddiweddarach daw'r bleindiau i lawr at eu hanner ar

y ffenestri, daw'r mopiau a'r cadachau allan a does neb ar ôl yn y bar ond Duncan a fi a dwy botel o'n blaenau. *'Finito, ragazzi.* 'Dan ni'n cau,' meddai un o'r bois o du ôl i'r bar yn ddiangen. Codwn a mynd allan.

'It's a nice area, eh?' meddai Duncan. *'I'll see you tomorrow.'* Ac i mewn drwy'r drws â fi, i fyny yn y lifft ac i 'ngwely.

Yn y nos, cyn y cysgodion cyntaf, caf fy neffro gan glychau'r eglwys gyferbyn. Dw i'n sylweddoli o'r newydd fod hyn yn rhywbeth y bydd yn rhaid dod i arfer ag o, cyn cael fy neffro eto gwta awr yn ddiweddarach gan yr un dôn led-aflafar yn ymyrryd yn nhywyllwch y bore. Ond cynefino ydw i, oherwydd mae rhyw sicrwydd cyfforddus yng nghaniadau clychau ar doriad gwawr, fel atsain cân y ceiliog; mae cerddoriaeth yn gorwedd yn llawer esmwythach ar feddwl sy'n ymysgwyd o gwsg na sgrech ddidrugaredd cloc larwm yn chwalu breuddwyd, fel meistr gwaith.

Ond nid clychau eglwys Santa Maria Liberatrice oedd yr unig sŵn i gyrraedd fy nghlustiau cysglyd y nosweithiau cyntaf yn Testaccio. Daeth un arall – un nad oedd wedi fy neffro ers bore oes. I ddyddiau mebyd y gyrrwyd fy meddwl wrth glywed trawiadau cyson pedolau ar y ffordd o dan fy ffenest, a gwich olwynion trol ar eu holau. Roeddwn i wedi'u gweld nhw yn mynd heibio ac wedi'u clywed yn yr ardal o'r blaen, ac roeddwn i'n gwybod fod gorsaf y ceffylau a gariai dwristiaid o amgylch y ddinas wedi'i lleoli wrth yr afon. Ond wrth wrando ar y clepian yn pasio heibio'r fflat, carlamodd fy meddwl i ystafell wely fy mhlentyndod, pan ddeuai sŵn ceffyl a throl yr hen George Jones, yn gymysg â llif tyner yr afon fach i 'nghodi o 'nghwsg. Cefais lun clir o boteli llefrith yn neidio yn y cefn, a'r pedolau yn oedi bob hyn a hyn i George estyn potel o'r drol a'i gosod o flaen drws tŷ, cyn dringo yn ôl i'w orsedd a galw ar y ceffyl i symud yn ei flaen.

Yn ystod y dyddiau nesaf, byddwn yn gweld merlod yn tynnu troliau ysgafn o gwmpas y sgwâr, eu gyrwyr yn cerdded wrth eu hymyl, yn codi plant bychain i fyny ar y drol neu'n gwahodd merched i ddringo i fyny gyda'u siopa, y llysiau a'r ffrwythau yn gwthio allan o'r bagiau llawn wrth iddynt eistedd yn ôl a chael eu cario adref yn urddasol. Ar adegau eraill, gwelwn ambell yrrwr yn gyrru'n ddi-hid wrth i'r plant neidio ar y cefn ac un arall yn gweiddi arnynt a'u taflu'n llythrennol o'r drol.

Un o'r boreau cyntaf, ar ôl imi godi, es allan ar y balconi i eistedd yn yr haul. Roedd yr awyr yn glir ac yn las, a heulwen hwyr y bore'n gryf wrth imi ddeffro'n araf bach. Sylwais ar ddwy eneth ifanc yn sefyll ar y palmant llydan o flaen yr eglwys, yn amlwg yn disgwyl rhywun. Roedd dau ddyn yn glanhau graffiti – *Forza Roma*, gyda'r gair *Forza* wedi'i groesi allan a'r gair *Merda* wedi ei ychwanegu – oddi ar y wal isel a amgylchynai du blaen yr eglwys, ac yn edrych ar y merched rhwng pyliau ysbeidiol o waith. Ymhen ychydig fe ymddangosodd hen gwpwl, ond wedi'r cyfarchion fe aeth hi'n ffrae, tan i'w lleisiau dreiddio hyd y sgwâr cyfan, yr hen ŵr yn gynddeiriog ac un o'r genod yn edrych fel 'tasa hi'n agos i roi clec i'r hen ddynes, oedd yn rowlio geiriau'n ddiddiwedd.

Codais a mynd i'r gegin i wneud coffi, a phan ddychwelais, roeddan nhw'n dal wrthi. Yn y diwedd, dechreuodd yr hen ddynes wthio'r hen ŵr i ffwrdd, a gwnaeth yr eneth ifanc ddistawa yr un peth hefo'i ffrind. Talu rhent neu rywbeth oeddan nhw, mae'n debyg. Ar ôl i'r hen gwpwl bellhau, parhaodd y ddwy eneth i sefyll yno, a chyn hir roedd y ddau foi fu'n glanhau graffiti wedi gollwng eu harfau ac wedi nesu at y ddwy eneth. Fe'u gwyliais yn siarad, cyn i un o'r dynion ddweud rhywbeth a berodd i bawb chwerthin ac i'r pedwar groesi'r ffordd am y bar i lawr grisiau.

Drannoeth, ar fy ffordd i wers, roeddwn newydd ddringo ar fws 23 pan arafodd wrth yr orsaf dân. Edrychais allan a gweld dau hen ŵr wedi ymgolli yn eu sgwrs ddwys. Stopiodd y bws ac agorwyd y drysau cefn lle'r oeddwn i'n sefyll, yn union o'u blaenau nhw, nes bod geiriau eu sgwrs yn llifo ataf drwy'r drysau agored, fel petasan ni'r teithwyr yn rhan ohoni.

Ar yr union eiliad honno, trodd un o'r ddau ar ganol brawddeg ac edrychodd arnaf; gwelodd fy mod yn edrych arno, ac aeth yn ei flaen fel 'taswn i wedi bod yn sefyll yno wrth y stop hefo nhw.

'Oherwydd, ti'n gwbod sut un ydy o: mae o'n cymysgu, 'dydy?' meddai gan sbio'n syth arnaf i. *'Vino, birra* . . . ac nid hynny'n unig!'

'E! E non solo . . .' cytunodd y llall, gan daflu golwg arnaf i cyn troi eto at ei gyfaill oedd yn cytuno â'i ben. *'Fernet, Campari, anisetta,* a *grappa* hefyd!'

'Fa male, hai capito . . . ?' ychwanegodd y llall, gan sbio unwaith eto arnaf i. *'No?'*

Roedd hwn yn gwestiwn uniongyrchol i fi, ac felly, gan weld fy hun heb lawer o ddewis, medda fi: 'Yndi, mae o'n gneud drwg iddo fo.'

'Sì,' meddai yntau, cyn i ddrysau'r bws gau ac inni fynd yn ein blaenau, finnau yn y ffenest gefn yn gwylio'r ddau hen ŵr yn dal i siarad wrth ochr y ffordd.

Roedd y wers yn swyddfeydd y wladwriaeth wrth Via Cristoforo Colombo, mewn adran wahanol y tro hwn. Mae bar yn yr adeilad, ac mi fyddwn yn mynd yno rhwng gwersi i gael coffi a sgwrs hefo rhai o'r myfyrwyr. Roedd wynebau cyfarwydd nas adwaenwn yno hefyd. Roedd un o'r rhain yn ofalwr ac yn ddyn byr, tew a chanddo glamp o ben crwn, mawr, ei drwyn yn goch a chroen ei wyneb wedi ei farcio a'i dyllu. Y diwrnod hwnnw roedd yn eistedd wrth fwrdd gyferbyn â dyn mewn siwt oedd yn ofer geisio darllen papur newydd. Nid oedd y dyn tew yn gadael llonydd iddo. Roedd yn areithio gan chwifio'i ddwylo. Ar ôl ychydig cychwynnodd y gŵr a wisgai dei ddweud ei damaid, ond mynnai'r llall ganu ei diwn ei hun.

Yna cododd y dyn mewn siwt, plygodd ei bapur newydd a'i ailosod ar y bwrdd, a chychwyn cerdded allan o'r bar, tra oedd y llall yn dal i restru pwyntiau ei ddadl ar flaenau ei fysedd. Cododd y dyn tew a dilyn y dyn mewn siwt er mwyn gyrru ei ddadl yn ei blaen. Ddau funud yn ddiweddarach, wrth imi gerdded heibio, dyma'r lifft yn cau ar y dyn mewn siwt a'r dyn tew yn ysgwyd ei ddwrn ar y drws.

*   *   *

Wedi cwblhau'r gwersi yn Via Cristoforo Colombo, roedd gen i wers arall i'w chynnal mewn cwmni ffarmasiwteg yn Via del Tintoretto – yng nghanol ardal o dai newydd wedi eu plannu fel coed unig rhwng meysydd gwastad. Yma mae'r ddinas wedi ehangu fwyaf, swyddfeydd wedi tyfu a thai modern yn dilyn gwythiennau'r ffyrdd allan o Rufain i gyfeiriad y de.

Y troeon cyntaf fe'm trawyd gan wacter di-enaid y lle, mor bell o ramant ac awyrgylch hen ddinas y Rhufain go iawn. Ond ar ôl rhai misoedd, dechreuais sylwi ar gaeau yn cael eu hamaethu a thractorau yn rhedeg dros y glaswellt. Er

116

gwaetha'r concrid ymwthiol roedd blas anarferol o iach ar yr awyr a brain yn eistedd ar y cloddiau.

Arbenigwr mewn peiriannau *ultrasound* ydy Signor Volpe a bydd yn cychwyn pob gwers gyda rhes o gwestiynau. Dyma fy holi ynghylch fy nghynlluniau ar gyfer nos Wener a minnau'n ateb fy mod yn mynd am bryd o fwyd gyda ffrindiau. Mae gan Signor Volpe fochau cochion a rhywfaint o fol, sy'n bradychu archwaeth da. Mae'r sôn am fwyta – a hithau'n tynnu at saith o'r gloch ac amser swper – yn goleuo'i lygaid.

Daw gwraig Volpe o dref fechan Amatricia, ar gyrion Lazio, sy'n gartref i saws *amatriciana*, un o brif fwydydd y Rhufeiniaid. Cynhesir olew olewydd – gyda garlleg neu nionyn, ond byth y ddau hefo'i gilydd – a *pancetta*, a'u ffrio cyn ychwanegu ychydig o *pepperoncino*, sef tshili, ac yna domatos, cyn ei halltu ychydig a'i daflu ar ben *bucatini* a'i fwyta hefo ychydig o *pecorino*. Rhaid cofio am y gwahaniaeth hollbwysig rhwng caws *pecorino* a chaws *parmigiano*, parmesan. Mae *parmigiano* yn gynnyrch llefrith buwch, tra bod *pecorino* yn gynnyrch llefrith dafad: *pecora* yw dafad. Dw i wedi rhoi *parmigiano* ar fwydydd lle dylid rhoi *pecorino* ac wedi pechu. Doeddwn i ddim callach o'r gwahaniaeth rhwng y ddau, a hyd yn oed rŵan fyswn i ddim callach – a dw i'n sicr na fysa llawer o Eidalwyr chwaith – ond mae hi'n wers maen nhw'n falch o fedru ei dysgu i farbariad o'r gogledd fel fi.

Caf wers bellach wrth i Signor Volpe honni nad dyna ydy'r *amatriciana* cywir; dyna be' mae Rhufeiniaid yn galw'r saws, ond mae'r gwir *amatriciana* o Amatricia yr un fath ond heb y tomatos. Yn Rhufain yr enw ar hwnnw yw *alla gricia*, medda fo.

'Es i weld modryb imi yn Veneto wythnos diwethaf,'

medda fo, 'ddim yn bell o Padova, a ges i *polenta*. Ti wedi cael *polenta*?'

'Do, ond nid yn Rhufain,' medda fi. Mae *polenta* yn perthyn i ardal Veneto ac yn hanner ffordd rhwng *semolina* a *couscous*. Mae'n cael ei fwyta hefo saws tomatos, ond hefo tameidiau sylweddol o gig mochyn a selsig. Roedd pobl yn arfer ei fwyta mewn ffordd wahanol, ac yn dal i wneud ar adegau yn ôl Signor Volpe:

'Y ffordd draddodiadol o'i fwyta ydy rhoi bwrdd pren dros y bwrdd bwyta a'i orchuddio â *polenta*, yna rhoi twmpath o gigoedd, fel selsig a chig mochyn, ar ganol y ford. Y syniad ydy i bob un o amgylch y bwrdd gychwyn bwyta'r *polenta* sy'n syth o'i flaen o, ac mae'r cyntaf i gyrraedd y canol yn cael cychwyn ar y cig. Mae'n mynd yn ras wrth gwrs a phwrpas gwreiddiol ei fwyta yn y dull yna oedd llenwi'r bol â *pholenta* cyn cyrraedd y cig, oedd yn costio'n ddrud.'

Aeth yn ei flaen i siarad am y *cuccagna*, y polyn llithrig gyda'r tameidiau o *prosciutto*, *salame*, a chawsiau a chigoedd eraill yn crogi ar ei ben; y gamp oedd dringo i fyny atynt i'w hennill.

Mae coginio a diwylliant bwyd yr Eidalwyr, fel y Rhufeiniaid, wedi ei wreiddio'n ddwfn mewn tlodi. Heblaw am *pizza* a *bruschette*, sef prydau sy'n defnyddio bara wedi caledu ac sy'n ffordd rad o lenwi stumog heb wastraff, mae prydau'r werin yn Rhufain yn cynnwys rhannau o anifeiliaid sydd dros ben wedi i'r cig arferol gael ei ddefnyddio: treip; troed mochyn; *coratella* – cymysgfa o du mewn buwch, wedi ei goginio mewn padell ffrio gydag olew a nionod; *pajata* – sef tu mewn ystumog llo â llefrith yn dal yn y peipiau, a fwyteir fel rheol hefo *pasta rigatoni*; *coda alla vaccinara*, sef cynffon buwch, a phryd, fel treip, a arferid ei fwyta yng Nghymru; a *fagioli con le cotiche*, ffa gyda thameidiau o frasder mochyn i roi blas arnyn nhw. Bwyteir unrhyw beth i arbed gwastraff, ac ni theflir dim.

'Ond wrth gwrs, wrth i Eidalwyr ymddyrchafu'n gymdeithasol a chael arian yn eu pocedi, mae rhai ohonyn nhw'n dechrau troi eu trwynau ar yr hen fwydydd yma, fel 'tasan nhw'n rhy dda i'w byta nhw,' meddai Signor Volpe. 'Ond gei di gadw dy sawsiau a dy *haute cuisine*; tyd â sgyfaint mochyn wedi'i ffrio imi unrhyw bryd.'

*   *   *

Y noson honno cyrhaeddais Centocelle wrth i'r sêr oedd wedi llosgi'n llachar yn yr awyr ddiflannu y tu ôl i'r cymylau a ddeuai i mewn o'r môr. Wrth ddisgyn oddi ar tram 5, daeth bloedd o ffenest agored car, a gwelais Mauro yn eistedd yn y sêt flaen wrth ymyl clamp o ddyn â gwallt hir a locsyn. Yn sefyll y tu allan i'r car roedd dyn byr rhwng trigain a deg a thrigain â gwallt du wedi ei gribo'n ôl ar ei ben a'i grys yn agored at ei frest. Ym mhoced allanol ei siaced frethyn roedd tair pensel o liwiau gwahanol, ac yn ei law gasgliad o bapurau â rhywbeth tebyg i luniau arnyn nhw. Hwn oedd y Milanese.

Roeddwn i wedi dod draw ac ysgwyd llaw hefo fo pan sylwais ei fod yn edrych yn fanwl arnaf wrth i Mauro siarad o'r car.

'Lle ddiawl wyt ti 'di bod? Roeddan ni'n meddwl gadael hebdda ti, y diawl!' medda Mauro.

'Doeddwn i'm yn gwbod 'mod i'n hwyr,' medda fi, gan fynd i ysgwyd llaw drwy'r ffenest gyda'r boi arall. Vittorio oedd ei enw.

''Dan ni'n mynd i Ruspantino. Iawn?' medda Vittorio.

'I'r dim,' atebais.

Roedd y Milanese yn dal i sbio'n graff arnaf, a phan sylweddolodd ein bod ni wedi sylwi, dywedodd: *'A sì, che bel profilo.'* Mae ei lais, diolch i gancr y gwddw a'r llawdriniaeth ddilynol, yn crogi ar ei dafod, fel sibrwd croch yn crafu'r geiriau. Edrychais arno fo, ac aeth yn ei flaen, gan ddal i sbio, a rhyw hanner plygu a symud ei ben i weld o ongl wahanol: 'Ia. Yn arbennig rŵan hefo golau'r stryd yn union y tu ôl i dy ben di. Siâp trwyn diddorol. Bydd rhaid imi wneud llun ohonach chdi. Bydd wir.'

'Ti'n dod hefo ni?' gofynnodd Mauro i'r Milanese.

'Na. Mae gen i waith i'w neud,' medda fo, a cherdded dros y ffordd at ei weithdy a'i dŷ, lle'r oedd golau gwan yn cripian allan o dan y bleindiau haearn hanner cau. Dringais i gefn y car.

Roedd Vittorio yn arfer gweithio hefo Mauro ac, erbyn deall, roeddan ni'n dilyn car arall oedd yn cynnwys Marco a chriw arall o hogiau a arferai weithio hefo'i gilydd.

'Lle uffarn maen nhw?'

'Wel, os ydy Marco yn y sêt flaen 'na, elli di ddychmygu sut le sy 'na yn y car,' medda Vittorio. Dechreuodd Mauro a fi chwerthin. 'Fydd o wrthi yn deud pa ffordd i fynd, ac yn cwyno 'fod o wedi dewis ffordd dydy o ddim yn licio. Iesu Grist, mae o'n uffernol.'

Cyn hir roeddan ni wedi cyrraedd y lle, ac wedi gweld tri o hogiau yn pwyso yn erbyn car y tu allan, dau yn edrych arnon ni a Marco yn gwneud arwydd o anobaith llwyr.

'Lle ddiawl aethoch chi, 'ta?' medda fo.

Lle bwyta ydy Ruspantino, ac mae'n sefyll mewn rhes o dai ar stryd sydd wedi tyfu heb unrhyw drwydded adeiladu, wrth i bobl symud i gyrion y ddinas a chychwyn codi cytiau a'u gwella'n raddol nes bod yna waliau o gerrig a tho arnyn nhw; mae cyfraith ac ymarferoldeb yn ei gwneud hi'n anodd i'r awdurdodau eu tynnu i lawr. Fel yma y tyfodd sawl ardal y tu allan i'r *centro storico*, pan lamodd poblogaeth Rhufain yn sgil y *miracolo economico* wedi'r Ail Ryfel Byd. Nid oedd wynebwedd ar y muriau garw na phalmant ar ymyl y ffordd, ac roedd canghennau coed oren yn dadblethu eu breichiau deiliog i'r stryd.

Dyma res o risiau yn arwain at stafell sgwâr fawr â theils ar lawr, waliau gwynion ac arnynt ddau lun ar y mwyaf, poster o dîm Lazio yn 1974, llieini gwynion ar y byrddau ac arddangosfa o *antipasti*. Dw i'n cofio'r math yma o lefydd yn y Weriniaeth Tsiec, y llefydd mwyaf sylfaenol posib, popeth yn syml braf: waliau, byrddau, cadeiriau, bwyd a diod. Yn gwbl wahanol i'r llefydd hynny y tu allan i'r Eidal, lle mae *terracotta* coch a cherddoriaeth Napoli yn ceisio creu awyrgylch Môr y Canoldir, neu'r tafarndai hynny lle disodlir yr hen fainc bren gan ddodrefn llachar, drud er mwyn dileu'r cof am yr hen ddynion a arferai yfed yn y gongl wrth y tân. Yr unig sŵn ydy sŵn lleisiau, trawiad gwydrau a chyllyll a ffyrc yn taro platiau.

Wrth fwyta, aeth pawb i siarad heblaw amdanaf i, a bûm yn gwrando arnyn nhw'n hel straeon am bobl doeddan nhw heb eu gweld ers blynyddoedd; roedd un o'r rhain wedi disgyn o ben sgaffold yn y gwaith ac wedi ei ladd, ond gan mai gweithio ar y farchnad ddu roedd o, doedd dim yswiriant i ddarparu ar gyfer ei deulu. Holodd un o'r hogiau am y sefyllfa yng Nghymru, a chyfaddefais nad oeddwn yn gwybod fawr ond fy mod i'n meddwl fod llawer llai ohono'n digwydd yno. Mae'r rhan fwyaf o'r bobl dw i wedi'u cyfarfod ers imi ddod i'r Eidal fel pe baent yn gweithio'n anghyfreithlon, ac yn cael arian sychion yn eu pocedi.

Wrth drafod hefo nhw, sylweddolais fy mod bellach wedi dysgu sut i sgwrsio ag Eidalwyr. Ar y dechrau, roeddwn i mor ffôl â gwrando ar yr hyn oedd gan y person arall i'w ddweud, a disgwyl fy nghyfle i siarad. Ond disgwyl fyddwn i. Mae'r llif geiriau'n ddi-dor, a phrin fod ysbaid o gwbl yn y gawod rethreg. Roeddwn i wastad wedi credu mai cyfnewid oedd sgwrs, ond nid felly yma, lle mae'n well peidio â gwrando ar farn y person rwyt ti'n siarad â fo, er mwyn i ti gael mwy o amser i siarad dy hunan.

Un tro, roeddwn i'n 'siarad' hefo rhyw foi am rywbeth, ac ar ôl imi geisio ymyrryd sawl gwaith i ddweud beth oedd ar fy meddwl, fe ddaeth ei stori i ben. Gwelais fy nghyfle a bwrw i'r araith roeddwn i wedi ei pharatoi yn ofalus wrth iddo liwio'i hanes yn hapus braf, ond fe drodd oddi wrtha i a chychwyn sgwrs hefo'r boi oedd wrth ei ymyl.

Erbyn hyn roeddwn wedi dod i arfer torri ar draws a phan glywn y llall yn ailafael yn llinyn ei ddadl a chychwyn siarad ar fy nhraws, byddwn yn dal fy nhir nes ei fod yn gweld fy mod i o ddifri ac yn ildio i fudandod.

Un noson, yn fuan wedi imi gyrraedd yma a minnau'n aros hefo f'ewythr, fe wyliais ffilm *The Goodfellas* ar y teledu, wedi ei dybio i Eidaleg, ac fe'm trawyd yn syth mor debyg i Eidalwyr oedd y cymeriadau. Arferwn feddwl am yr actorion fel Americanwyr, er bod llawer ohonynt o dras Eidalaidd, ac am y ffilm fel ffilm Americanaidd. Ond gwelais mai ffordd Eidalaidd o siarad oedd ganddynt, y ffordd ymwthiol, ormesol bron honno o siarad sy'n perthyn yn arbennig i Eidalwyr y de, â'u sgwrs wedi ei lliwio gan awydd i hawlio, i farcio eu tir cyfathrebol, fel mae anifeiliaid yn marcio eu tir daearyddol. Felly mae popeth yn ddefnyddiol, pob pwnc yn destun trafod, o sut i goginio, i bwy chwaraeodd orau, i be ddylai'r undebau wneud, i ba gar sydd orau, i'r lle gorau i barcio; mae unrhyw beth yn esgus i ddadlau ac i brofi mai fi sy'n iawn. Ac maen nhw'n hoffi pobl sy'n cyfathrebu yn yr un modd. Siaradwyr naturiol ydyn nhw, a does dim rhyfedd mai y nhw ddyfeisiodd opera. Mae eu gwŷr academaidd a'u gwleidyddion yr un fath; mae ffilmiau o Mussolini yn dangos dyn â gên sgwâr hir uwchlaw ei frest filwrol a'i fol crwn, ei goesau ar wahân a'i ddwylo ar ei gluniau, a'r geiriau blodeuog lliwgar yn llifo allan gerbron y môr o wrandawyr a hudwyd gan wacter y geiriau. Sioe yw siarad yma.

Yn y *basilica amaelia* yn y Forum, roedd ar un adeg dair stafell neu neuadd agored, a oedd yn golygu bod lleisiau achos a gynhelid yn un stafell yn cario i'r lleill. Achosion cyfreithiol oedden nhw, a byddai aelodau o'r cyhoedd yn cael eu hebrwng yno am dâl, i gefnogi a chymeradwyo sgyrsiau'r cyfreithwyr ffafriol, neu i fychanu geiriau'r gwrthwynebydd; mi fyddai eraill yn mynd i wrando o ran difyrrwch. Ond wrth i'r dadleuon boethi mewn un neuadd, mi fyddai'n mynd yn fwyfwy anodd clywed yr hyn oedd yn cael ei ddweud yn y lleill, nes peri i'r bobl yno orfod codi eu lleisiau er mwyn cael eu clywed, ac felly ymlaen nes bod pawb yn gweiddi ar draws ei gilydd a dadleuon un achos yn cael gwrandawiad yn y neuadd drws nesaf, a rhai achosion yn stopio i ganiatáu i'r gynulleidfa wrando ar achos o un o'r stafelloedd eraill.

Heddiw, ar y teledu, mewn rhaglenni trafod yn cynnwys gwleidyddion neu aelodau o'r cyhoedd, mae pawb yn mynd i siarad ar draws ei gilydd nes ei bod yn amhosib deall eu geiriau. Mae rhaglen ar nos Lun lle mae criw o newyddiadurwyr – ffug, fwy na thebyg – yn dadlau'n groch am gemau pêl-droed y penwythnos. 'Tasach chdi ddim yn gwybod ymlaen llaw mai pêl-droed yw'r pwnc trafod, fysach chdi ddim callach erbyn diwedd y rhaglen.

Ar ôl bwyta, aethom yn ôl tua Centocelle, lle gadawyd Mauro, Marco a fi i guro ar ddrws y Milanese. Fe'i hagorwyd gan yr hen ŵr, a'i ddal yn gilagored. 'Arhoswch am eiliad,' meddai, 'y gath . . . ' Agorodd y drws unwaith eto, gan ddal cath ddu yn ei freichiau, ac fe'i caeodd y tu ôl inni. 'Os eith hi allan rŵan, Duw a ŵyr pryd ga i hi'n ôl i'r tŷ,' meddai.

Roeddwn wedi bod yno o'r blaen, ac wedi gweld y bwrdd lle gweithiai, yr haenau o bapurau a'r lluniau ar wasgar drosto, y pensilau a'r brwsys mewn poteli plastig wedi'u torri yn eu hanner, negeseuon a labeli ar y drws ac ar y waliau yn ei atgoffa i orffen job, i ofyn am bres gan gwsmer, i archebu mwy o bren neu liw. Ar un wal roedd llun du a gwyn ohono fo yn sefyll o flaen y gweithdy, mwstás byr o dan ei drwyn, ffon yn ei law, ei benliniau allan a'i draed hefo'i gilydd, het gron am ei ben, ar lun a delw Charlie Chaplin. Ar un ochr o'r gweithdy, roedd model enfawr o stadiwm bêl-droed. Safai'r chwaraewyr ar y cae â hysbysebion o'u cwmpas, llenwai'r dorf y seti, ac roedd dynion camera yn ffilmio'r gêm.

'Pan oeddan ni'n blant,' meddai Mauro y tu ôl imi, 'bydden ni'n cael cystadlaethau pêl-droed. Os oeddan ni'n gneud gormod o sŵn, roedd o'n ein lluchio ni allan.'

Roedd y Milanese wedi mynd yn ôl at ei waith a'r gath yn eistedd ar dwmpath o bapurau ar y bwrdd wrth ei ymyl.

'Hei, Umberto,' meddai Marco wrth y Milanese, 'wyt ti'n dod i'r clwb dydd Sul nesaf? Mae hi'n Milan yn erbyn Roma.'

'Dw i'n gwbod,' meddai, heb edrych i fyny o'i waith.

'Fydd y clwb yn agor felly?'

'Bydd. Maen nhw'n agor ddydd Llun.'

'Ydach chi'n mynd?'

'Wel, wrth gwrs. Alla i ddim fforddio mynd i Milan i'w gweld hi.'

'Mi ddo i felly . . . O! Y blydi drws . . . !'

Trois i weld fod Mauro wedi gadael y drws yn agored wrth gychwyn am allan a'r gath wedi dianc.

'Be' ddiawl ddudis i? Fydda i drwy'r nos rŵan yn trio cael y gath 'ma i'r tŷ!'

Pan adawsom, awr yn ddiweddarach, roedd y Milanese yn dal i geisio'i chymell. Roedd newydd geisio camu ati'n araf bach, a sibrwd yn grachlyd y gair *'bella'*, un llaw allan yn trio ei denu ato, y gath yn edrych yn ddrwgdybus, yntau o fewn llathen iddi, yn estyn amdani, hithau'n rhuthro i ffwrdd o dan gar, a'r Milanese'n gweiddi, 'Twll dy din di!' hyd y stryd wag.

*   *   *

Ryw noson, galwodd Paola i'm gwahodd i fynd efo hi a chriw o'i ffrindiau am bryd o fwyd. Gan fod Mauro yn mynd hefyd, trefnais i'w gyfarfod yn y bar yn Centocelle.

'Lle 'dan ni'n mynd?' gofynnais iddo.

'Dw i'n meddwl mai i'r *Osteria con Cucina*,' meddai.

Yn yr Eidal mae *ristorante*, *trattoria* ac *osteria* yn llefydd bwyta, ac yn y drefn honno maen nhw'n lleihau yn eu soffistigeiddrwydd. Ar wahân i'r rhain, mae llefydd bwyta mwy sylfaenol, lle mae pobl yn cael bwyd ar wib; y symlaf ohonynt yw'r rhai sy'n gwerthu tameidiau o wahanol fathau o *pizza* yn ôl y pwysau. Mae pobl yn defnyddio'r rhain amser cinio, ond hefyd i dorri min rhwng prydau. Wedyn mae'r *alimentari,* sef siopau bwyd yn gwerthu cigoedd fel *salame* a *prosciutto* a gwahanol lysiau a chawsiau, a'u rhoi mewn bara i wneud brechdanau ffres yn y fan a'r lle. Os dw i'n gweithio neu ar frys, dyma fy hoff bryd, stribedi o *prosciutto* a lwmpyn o *mozzarella* mewn rholyn ffres o fara. Ar ôl hynny mae'r *tavola calda,* yn llythrennol 'y bwrdd cynnes', lle paratoir amryfal gigoedd a physgod, *pasta* a saladau, a'u harddangos i'r cwsmeriaid allu dewis a thalu ac eistedd i lawr i fwyta. Fel arfer mae bar yn ymyl lle gellir archebu coffi.

Mae *ristorante,* ar y llaw arall, ar gopa'r llefydd bwyta: yno mae'r awyrgylch yn soffistigedig, y gweini'n ystyriol a phroffesiynol, y gweinwyr i gyd wedi gwisgo'r un fath, y fwydlen yn cynnwys dewis eang ac amrywiol, a rhestr win ar gael. Dydw i heb fod i'r un *ristorante* ers imi fod yn byw yma. Lle mwy poblogaidd yw'r *trattoria,* sef math o *ristorante* ond yn llai ffurfiol, lle mae llai o ddewis o fwyd a gwin, y prisiau'n is a'r gweinwyr yn llai bonheddig. Y dewis olaf o le i fynd am bryd o fwyd yw'r *osteria.* Caffi, fwy neu lai, yw *osteria.* Mae'r llefydd hyn yn llawn dop amser cinio yn ystod yr wythnos oherwydd bod gweithwyr, adeiladwyr, trydanwyr a gyrwyr lorïau yn tyrru am y byrddau, eu faniau wedi'u parcio'r tu allan ac arogl concrid a phaent yn cilio wrth ddod i mewn i stafell llawn oglau coginio a mwg sigarét. Er bod y bwyd yn dda, ar rai adegau yn dda iawn, nid hwn yw'r lle i fynd i brofi coginio gorau'r Eidal, ond dyma'r lle i fynd i fwyta fel yr Eidalwyr, y nesa peth efallai i gael mynd i mewn i fwyta hefo nhw yn eu tai. Y noson honno, roeddan ni'n mynd i'r *Osteria con cucina,* yr *osteria* 'gyda chegin'.

Wrth inni gyrraedd, gallem weld criw o bobl yn sefyll wrth y drws, Paola a Gianni yn eu mysg. Roedd y gweddill yn gefndryd a chneitherod i Paola a Mauro ac yn perthyn felly o bell a thrwy briodas i minnau hefyd. Hefo'r rhain roedd cariadon a ffrindiau, ac un neu ddau yr oeddwn wedi'u cyfarfod o'r blaen.

Cyn bo hir roedd lle inni eistedd yn yr ystafell sgwâr, blaen, â dwy golofn yn ei chanol yn dal y to. Fe'n cyfeiriwyd gan y perchennog mwyn at fwrdd hir ym mhen pellaf y stafell. Erbyn i mi gyrraedd y bwrdd roedd y rhan fwyaf wedi hawlio'u seddi. Cymerais un o'r ychydig lefydd oedd ar ôl ar ben y bwrdd: dim ond wedi imi eistedd y sylweddolais fod yr hogiau i gyd y pen arall, a 'mod i yng nghanol hanner y merched o'r bwrdd. Dyfalu a oeddwn wedi gwneud camgymeriad ffurfiol yr oeddwn pan ddaeth dyn ifanc at y bwrdd – mab y perchennog yn sicr oherwydd roedd yr holl sioe yn cael ei gyrru gan un teulu – a thaenu lliain papur. Diflannodd cyn dod yn ôl â chyllyll a ffyrc a gwydrau, a'u gadael ar ganol y bwrdd a gofyn be' oeddan ni eisiau i yfed. Dywedodd rhywun *'Acqua e vino'*, ac yna gofynnodd os oeddan ni am gael *antipasto*. Archebwyd un bob un, ac o fewn munudau roedd dau litr o win gwyn oer a dwy botel o ddŵr ar y bwrdd. Cychwynnom dollti, a chyn bo hir roedd yr *antipasti* wedi cyrraedd: platiau o gaws *provolone, prosciutto, salame,* olewydd duon, *melanzane,* sef *aubergines* ac *artichokes* mewn olew. Roedd pawb yn newynog ac yn claddu'r pryd cyntaf yma yn wyllt.

Yna dychwelodd y gweinydd ifanc: 'Iawn, be' 'dach chi isio? Mae gen i *spaghetti alle vongole, rigatoni alla carbonara* neu *gnocchi al pomodoro.'*

Roedd hi'n ddydd Iau, ac felly es i am y *gnocchi.* 'Tasa hi wedi bod yn ddydd Gwener, pysgod fyddai wedi bod ar y fwydlen. Roedd Gaetano wedi dweud wrtha i ei fod o a'i deulu yn bwyta pysgod yn ddieithriad ar nos Wener: 'Nid am fy mod yn grefyddol iawn, ond dydd Gwener yw dydd pysgodyn i swper, ynte? Mae'n draddodiad, on'd ydy?' Mae dydd Sadwrn ar y llaw arall yn ddiwrnod treip; mae'r cigyddion i gyd wedi gwerthu'u hanifeiliaid, a'r unig beth ar ôl ydy'u perfeddion, ac ar ddiwedd yr wythnos y rhain sy'n ymddangos ar blatiau llefydd bwyta dros yr Eidal gyfan.

Archebom ychwaneg o win wrth i'r sgyrsiau ymrannu a lleisiau'r hogiau'n trafod pêl-droed a nosweithiau hefo'u ffrindiau gario o ben arall y bwrdd. Sôn am ddillad, colli pwysau a phobl eraill wnâi'r merched. Dywedodd un o'r genod ei bod yn awyddus i ddysgu Saesneg, a'i bod wedi bod i Lundain ar gwrs iaith, bod y lle yn llwyd, a'r bwyd yn arswydus o wael. Cytunodd geneth arall, gan ychwanegu ei fod yn rhy ddrud. Ond roedd cneither i Paola wedi syrthio mewn cariad â Lloegr: 'Ti'n cerdded o gwmpas ac yn gweld pobl gyda gwallt gwyrdd a dillad anhygoel. Fan hyn mae pawb hefo'r un gôt a'r un steil gwallt. Maen nhw'n fwy rhydd na ni,' meddai. 'Ti'n meddwl?' gofynnais, ond roedd ei chariad yn galw arni i basio'r sigaréts ac roedd hi'n amser dewis y cwrs nesaf.

Wedi gorffen cig y prif gwrs galwodd Mauro ar y gweinydd a gofynnodd os oedd yna *gnocchi* ar ôl. Nac oedd, meddai'r gweinydd, ond mi oedd yno *rigatoni alla carbonara*.

'Mauro! Ti'm am gael mwy o *basta* rŵan? Ti'm yn gall!' meddai ei chwaer.

'Dw i isio bwyd,' atebodd, gan wneud i bawb chwerthin ac adfeilion clamp o bryd o'u blaenau.

Daeth y *rigatoni*, ac er iddo fwyta'n fwy ara deg y tro hwn, fe'u claddodd i gyd, â phawb yn sbio yn anghrediniol a drwgdybus ar ei gamp. Pan roddodd y fforcan i orwedd ar y plât gwag a chnoi'r gegaid olaf, clywyd si o gymeradwyaeth wrth i'r bobl a eisteddai wrth y byrddau eraill droi a gwenu arnom. Roedd hyd yn oed dyn tew â chrys agored yn nodio ei ben mewn edmygedd, a Mauro yn cymryd ei wynt yn ddwfn ac yn codi ei wydr yn foddhaus i dderbyn y clod.

Talwyd y bil – 15,000 lira y pen, pum punt – a chan nad oedd coffi ar gael yno, aethom yn ôl i dŷ Alberto, a oedd wedi hen fynd i'w wely, a chael coffi a *grappa*. Awgrymodd Paola imi aros y noson yno hefo nhw, felly tynnais y gwely bach allan yn y stafell fyw wedi i bawb adael, darllen ychydig a chysgu'n sownd.

* * *

Drannoeth roedd rhaid imi fynd i'r swyddfa bost yn Testaccio i dalu'r bil gas. Roeddwn i wedi cael lifft gan Paola ar ei ffordd i'w gwaith. Wrth gerdded ar hyd Via Marmorata a theimlo cynhesrwydd haul y bore, taflais olwg tua'r post a gweld bod rhes o bobl yn disgwyl ar hyd grisiau'r adeilad. Roedd rhaid imi fynd adref beth bynnag i nôl y bil cyn medru ei dalu, felly penderfynais wneud panad i mi fy hun a mynd am dro i'r farchnad cyn galw yn y swyddfa bost ar fy ffordd i 'ngwaith.

Mae'r farchnad yn Piazza Testaccio, a'r sgwâr yn sgwâr go iawn: lle agored, gyda meinciau a chytiau marchnad yn ei ganol, a ffordd yn ei amgylchynu o dan y fflatiau a'r siopau sy'n edrych i lawr arno. Pan gyrhaeddais, tua deg o'r gloch, roedd y caffis yn llawn yfwyr coffi a'r sgwâr ei hun yn byrlymu o bobl.

Ar y gongl gyntaf, o flaen Via Mastro Giorgio, mae cwt papurau newydd a chopi o bob papur yn crogi ar begiau dillad oddi ar y to. Yno bydd pobl yn sefyll i ddarllen y tudalennau blaen, gan fwyta *cornetti* neu ysmygu. Es i brynu papur, ac fe'i pasiwyd imi gan ddynes â menig difysedd. Rhoddais y papur ym mhoced fy nghôt a cherdded i mewn i'r farchnad heibio oglau lledr y stondinau sgidiau â'r merched yn eu byseddu, at y stondinau llysiau yn drwm gan bersawr *basilico*. Roedd hen ferched yn eistedd wrth y stondinau ffrwythau, yn glanhau dail y llysiau, neu'n torri'u pennau cyn eu rhoi allan ar y fainc, dynion bychain yn eu ffedogau yn aildrefnu ac yn gweini, lleisiau'n llafarganu'n lliwgar wrth farchnata'r nwyddau ac atebion cymysg y trigolion yn codi uwchlaw. O gwmpas cyrion y farchnad mae stondinau'r cigyddion, eu bwyelli'n taro'r cigoedd coch, cwningod wedi eu blingo yn gorwedd yn grai y tu ôl i'r gwydr, traed moch a phennau defaid drws nesaf i dameidiau o gig oen a chig moch gwyllt.

Nesaf i stondin lysiau, roedd cwsmer yn ceisio bargeinio â'r gwerthwr, ac yntau'n edrych yn ddrwgdybus iawn, un llaw ar *aubergine* a'r llall ar sach bapur, yn anfodlon eu rhoi at ei gilydd, a'r cwsmer yn dal i daflu prisiau gobeithiol ato, nes iddynt gytuno ar bris, a dau domato'n selio'r fargen. Nes ymlaen, roedd oglau cryf y stondinau pysgod i'w glywed o bobman. Dw i wedi meddwl erioed y byswn yn hoff o wneud gwaith cigydd, ond mae gweld cigoedd dyfriog a chyrff cyhyrog y pysgod yn codi chwant bwyd arnaf.

Gadewais sgwâr mewnol y farchnad a stopio i gael coffi mewn bar, a darllen ychydig ar y papur newydd. Edrychais ar y cloc a phenderfynu bod yn rhaid mynd i dalu'r bil. Mae'n gas gen i wneud y pethau hyn yn yr Eidal, oherwydd dw i'n sicr y bydd yna oedi bob tro wrth i rai geisio gwthio i mewn â'u straeon annhebygol am salwch a phoenau corfforol, tra bo eraill yn cwyno'n llafar am y diffyg gwasanaeth ac am eu cydwladwyr, a stad ddigalon y gymdeithas Eidalaidd. Pan gyrhaeddais, â'r rhes yn dal yn hir, roedd dynes wrth un o'r cownteri yn cael gwybod gan y bobl y tu ôl iddi ei bod wedi cymryd gormod o amser ac nad hi oedd yr unig berson yn y swyddfa bost. Y tu ôl imi clywais y farn gyffredin nad oedd pobl dramor yn ymddwyn fel hyn, ond yn disgwyl eu tro yn fonheddig ac amyneddgar.

'Ia, ond dramor dydy'r gweithwyr ddim yn diflannu pob deng munud i fynd i gael coffi neu ffag, ac yn cau eu cownter nach'dyn,' meddai rhywun.

Ond rhwng y dadlau, mae pobl yn troi at sgyrsiau bonheddig a chyfeillgar, ac yn cyfathrebu i ladd amser. Meddyliais am fy nghyfnod cyntaf yma, a'r adegau o unigrwydd a deimlais; mae'n rhaid fod y ddinas hon, fel pob lle, yn ddu o bobl unig, heb na ffrindiau na theulu, pobl rydan ni'n cerdded heibio iddyn nhw bob dydd, neu'n sefyll wrth eu hymyl ar y bws, eu dyddiau yn llinell ddiddiwedd o ddistawrwydd ar yr aelwyd a chysgodion yn eu dilyn yn wastadol; pobl sy'n cerdded heibio byrddau o gyplau a chriwiau o ffrindiau yn yfed ac yn chwerthin, heibio unigolion yn agor drysau tai lle mae'r golau wedi'i gynnau a lleisiau cynnes yn eu croesawu wrth iddynt osod eu cotiau ar y bachau trymion wrth y drws; y bobl hyn sy'n agor drysau mewn cynteddau tywyll, sy'n bwyta wrth fyrddau gweigion, sy'n gorffen poteli o win ar eu pennau eu hunain i dôn undonog ac unochrog y teledu, llais olaf y dydd yn atsain o dafod dieithryn. Faint ohonyn nhw sydd yma, yn camu dros yr un palmant?

Es i gofio fy misoedd cyntaf ym Mharis, ei ehangder o oleuadau a thyrfaoedd. Mae'r iselder a'r unigrwydd a deimlir wrth fynd i le newydd yn rhan o ryddid hyfryd y ddinas. Yn Rhufain, mae'n bosib byw heb nabod neb, ond mae parodrwydd ei thrigolion i siarad â dieithriaid llwyr yn esmwytho a gwadu unigrwydd, yn creu eiliadau gwerthfawr sy'n peri inni sylweddoli bod rhywun wedi sylwi ac wedi gweld. Sut allwn ni fod yn ddieithriaid os ydan ni'n cerdded ar hyd yr un strydoedd?

* * *

Roedd hi'n nos Sul a'r *Club Roma Centocelle* wedi agor ei ddrysau, a phobl yn dechrau bachu'r cadeiriau plastig a drefnwyd mewn rhesi o flaen y teledu mawr. Roedd lluniau chwaraewyr a thimau hen a newydd Roma yn edrych i lawr arnynt o'r waliau. Dyma noson y gêm rhwng Milan a Roma. Gyda Roma yn gyntaf yn y gynghrair, roedd meddwl am bwysigrwydd buddugoliaeth ym Milan yn codi gobeithion pawb. Yn gynharach, cyfarchwyd y Milanese â thon o chwibanu a chyfarchion heb fod yn rhy fonheddig. Dywedodd un boi ei bod hi'n flwyddyn y *scudetto*. Fe waeddwyd arno'n un llais i gau ei geg, ac i beidio ag yngan y gair rhag ofn iddo hebrwng anlwc. Wrth dderbyn ymosodiadau o bob cwr, safodd y Milanese wrth y bar, nodi rhywbeth yn ei lyfryn du, ac yna troi bob hyn a hyn i siarad hefo Gaetano am lun roedd o ar ganol ei wneud.

'Hei, Milanese! Ydy Milan yn mynd i ennill y *scudetto* flwyddyn yma?' gofynnodd rhywun iddo fo.

'Nac ydy,' atebodd yntau.

'Pwy sy'n mynd i ennill, 'ta?'

'Juventus,' meddai. 'Neu Roma.'

Roedd y Milanese wedi cael sêt ar ei ben ei hun yn union o flaen y teledu i wylio'r gêm. Heblaw am hanner amser, ni ddywedodd air ac, ar rai adegau, roedd yn ymddangos ei fod yn cysgu. Pan orffennodd y gêm, cododd o'i sêt, aeth hebio'r rhai oedd un ai'n rhegi neu'n eistedd hefo'u pennau i lawr, cyrraedd y drws a throi i wynebu'r stafell. Roeddwn yn hanner disgwyl iddo godi dwrn ar y clwb, a bloeddio cymeradwyaeth i'w dîm, a oedd newydd guro Roma o dair gôl i ddwy, ond yn hytrach gwaeddodd: 'Roma enillith y *scudetto*,' cyn ychwanegu: '*Buona notte,*' a cherddded allan drwy'r drws.

11

Tra oedd Marco yn coginio y noson honno cyn y Nadolig, noson gêm y *derby*, wrth iddo blygu i godi rhywbeth roedd wedi'i ollwng, roedd y saws oedd yn byrlymu ar y tân wedi poeri diferion o domato dros ei gefn. Dywedodd nad oedd wedi sylweddoli nes iddo gyrraedd adref y noson honno a diosg ei grys. Golchodd y crys y diwrnod ar ôl i Roma golli yn erbyn Milan, fwy na mis yn ddiweddarach. Roedd wedi gwisgo'r crys i bob gêm ers y fuddugoliaeth honno dros Lazio. Yr Eidalwyr yw'r bobl fwyaf ofergoelus i mi ddod ar eu traws yn Ewrop.

Os ydy rhywun yn siarad am farwolaeth, maen nhw'n cyffwrdd yn eu ceilliau mewn hen arwydd Rhufeinig sy'n gwahardd anlwc, neu maent yn cau dwrn un llaw, gan agor y bys bach a'r mynegfys allan, a'u pwyntio. Heblaw bod yn arwydd i gadw melltith draw, mae'n medru galw melltith ar rywun; mae'n cael ei ddefnyddio hefyd i ddynodi'r 'cyrn', sef symbol o *cornuto*, neu rywun â gwraig anffyddlon, ac mae'r 'cyrn' yn felltith fawr yn yr Eidal. Am lwc maent yn cyffwrdd mewn pren ac mewn haearn, ac yn y lwmp ar gefn crwmach, ac maen nhw'n rhoi lluniau seintiau ar eu waliau ac yn eu ceir.

Mae Marco a Mauro'n mynd i'r stadiwm i weld pob gêm y mae Roma'n ei chwarae gartref. Un tro roeddwn i wedi bod yn Centocelle drwy'r dydd, a'r nos Sadwrn honno roedd Roma yn chwarae a minnau, heb fedru cael tocyn, ar fy ffordd adref i Testaccio. Awgrymodd Marco y buasai o a Mauro yn medru rhoi pàs imi ar eu ffordd i'r gêm. Ychydig funudau wedyn, gwelais y ddau y tu allan i'r bar yn siarad o dan eu gwynt. Roedden nhw'n anarferol o ddistaw yn y car ar y ffordd i Testaccio. Cyfaddefodd Mauro wedyn:

'Doeddwn i ddim yn hoffi'r syniad o fynd â chdi adref ar y ffordd i'r gêm, ysti.'

'Pam?' gofynnais.

'Oherwydd mae gen i fy ffordd i o fynd o Centocelle i'r stadiwm, a dydw i ddim yn hoffi newid y ddefod. Roedd mynd drwy Testaccio yn newid uffernol ar y ddefod,' meddai.

*   *   *

Pan oeddwn i'n dechrau meddwl nad oedd y gaeaf yn mynd i fod yn ddim mwy na chyfnod o nosi'n gynnar ac o goed di-ddail, dyma'r gaeaf go iawn yn gafael. Nid oeddwn eto wedi teimlo ias y gwynt wrth droi cornel, na theimlo fy nghamau'n cyflymu ar fy ffordd adref; doeddwn i ddim wedi gorfod tynnu fy sgarff dros fy ngên, na fy het i lawr dros fy nghlustiau wrth gerdded ar hyd yr afon. Ond yn ystod y dyddiau diwethaf mae rhew yn aer mis Ionawr, a'i fin yn treiddio'r anadl. Mae bysedd y gaeaf i'w gweld yn fwy milain oherwydd mwynder y tywydd yma; a'r boreau diddiwedd o heulwen yn ychwanegu at frathiad annisgwyl y cysgod a'r gwynt.

Mae bryn yr Aventino yn glir a chrisialog yn awyr ysgafn haul y bore, ei gopa coediog yn sefyll yn syth fel rhes o ddarnau gwellt wedi'u gorchuddio gan rew. O'r balconi edrychaf ar fryn Remo, yr un a gollodd y deyrnas, a lle daeth Cesar â Cleopatra i drigo. Ar y stryd islaw mae ceffyl a throl yn rhedeg heibio.

*   *   *

Yn Eglwys San Sabina, o'r bumed ganrif, yr unig sŵn yw

atsain fy nhraed dros y llawr marmor, ac mae'r llawr, y colofnau, y to, y goleuni a'm llygad i yn clymu yn un garreg wedi ei naddu. Dw i'n oedi i adael fy synhwyrau lithro drwy'r perffeithrwydd sydd o 'nghwmpas.

Ar waliau'r deml hynafol hon mae gwahanol groesau wedi eu haddurno, a'u plethiadau cywrain fel llwybrau troellog breuddwydion. Yr adeg honno, roedd dychymyg yr hen fyd, a oedd ar fin cael ei sgubo o'r neilltu gan ffyrdd syth y Rhufeiniaid, yn dal yn rhydd i ddilyn ei drywydd ei hun.

Wrth gofnodi hanes yr ymgyrchoedd yng Ngâl ac ym Mhrydain, mae Tacitus yn disgrifio gwylltineb tiroedd y barbariaid yn y gogledd pell ac yn cyfeirio at ddigwyddiad ar lannau'r afon Menai na chafodd fawr o sylw. Roedd y fyddin Rufeinig wedi meistroli'r rhan fwyaf o dde a dwyrain Prydain, ac yn gwneud eu gorau i ddofi'r llwythi Celtaidd yn y gorllewin. Cymerwyd y tiroedd isel ar arfordir gogleddol yr hyn a elwir heddiw Cymru. Roedd y lluoedd yn ymestyn ar hyd glan ddeheuol afon Menai yn fintai niferus a phwerus o filwyr o bob cornel o'r Ymerodraeth. Hon, efallai, oedd un o'r byddinoedd mwyaf grymus a brawychus i ymgasglu erioed. Gorweddai'r niwl dros y dŵr, gan gadw'r lan bellaf o'r golwg. Roedd baneri a symbolau Rhufain yn chwyrlïo yn y gwynt a'r arfwisgoedd yn llachar yng ngolau'r ffaglau yn awyr dywyll y bore.

Ar ochr arall yr afon, wedi ffoi i un o gadarnleoedd olaf eu pobl, safai'r Celtiaid. Dywedir bod y fintai Rufeinig, yn eu harfau a'u nerth, wedi eu harswydo gan yr hyn a welsant ac a glywsant, wrth i'r niwl godi oddi ar y Fenai ac i arfordir Môn ddod i'r golwg: y dynion Celtaidd yn noeth, eu crwyn wedi'u lliwio, y derwyddon yn sefyll yn eu gwisgoedd llaes â'u breichiau tua'r nefoedd, yn galw ar yr ysbrydion, y duwiau a'r meirw i'w cynorthwyo, a'r tu ôl iddynt y merched ar eu ceffylau gyda'u gwalltiau hir, yn sgrechian o grombil eu brestiau am waed ac am farwolaeth. Bu'n rhaid wrth areithio llym a chaled gan y cadfridogion i gymell y Rhufeiniaid i'r frwydr, gymaint oedd eu hofn. Ond fe gymerwyd Môn, a bu cyflafan anghyffredin. Lladdwyd milwyr, merched, plant, hen bobl a derwyddon, sef arweinwyr crefyddol y Celtiaid. Ac mae hynny'n rhyfedd ac yn groes i'r hyn a ddysgir am broses goloneiddio'r Rhufeiniaid – eu harfer oedd caniatáu i'r bobl a drechwyd barhau i ymarfer eu crefyddau, dim ond iddynt ddangos eu bod hefyd yn barod i addoli duwiau Rhufain. Dyna pam y ceir eglwys Gristnogol ar yr un safle â theml i dduw Rhufeinig oedd wedi'i chodi'n wreiddiol ar safle addoli duw lleol. Un o brif gryfderau'r Rhufeiniaid oedd eu gallu i fabwysiadu traddodiadau lleol, ac i'w cymathu i'w ffordd nhw o fyw, gan gadw hen enwau a hen lefydd sanctaidd, a chan gyfnewid a derbyn dylanwadau gan eraill.

Dyna hanes Milan. Yn y bedwaredd ganrif cyn Crist, roedd dyffryn afon Po wedi'i boblogi gan bobl Geltaidd a ddeuai yn bennaf o wledydd llwyth y Boi, yr hyn sydd heddiw yn rhannau o Bohemia yn y Weriniaeth Tsiec, ac o ardaloedd eraill o'r wlad honno yn ogystal ag o Awstria. Roeddent wedi croesi'r mynyddoedd am fod yr hinsawdd yn well a'r tir yn fwy ffrwythlon i gynhyrchu gwin ac olew olewydd. Roedd eraill wedi ffoi rhag ymosodiadau gan bobl yn symud ar draws y cyfandir. Mae dogfennau yn tystio i fodolaeth amryw o ganolfannau masnachol a chyfundrefnau crefyddol a grewyd gan y bobl hyn. Sefydlwyd canolfan o'r fath yn rhanbarth presennol Lombardia. Pan gymerwyd y dref a'i choloneiddio gan y Rhufeiniaid, Rhufeiniwyd yr enw a ddefnyddid gan y trigolion gynt i greu'r enw Lladin

Mediolanum, sef 'canol' – *medio*; 'y lle sanctaidd' – *lanum*, ein 'llan' ni. Aeth hyn yn Milano yn Eidaleg. Yn Ffrangeg, cymerwyd *medio* a'i wneud yn *mi*, a *lanum* a'i wneud yn *lan*, Milan. Cymerwyd yr elfen Geltaidd, ei chadw a'i defnyddio yn eu ffordd nhw. Fel hyn sicrhaodd Rhufain gydweithrediad y bobl a goncrwyd ganddynt i ymladd trigolion ardaloedd eraill.

Er eu grym roeddent yn hollol barod i dderbyn dylanwadau hefyd, gan fabwysiadu technegau amaethyddol a ffasiynau dillad. Roedd hyn yn ei dro yn caniatáu iddynt ddarganfod pethau newydd eraill, i gasglu'r wybodaeth a chreu'r dechnoleg a'u galluogodd i ddatblygu arfau, pontydd, offer, gwres canolog, muriau, adeiladau, dinasoedd a ffyrdd.

Ond yn lle integreiddio, roedd rhaid iddyn nhw ddinistrio a chwalu grym y derwyddon ar eu gorsedd ym Môn. Roedd rhannau helaeth o Brydain wedi'u Rhufeinio, gyda llawer o benaethiaid Celtaidd yn siarad Lladin; roedd Rhufeiniaid a Brythoniaid yn cyd-fyw, yn cydweithio ac yn priodi, ond roedd y llwythau hynny a barhâi i wrthod awdurdod Rhufain yn broblem. Doedd ond un ateb posib – lladd eu diwylliant a lladd eu harweinwyr ysbrydol, y derwyddon. Yn yr ymladd i selio buddugoliaeth Rhufain, i sefydlu unwaith ac am byth ei hawdurdod a'i dylanwad, bu brwydr rhwng dau fyd. Byd y llinellau ystumllyd a byd y llinell syth. Mae pob ffordd y cerddwn ar hyd iddi yn dyst i ba fyd a gariodd y dydd.

*   *   *

Roedd diwylliannau y tu allan i'r meddylfryd Rhufeinig wedi parhau i weld y byd mewn ffordd arall: roeddan nhw'n gweld eu duwiau a'u hysbrydion yn y byd o'u hamgylch, yn addoli'r haul, y goeden onnen, y mynydd yng nghanol y gwastadedd, yr afon a'r adar yn yr awyr. Doedd dim angen iddyn nhw greu ffurfiau gweladwy o'u duwiau, i gerfio eu cyrff a'u gosod ar allor o fewn pedair wal. Mae sôn i'r barbariaid, yn y bedwaredd ganrif cyn Crist, gyrraedd y deml yn Delffi, calon y gwareiddiad Groegaidd, cerdded i mewn i'r deml a chwerthin ar yr hyn a welsant: sut allai'r bobl hyn, a oedd i fod mor ddatblygedig, ystyried bod modd cymryd eu duwiau a'u rhoi mewn cerfluniau o garreg i'w haddoli? Roedd y duwiau yn rhy fawr i hynny.

Ond roedd Groeg hefyd wedi newid, a'r ffordd o feddwl wedi ei seilio fwyfwy ar y byd materol ac ar y rheolau a lywodraethai ar y byd hwnnw. Aeth eu hedmygedd o'r byd o gwmpas yn astudiaeth ohono. Roedd y byd clasurol wedi sefydlu rheolau a chyfreithiau a systemau, ac roedd yn rhaid ufuddhau iddynt. Roedd yn rhaid i'r rhai a barhâi i ddilyn hen reolau'r haul a'r lleuad un ai newid neu gael eu chwalu. Ac fe'u chwalwyd.

12

Yn Centocelle, mae un o'r hogiau lleol wedi cael ei ddarganfod yn farw yn ei fflat uwchben gweithdy'r Milanese. Roedd yn ei dridegau, wedi gwahanu oddi wrth ei wraig ac yn dad i hogan fach. Roedd sôn wedi bod iddo ymddwyn 'yn rhyfedd' yn ddiweddar; dywedodd Mauro ei fod wedi dod ato fo y tu allan i'r bar gan sibrwd yn llechwraidd bod yn rhaid iddo fod yn ofalus oherwydd eu bod nhw yn ei wylio. 'Be ti'n 'feddwl?' holodd Mauro. 'Nhw, ynde!' atebodd.

Rŵan mae Mauro yn teimlo'n euog, yn arbennig gan iddo fod yng ngweithdy'r Milanese y noson y digwyddodd y peth, ac i'r ddau ohonyn nhw feddwl eu bod wedi clywed sŵn rhywbeth yn gollwng neu'n disgyn yn y fflat uwchben.

Mae pawb yn siarad amdano ac mae awyrgylch distaw yn y bar a'r clwb. Roeddwn wedi'i gyfarfod unwaith, ond roedd Fabio, brawd Marco, wedi tyfu i fyny hefo fo. Digwyddodd yr hunanladdiad echdoe, ac mae Fabio yn ansicr a ddylai fynd i'r stadiwm ai peidio. Dw i fod i fynd hefo fo, ac mae pawb yn dweud wrtho fo am fynd; mae pawb arall yn mynd i'r clwb i wylio'r gêm p'run bynnag.

Mae'r haul yn uchel y prynhawn Sul yma, a'r gaeaf wedi mynd heibio; fel noson oer sy'n dod unwaith y flwyddyn, a bellach fel petai heb fod o gwbl. Dyna i gyd oedd y gaeaf yma: ffenest fach yn rhoi cip ar yr oerni a'r gwynt, a dyddiau golau a braf yr awyr las y ddwy ochr iddi. Mae'r tymheredd wedi codi, ac aer cynhesach yn taro drwy ffenest y car. Dw i'n agor botymau fy nghôt ac yn llacio'r sgarff goch a melyn sydd am fy ngwddw. Mae hyd yn oed y sgwteri o gefnogwyr gyda'u fflagiau a'u lliwiau i'w gweld yn ysgafnach wrth inni lithro heibio glan yr afon, ac mae arwyddion bywyd yn dechrau dychwelyd i ganghennau'r coed.

'Oedd gan y diawl yna ddim byd gwell i'w neud na lladd ei hun?' yw cwestiwn Fabio, a dyna'r olaf inni sôn am y peth, oherwydd wedyn mae Fabio yn mynd yn ei flaen i siarad am ei waith, ac am waith arall mae o'n ei wneud y tu allan i'w job. Mae'n esbonio wrthyf ei fod yn cymryd betiau – ar y farchnad ddu – oddi ar bobl ar ran grŵp o ddynion sy'n talu allan o'u pocedi eu hunain. Dynion busnes ydyn nhw, ac mae criw o ddynion fel Fabio yn gweithio drostyn nhw, a phob un yn cael arian yn syth yn ei boced unwaith yr wythnos. Mae gwraig a dau o blant gan Fabio, ac mae o angen yr arian.

'Dan ni'n parcio'r car ac yn ymuno â'r llif o bobl sy'n cerdded dros y bont ac ar hyd y lôn hir o gerfluniau ffasgaidd sy'n arwain at y stadiwm â'i muriau gwyn a Monte Mario yn y cefndir. Mae hi'n ddydd Sul ac mae pobl Rhufain yn mynd i'r stadiwm i weld y gêm. Maen nhw wedi cael eu cinio a'u gwin – mae eraill wedi dod o bell â'u brechdanau hefo nhw – a rŵan maen nhw am weld eu tîm yn ennill ac yn aros ar frig y tabl, gydag ail hanner y tymor wedi dechrau a phethau'n edrych yn hynod o dda, er nad oes neb yn barod i gyfaddef hynny.

'Pan oedden ni'n iau,' medd Fabio, 'ac roedd d'ewythr Alberto yn dod i'r gêm, roeddan ni'n dod â bwyd a gwin a phob math o bethau i'r stadiwm. Roeddan ni yma ddwy awr o flaen llaw. Byddai Alberto yn dod â lliain bwrdd hefo fo, ac yn ei daenu dros goesau pawb, gan agor y poteli gwin a rhannu'r gwydrau a'r brechdanau a baratowyd gan ei wraig. Un tro, roedd gynna ni fagiau o rywbeth bob un, rhywun hefo brechdanau, rhywun hefo'r gwydrau plastig, hefo'r dŵr ac yn y blaen, ac roeddan nhw wedi dechrau sbio ar fagiau pobl yr adeg honno, ac wedi mynd yn fwy llym ynglŷn â be' roeddat ti'n cael ei gario i mewn. Roedd rhaid i chdi dynnu capiau plastig y poteli, rhag ofn i chdi eu taflu nhw ar y chwaraewyr a ballu. Alberto oedd y diwethaf i gael ei adael i mewn, ac yn ei fag o roedd yr orenau i gyd. Roedd yna naw ohonan ni, felly roedd ganddo fo naw oren. A dyma nhw'n ei stopio fo ac yn deud na châi o fynd â nhw i mewn am eu bod nhw'n medru cael eu defnyddio fel arf. "Rhaid i chi'u gadal nhw yma, syr," meddai'r plismon. A dyma Alberto yn deud: "Be'? Er mwyn i chdi a dy fêts gael eu bwyta nhw? Dim ffiars!" Ac mi aeth i eistedd ar wal fach a dyma fo'n byta pob un wan jac, naw oren gyfan. Wedyn mi ddoth i mewn i weld y gêm. Mi ddywedodd Mauro ei fod wedi cachu am wythnos gron wedyn!'

Mae'r stadiwm yn fôr o goch a melyn. Mae un gongl fechan wedi'i chadw i gefnogwyr Lecce, sydd wedi dod yr holl ffordd o Puglia yn sawdl yr Eidal. O'u hamgylch mae rhesi o blismyn â'u helmedau a'u gynnau. Yn yr awyr uwch pennau'r cefnogwyr cartref, mae baneri a symbolau'r ddinas: fflagiau â llythrennau'r hen weriniaeth SPQR arnyn nhw, a ffigyrau gladiatoraidd â chleddyfau yn eu dwylo, eraill â dail olewydd neu fleiddast Rhufain. Y tu ôl inni mae baner yn erfyn am botel arall o win. Mae rhai pobl ar eu traed yn siarad ac yn edrych o gwmpas, mae eraill yn gwneud *joints* ac oglau canabis yn nofio tuag atom; mae dieithriaid yn sgwrsio a ffrindiau'n gweiddi ac yn ceisio cael sylw ei gilydd drwy sŵn a swae'r dorf a'r gerddoriaeth sy'n llenwi'r stadiwm. Mae'r chwaraewyr yn dod allan a'u henwau yn cael eu galw i floeddiadau o gymeradwyaeth ac mae chwiban hir undonog yn boddi enwau chwaraewyr Lecce. Edrychaf dros y seddi a gweld mai prin yw'r llefydd gwag; mae'n rhaid fod tua 75,000 o bobl yma.

'Dan ni'n gwylio'r gêm, mae Roma yn sgorio a dieithryn llwyr yn fy nghofleidio, mae'r dorf yn canu, ac ar fy ffordd yn ôl i'r car ar ddiwedd y gêm mae gwên ar wynebau pob un o'r plant ifanc. Ar y groesffordd wrth y bont, mae ceir yn dod o bob cyfeiriad ac yn stopio i adael i bobl groesi; mae'r cyrn yn canu, pobl yn gweiddi a dadlau, pawb yn gwthio, a mwg y sgwteri yn ein mygu. Mae genod hyfryd yn chwifio baneri ar gefn moto-beics, plant yn gwenu ar ysgwyddau eu tadau, rhywun yn taflu rhywbeth a'r heddlu yn gwneud dim byd ond edrych ar yr holl dyrfaoedd yn mynd heibio ar eu ffordd adref yn y cyfnos sy'n cyflym ddisgyn. Islaw mae'r Tevere yn llifo heibio.

* * *

Ar y bryn, mae parc yn frith o lwybrau, coed ac adfeilion, a meinciau cerrig yng nghysgod coed pin a phalmwydd. Adeiladodd yr ymerawdwr Nero balas iddo'i hun yma, yn erddi a ffynhonnau o farmor ac aur. Yn y cwm islaw, mae'r Colosseum.

Mae'r parc yn llenwi ac yn atsain o gamau plant, a beiciau a pheli yn rhedeg dros y cerrig, rhwng y coed. Ar y meinciau mae hen bobl a ieuenctid mewn cariad, eu dwylo a'u breichiau wedi'u plethu yng ngwres ysgafn yr haul. Dw i'n eistedd ar fainc ac yn agor fy mhapur newydd: mae'r etholiadau yn agosáu, a'r tudalennau yn llawn cyhuddiadau a dyfyniadau o areithiau gwleidyddion. Dw i'n ei blygu. Wrth ymyl, ar fainc o farmor, mae hen ddynes mewn cadair olwyn yn wynebu'r haul, ac wrth ei hymyl ddynes iau, ei merch efallai, yn distaw ddarllen llyfr iddi.

Mae'r haul yn machlud y tu ôl i furiau sychion, oren y Colosseum, ei belydrau yn hollti'r waliau a'r bwâu gweigion. O'r fan yma gwelir ei ochr fwyaf cyfan a chylch esmwyth y waliau uchaf, nes bod posib dychmygu'r delwau a lenwai'r bwâu yn y dyddiau pan heidiai tyrfaoedd y ddinas yno ar gyfer y gemau a'r bara. I fa'ma roedd *mob* Rhufain yn dod, y rhan fwyaf ohonyn nhw'n ddi-waith, yn byw ar y *dolum – dole* y Saeson; arian neu drugaredd y wladwriaeth o gyfoeth y gwledydd a goncrwyd ganddynt. Ddoe, roedd y boblogaeth yn gweiddi ar yr arwyr islaw i'w difyrru. Rŵan am goliau maen nhw'n galw, nid gwaed – ond mae'r dod at ei gilydd yma, y cynulliad answyddogol o'r werin, eu dadleuon a'u ffraeo a'u hawch am ddathliad yn dal i fod. Yr un ddinas, yr un syched am fwynhad. Mae pobl wedi bod yn mynd yn eu miloedd i'r stadiwm i weld gemau yn y ddinas hon ers dwy fil o flynyddoedd. Wnawn nhw byth newid?

Mae'r ferch yn dal i sibrwd ddarllen ond mae gên yr hen wraig yn disgyn yn is ar ei brest. Mae'r clychau yn canu o'r eglwysi islaw, a thu ôl i'r Colosseum mae'r awyr yn troi'n waedlyd goch.

*   *   *

Sylfaen y diwylliant Rhufeinig yw'r gyfraith, y rheolau a sefydlwyd gan y rhai a aeth yn seneddwyr ac yn benaethiaid ar ganolfannau gwleidyddol Rhufain ddau fileniwm a hanner a mwy yn ôl. Am dros ddwy fil a hanner o flynyddoedd crewyd rheolau i lywodraethu dros y ffordd y caiff poblogaeth y rhan hon o'r byd fyw eu bywydau ac mae eu hetifeddiaeth wedi gadael ei hôl ar y Rhufeiniaid, yn yr ystyr eu bod yn anwybyddu cyfreithiau yn llwyr ac yn reddfol.

Nid yw trigolion Rhufain yn eithriad yng nghyd-destun

yr Eidal. Rai blynyddoedd yn ôl, pan basiwyd deddf yn gorfodi gwisgo gwregys diogelwch wrth yrru, Napoli oedd y ddinas fwyaf parod i gydymffurfio. Wrth i'r heddlu sylwi ar yrwyr Napoli, gan gofnodi cyn lleied ohonynt oedd yn gyrru heb felt, cafodd pawb eu synnu. Roedd yn ymddygiad anghyffredin gan bobl sy'n ymfalchïo yn eu harfer o wneud yn union fel y mynnant, ac sy'n ennill bri am fod yn anghydffurfwyr ac yn dorwyr cyfraith heb eu hail.

Rai dyddiau'n ddiweddarach, torrodd yr heddlu i mewn i hen ffatri yn y ddinas a daethant ar draws cannoedd ar gannoedd o grysau-T â llinell letraws ddu ar bob un ohonyn nhw. Roedd pobl wedi bod yn tynnu amdanynt cyn dringo i'w ceir, gwisgo'r crysau, a newid yn ôl i'w dillad arferol ar ben y daith. O'r tu allan, roedd y stribedyn du yn edrych fel belt car.

Mae o yn y gwaed. Pan fo rhywun fel Mussolini wedi dweud ei bod hi'n amhosib llywodraethu'r Eidalwyr ac yntau'n unben ffasgaidd, yna mae'n anodd gweld sut y gall unrhyw sefydliad arall wneud hynny.

* * *

Ddoe roeddwn i'n Centocelle ac yn sefyll y tu allan i'r clwb efo Mauro a Giggi, pan drodd y sgwrs at yrru ac, yn fwy penodol, at arholiadau gyrru a sut maen nhw'n gweithio. Dw i'n cofio ychydig flynyddoedd yn ôl i Mauro sôn ei bod hi'n hen bryd iddo gael trwydded yrru ar gyfer ei waith. Roedd o wedi bodloni ar deithio ar sgwter erioed. Ond roedd gwersi ac arholiad yn costio'n ddrud.

'Wrth gwrs, dyna be' wna i yn y diwedd, mae'n siŵr. Mae'n costio llai i brynu un,' meddai ar y pryd. Erbyn hyn, mae Mauro wedi cael ei drwydded trwy dalu amdani;

145

hynny yw, wedi prynu trwydded yrru fel y byddwn ni'n prynu trwydded bysgota.

Roedd arnaf chwilfrydedd ynglŷn â sut yn union yr oedd y broses yn gweithio.

'Be' ti'n feddwl, "sut mae'n gweithio?"' meddai Mauro, gan droi i chwerthin am fy mhen. 'Mae'r pres ginnat ti? Iawn. Ti'n ei roid o iddo fo.'

'Ia,' medda fi, 'ond wyt ti'n rhoi'r arian yn ei law o cyn y prawf, a ti'n mynd rownd y bloc hefo fo, ac yna mae'n arwyddo'r tamaid papur ac yn deud, "OK, 'dach chi di pasio, ta-ra", neu be'?'

'Naci, mae 'na brawf ymarferol ac mae 'na brawf ysgrifenedig, 'does?' meddai Giggi. 'Mae'n rhaid iti basio'r un gyrru go iawn – mae'n rhaid iti ddangos dy fod ti'n medru gyrru car – ond yn fa'ma, y prawf mae pobl yn ei fethu'n aml iawn ydy'r un ysgrifenedig. Felly,' medda fo, 'ti mewn stafell fawr hefo llwyth o bobl yn gwneud y prawf yr un pryd â chdi.'

'Ia, a ti'n trio cael lle yn y cefn, mae hynny'n well,' ychwanegodd Mauro.

'Wyt. Wedyn,' aeth Giggi yn ei flaen, 'mae'r arholwr yn cerdded o gwmpas y stafell, ac wrth iddo ddod heibio chdi, mae'n edrych ar d'atebion di, ac os w't ti 'di gneud camgymeriad, mae o'n pwyntio ato ac yn sibrwd yr atab iawn yn dy glust.'

'Ond be' am y bobl eraill?' gofynnais. 'Be' am y lleill sydd yno? Be' maen nhw'n ei feddwl os ydyn nhw'n gneud y prawf yn iawn, a bod 'na foi yn y cefn nad ydy o'n gwbod dim byd ond ei fod o wedi talu – oherwydd maen nhw'n sicr o wbod ei fod o 'di talu os oes 'na sibrwd yn digwydd yn y cefn 'na. Be' maen nhw'n mynd i ddeud? Maen nhw'n mynd i fod o'u coeau, 'dydyn?'

Mi gofia i ateb Giggi, ar ôl iddo lyfu papur ei sigarét, am amser hir: 'Wel, ddylian nhw blydi dalu fo hefyd, dylian!'

*   *   *

Mae iaith y gyfraith yn rhan sylfaenol o ieithwedd Eidalwyr. Mae ymadroddion Eidaleg wedi'u lliwio yn aml gan symbolaeth sy'n cyfeirio at y reddf i osgoi crafangau'r gyfraith. Mae *acqua in bocca* yn golygu 'cau dy geg', ac yn llythrennol yn golygu 'dŵr yn dy geg', gan gyfeirio at y syniad o lenwi dy geg hefo dŵr a'i gadw i mewn yno pan gei dy gwestiynu gan blismon. Ond mae'n cael ei ddefnyddio yn yr ystyr gyffredinol o 'rhyngddo ti a fi' hefyd. Yna, os wyt ti isio dweud nad oes ots gen ti, ti'n dweud *che mi frega*, hynny yw, 'be' mae o yn 'i ddwyn oddi arnaf i?' Yn yr un modd, mae 'diawl o ots gen i' yn mynd yn *non mi frega niente*, sef 'dydy o'n dwyn dim oddi arnaf i'.

Yn Rhufain, fel yn y de yn gyffredinol, mae gwawd a sinigiaeth yn rhywbeth greddfol. Mae'n lliwio iaith ac agweddau, ac yn cynrychioli ochr dywyll personoliaeth sydd fel arall yn hael tu hwnt. Dywedir os cynigir cadair i Eidalwr eistedd arni, y peth cyntaf wneith o – mae'r merched yn dueddol o fod yn fwy ffyddiog – ydy ei phrofi i wneud yn sicr na ddisgynnith yn ddarnau dan ei bwysau. Mae ochr debyg i hiwmor y bobl hyn hefyd, a thuedd i fychanu pawb a phopeth a pheidio â chredu straeon pobl eraill. Os oes rhywun wedi dod o hyd i waith lle mae o'n dweud ei fod o'n mynd i ennill pres da, does yna neb yn ei goelio fo; os ydy rhywun wedi cael cynnig bargen am gar yn rhywle, mae'n rhaid fod rhywbeth yn bod ar y car; os oes gan rywun ewythr cyfoethog yn America, yna nid ewythr ydy o ond ewythr i rywun arall mae o wedi clywed amdano, a hwnnw'n ewythr marw.

Mae ffilmiau Eidalaidd yn adlewyrchiad o'r meddylfryd hwn. Dyma rai agweddau ar y meddylfryd fel y'i ceir mewn ffilmiau:

Ffawd – mae'r dyfodol a ffyrdd y byd yn dy erbyn, ac wedi cael eu pennu heb i ti allu dylanwadu arnyn nhw, a does dim y gelli di ei wneud ond codi d'ysgwyddau a dweud 'dyna fo, be' elli di neud; fel 'na mae bywyd'. Mae pethau yn digwydd oherwydd bod bywyd fel y mae o, ac os mai dyna ydy bywyd, yna beth elli di ei wneud ond ei dderbyn a dal i fyw?

Llanast – ychydig iawn o ffilmiau Eidalaidd poblogaidd sydd heb elfen o lanast ynddyn nhw. Mae criw o ladron wedi cael gafael ar y cynllun gorau erioed i dorri i mewn i dŷ rhywun cyfoethog ond anghofiwyd yr offer i agor y drws, dewiswyd y wal anghywir i dorri drwyddi, ac maen nhw'n canfod eu hunain mewn cegin lle nad oes dim mwy gwerthfawr na bwyd, felly maen nhw'n eistedd i lawr i fwyta ar y sail y byddant wedi cael llond eu boliau am eu hymdrechion o leiaf. Maen nhw'n saethu'r bobl anghywir, yn camgymryd un person am un arall, yn gollwng a malu radio pan maen nhw ar goll yng nghanol y mynyddoedd, a hynny yng nghanol dadl am bwy ddywedodd be' a syniad pwy oedd hi i ddod yno yn y lle cyntaf. Mae trefn wastad yn absennol.

Dadlau a gwylltineb – mewn ffilmiau mae hyn yn rhan naturiol o'r berthynas rhwng pobl a'i gilydd, yn famau a meibion, yn wŷr a gwragedd sy'n gweiddi ar ei gilydd, yn ffrindiau sy'n gwylltio hefo'i gilydd ac yn glercod post sy'n taro'u cwsmeriaid.

Sentimentaliaeth – yn y ffilm gan Gabriele Slavatores, *Mediterraneo*, mae criw o filwyr Eidalaidd yn cael eu gyrru i warchod ynys fechan yng nghanol Môr y Canoldir yn ystod yr Ail Ryfel Byd. Nid yw dau ohonynt erioed wedi gweld y môr o'r blaen, ni allant nofio, ac maent yn hiraethu am sicrwydd eu mamau a'u mynyddoedd. Mae un arall yn mynnu dod â'i asyn hefo fo ac yn wylo a phwdu pan fo un o'i gyfeillion yn lladd yr asyn yn ddamweiniol. Hiraetha un arall am ei wraig. Nid yw hyn, fodd bynnag, yn gwarafun iddynt fwynhau blynyddoedd o yfed, bwyta a charu gyda Groegiaid yr ynys, tan i beilot awyren Americanaidd gyrraedd y traeth yn 1947 ar ganol gêm bêl-droed a chyhoeddi bod y rhyfel wedi darfod. Erbyn hyn maen nhw wedi closio cymaint at yr ynys a'i thrigolion fel nad ydyn nhw isio gadael.

Cariad – mae dynion yn troi'u cefnau ar fywyd o drais, athronwyr yn rhoi eu llyfrau o'r neilltu, milwyr yn gadael y fyddin, gwragedd yn disgwyl yn ffyddlon, gweision yn taro'u meistri, oll er lles cariad. Mae'r testun oesol hwn yn hofran yn y cefndir, yn gwthio fel pelydryn o olau ac yn tywynnu ar agweddau tywyllaf pob stori; yn cynnig gobaith i'r arwr pan fo'r cynllwyn wedi methu, yr heddlu wedi ei ddal, y rhyfel wedi'i cholli neu'r arian wedi diflannu.

Ond mae'r sinigiaeth fwyaf wedi'i hanelu at y wladwriaeth a'r rheolwyr sy'n cynnal y drefn sydd ohoni. Wrth drafod yr elyniaeth rhwng unigolion a'r byd y maen nhw'n trigo ynddo, canolbwyntir ar berthynas gwas a'i feistr a'r rhaniad dosbarth rhyngddynt. Mae unrhyw un, neu beth, sydd mewn awdurdod a grym, o'r cyfoethogion hyd y gyfraith, yn cael eu barnu, ac ochr ddynol yr unigolion yn elfen sylfaenol i'r straeon.

Un o actorion mawr yr Eidal, â'i yrfa'n ymestyn o'r pedwardegau hyd yr wythdegau, yw'r Rhufeiniwr Alberto Sordi. Mae'n arwr yn Rhufain a'i luniau ar waliau bariau a llefydd bwyta'r ddinas, nesaf at y Pab a chwaraewyr Roma. Yr un mwyaf poblogaidd yw llun du a gwyn ohono yn bwyta dysgl enfawr o *spaghetti*, cap *baseball* yn gam ar ei ben a chrys-T gwyn amdano. Golygfa yw hon o'r ffilm *Un Americano a Roma*, sef hanes Rhufeiniwr sy'n syrthio mewn cariad hefo'r syniad o America yn y blynyddoedd wedi'r Ail Ryfel Byd, ac sy'n honni ei fod yn dod o Kansas City, gan ddiystyru'r ffaith fod ei Saesneg yn bradychu stamp yr Eidal arno. Mae'n gymeriad hollol abswrd, ond yn benderfynol o gael ei dderbyn fel Americanwr, gan droi ei drwyn ar arferion, iaith a hyd yn oed fwyd ei famwlad. Yn yr olygfa dan sylw, mae wedi dod adref i dŷ ei rieni, lle mae'i fam – yn y traddodiad Eidalaidd nodedig – wedi gadael gwin a phasta ar fwrdd y gegin iddo. Dydy o ddim am ei fwyta, ac mae'n estyn mêl, llefrith a mwstard o'r ffrij, sef hyd a lled ei ddirnadaeth o fwyd America. Dydy Americanwyr ddim yn yfed gwin; meddwon fel y werin Eidalaidd sy'n gwneud hynny. Wrth gwrs, mae'r cyfuniad yn blasu'n afiach ac mae'n penderfynu ei roi i'r gath, cyn ymosod ar *spaghetti* ei fam a'i olchi i lawr â gwin. Mae'r ymdrech hon i godi uwchlaw'r traddodiad gwerinol ac i fod yn rhywun – ac mae Americanwr, fel gŵr bonheddig, yn rhywun – wastad yn fethiant llwyr. Eidalwr y bobl ydy o, a dyna fydd o byth.

Mewn ffilm arall â'r un actor, mae'r prif gymeriad a'i wraig wedi archebu stafell mewn gwesty yn Sardegna, dan yr enw Colonna, enw sydd hefyd yn enw ar hen deulu Rhufeinig aristocrataidd. Mae'r sawl sy'n cadw'r gwesty yn disgwyl gweld boneddigion yn cyrraedd, ond yn cael sioc o weld dyn yn gwisgo fest a throwsus byr, a gwraig dew yn gwisgo ffrog rad. Mae'r perchnogion yn cogio bod y stafell wedi'i llenwi, bod gwestai eraill mwy addas ar eu cyfer a bod rhaid iddyn nhw adael. Wrth i Alberto Sordi hawlio'i freintiau, ei wraig geisio'i gymell i anghofio am y peth, a pherchnogion y gwesty chwifio baner snobyddiaeth, mae'r holl sefyllfa'n mynd yn symbol o'r frwydr ddosbarth.

Mae agweddau'r Rhufeiniaid yn aml wedi'u llywio gan y rhaniad hwn mewn cymdeithas, ac mae'r awydd i fod yn well neu'n wahanol yn cael ei wawdio yn reddfol yn yr Eidal. Gall hynny ymestyn i fyd celf ac athroniaeth – mewn gair, nid yw trafod y celfyddydau yn ddim amgen na malu cachu am rywbeth cwbl amherthnasol i'r rhan fwyaf o'r Rhufeiniaid dosbarth gweithiol.

Crisielir yr agwedd hon yn y troad ymadrodd a ddefnyddir pan fo rhywun yn ceisio dadlau'n ddwys, sef o'i gyfieithu, 'be' wyt ti'n falu amdano eto rŵan?' Mae'r ymadrodd, *e parla come mangi*, hynny yw, 'siarada fel wyt ti'n bwyta', hefyd yn uno dwy brif egwyddor bywyd, sef bwyta a siarad. Mae pawb yn bwyta yn yr un ffordd, drwy roi bwyd yn eu cegau; os nad oes gen ti ffordd anghyffredin, neu well, o fwyta, yna dwyt ti ddim yn arbennig. Felly mae'n well iti siarad fel pawb arall hefyd. Mae hefyd arwyddocâd amgen i'r dywediad, un caletach a chryfach: pan wyt ti'n bwyta, mae dy geg di ar gau, felly cau hi.

Ond ni ddylid creu'r argraff anghywir chwaith: mae Rhufain yn gyforiog o bobl sy'n siarad, arlunio, barddoni, tynnu lluniau, astudio, a thrin a thrafod pethau dwfn ac arwyddocaol. Mae ardaloedd tebyg i Trastevere, ac yn arbennig San Lorenzo, yn llawn bariau, caffis, llefydd bwyta a chorneli stryd lle mae'r bobl hyn yn ymgynnull.

Ym Mharis, roedd gen i ffrind a oedd wedi'i fagu yn Abertawe gan rieni Seisnig ac wedi byw am rai blynyddoedd yn Napoli, un o brifddinasoedd y byd real, ymhell o flodau uchel y meddwl. Roedd wedi symud i Baris i astudio datblygiad celfyddydol cymdeithas a'r ffyrdd mae pobl yn cyfathrebu oddi mewn iddi. Fe fydden ni'n arfer cyfarfod yn aml yn y bar lleol ac yn rhannu sgwrs a gwydryn ar aelwydydd ein gilydd. Un noson, ac yntau wedi bod yn ofer geisio egluro imi beth oedd hanfod ei astudiaeth, a minnau yn ofer geisio deall yr hyn a ddywedai am natur y meddwl ac am gyfathrebu drwy ein synhwyrau, fe aeth i synfyfyrio am ei amser yn Napoli. Ac wrth iddo siarad am Baris, am ei llyfrgelloedd, ei thyrau ysgolheigaidd, ei horielau a'i henaid dysgedig yng nghanol y byd academaidd ac addysgol, fe ddaeth deigryn i'w lygad. 'Ti'n gweld,' medda fo, 'yma dw i'n darllen am fywyd. Ond yn Napoli, roeddwn i'n ei fyw o.'

*   *   *

Yn Centocelle, dw i'n sefyll gyda Mauro a boi nad ydw i erioed wedi'i weld o'r blaen. Mae'n gwisgo jîns smart, sgidiau sgleiniog, crys ffasiynol, siaced ledr, ddrud yr olwg, cadwyni am ei arddwrn a'i wddw a sbectol haul Armani ar ei drwyn. Mae hi'n nos ac yn dywyll fel bol buwch. Dw i wedi bod yn sôn wrth Mauro y buasai hi'n braf dod o hyd i fflat yma yn Centocelle ac mae o newydd ddweud bod y fflat uwchben gweithdy'r Milanese yn rhydd rŵan, ar ôl i'r hogyn ladd ei hun.

'Paid â mynd yna!' meddai'r boi ffasiwn. 'Mae marwolaeth yn y tŷ yna. *La morte!*' Ac mae o'n troi a cherdded i ffwrdd, fel 'tasa fo'n mynd yn ôl at ei ffilmset.

13

Ryw ddiwrnod, cefais gynnig i fynd i weld amgueddfeydd y Fatican gyda grŵp o ymwelwyr. Roeddwn wedi cyfarfod Grazia yn y dafarn gyda Duncan, ac wedi inni ddechrau sgwrsio am y ddinas a'i chelfyddyd, mi ddywedodd ei bod hi'n credu'n gryf bod Michelangelo, wrth iddo baentio'r nenfwd yn y Capella Sistina, wedi penderfynu mai'r ymennydd oedd y gwir dduw. Roedd hynny, ynghyd â glasiad neu ddau a'r ffaith ei bod yn un o'r merched delia imi'i gweld erioed, yn ddigon i 'mherswadio i i fynd am dro hefo hi. Y noson honno, roedd ei gwallt du hir yn rowlio i lawr at ei brest, a thrannoeth, pan es i'w chyfarfod o dan yr obelisg yng nghanol Sgwâr San Pietro yng ngwres canol dydd diwedd gaeaf, roedd ei gwallt wedi'i glymu y tu ôl i'w phen a'i gruddiau uchel a llyfn yn amlwg, a'i llygaid duon yn fflachio fel dwy gyfrinach.

Roedd gweddill y grŵp yn gymysgfa o unigolion ifanc ar daith o gwmpas Ewrop neu'r byd a chyplau ifanc Americanaidd. Wnaeth dau o'r dynion oedd yno ddim byd ond rhythu ar Grazia drwy gydol yr ymweliad, eu cariadon yn cogio gweld dim byd. Ond roedd Grazia yn arwain pawb o gwmpas, yn amneidio a phwyntio ac esbonio a dweud straeon gyda'r gallu cyfareddol hwnnw sydd gan ferched yr Eidal i adael i hyfrydwch mwyn a swynol lifo ohonyn nhw, rhyw osgeiddrwydd naturiol sy'n lliwio pob symudiad, yn gyfuniad o wisg a chorff yn nofio heibio fel bysedd ysgafn yn symud dros dy war.

Pan oeddwn yn blentyn, golygai gwyliau yn yr Eidal dreulio oriau wrth fyrddau crynion ag Eidalwyr yn gweiddi, a phryd ar ôl pryd yn ymddangos yn wyrthiol o ffwrnais arogleuog y gegin. Dyma oedd y wir Eidal, y tu ôl i ffenestri tywyll â'u bleindiau wedi'u tynnu i lawr i gadw gwres y prynhawn allan. Roedd fy nhad, yn nhraddodiad di-lol ei bobl, am i mi ei phrofi fel mab wedi'i ddwyn i fyny mewn realiti gwahanol. Mae cymhlethdod unigolyn o wlad ddiarth mewn gwlad arall yn ddiddiwedd, hap a damwain bywyd a digwyddiadau yn taflu'r peli i fyny yn yr awyr, a'r ffordd y disgynnant yn wledd o gyd-ddigwyddiadau ac ymddygiad diddorol. Wedi'r cwbwl, mae sefyll ar drothwy diwylliant yn taflu mwy o oleuni nag o dywyllwch, cyn belled ag y bo'r person hwnnw'n barod i agor y drws, i gamu i mewn i'r tŷ ac eistedd wrth y bwrdd gyda'r preswylwyr. Dw i'n credu i 'nhad, yn rhannol oherwydd y cyfrifoldeb a deimlai fel fy addysgwr, ac yn rhannol am mai Rhufeiniwr ydy o – ac felly heb ddymuno gor-bwysleisio'r hyfrydwch o'i amgylch – fod yn ymgorfforiad o'r brodor hwnnw sy'n tueddu i yrru ei gar ar hyd ffyrdd cefn gwlad gan anghofio edrych ar y mynyddoedd. Roedd am i'w blentyn flasu diwylliant byw ei famwlad yn hytrach na'r marw.

Ond, weithiau, fe fyddai'r diwrnod yn cael ei gysegru i stafelloedd llonydd yr amgueddfeydd, neu i gerdded llwch adfeilion ei gyndadau. Ac felly, roeddwn eisoes wedi gweld amgueddfeydd y Fatican. Ond roedd y *musei Vaticani* a gofiaf i yn bur wahanol i'r hyn ydynt heddiw. Yr adeg honno, roedd y rhes o bobl a ddisgwyliai i fynd i mewn yn ymestyn rownd corneli, ac o dan sgaffold adeiladwyr, yr unig gysgod i'r ymwelwyr rhag haul yr haf. Prysurai'r Rhufeiniaid heibio yn eu ceir, gan daflu golwg dosturiol ar y twristiaid ac ysgwyd eu pennau yn anghrediniol.

Heddiw pwmpiwyd arian i mewn i drysorau'r ddinas a'i gwasanaethau. Daeth etholiad â maer sosialaidd i Rufain, â'i fryd ar fanteisio i'r eithaf ar y cyfle a gynigai blwyddyn Jiwbilî pen-blwydd Cristnogaeth yn 2,000 oed. Mae rhai yn dweud bod Rhufain, yn sgil hynny, wedi llamu o fod yn brifddinas drydydd-byd i fod yn dref o safon dinasoedd eraill Ewrop. Y rheiny, efallai, yw'r mwyaf optimistaidd o'i thrigolion, yn tynnu sylw at fysiau yn rhedeg, at blismyn yn gweithio ac at lanast wedi diflannu o'r strydoedd. Mae eraill yn dweud bod Rutelli, y maer, wedi defnyddio'r digwyddiad fel propaganda, fod pobl yn dal i aros am fysiau a thramiau nad ydyn nhw byth yn dod; fod y dŵr yn dal i gasglu yn y tyllau yn y strydoedd pan fo hi'n bwrw glaw, â'r ceir yn gwlychu cerddwyr; fod y twristiaid, ymwelwyr am wythnos, yn cael elwa ar y trethi, a'r Rhufeiniwr yn gorfod parcio ei gar strydoedd i ffwrdd o'i waith oherwydd bod bysiau o Americanwyr a Siapaneaid yn tynnu lluniau o'r Colosseum ac yn cau'r ffordd. Un peth sy'n sicr, buddsoddwyd arian y wladwriaeth a'r eglwys yn y llefydd hanesyddol, sy'n golygu gwelliannau syml fel gwahanu mynedfa ac allanfa amgueddfeydd y Fatican fel nad oes raid i'r naill lif pobl frwydro yn erbyn y llall. Rŵan mae'r fynedfa yn newydd sbon, gyda chamerâu ar y waliau yn edrych i mewn i fagiau pawb. Ond mae'r ffaith fod y gwylwyr i gyd yn edrych i bobman ond ar y monitorau ac yn y bagiau yn dweud llawer am y newid sydd wedi digwydd yma. Yn amgueddfa fwya'r byd, lle cedwir trysorau mwyaf gwerthfawr y gwareiddiad Ewropeaidd, mae'r gweithwyr yn smocio yn ddi-hid.

Y ffordd orau i fynd i amgueddfa neu i oriel ydy ar dy ben dy hun, ond mae'n werth mynd hefyd hefo rhywun sy'n deall y cefndir. Â phopeth yn cael ei esbonio, mae mynd hefo arweinydd yn esgus i'r ymwelydd ddiogi a pheidio â meddwl yn ormodol. Mae braidd yn arwynebol, ac yn llawer llai dwys na bod yn sylwebydd unig.

Ac felly i ffwrdd â fi ar hyd coridorau hirion y Fatican,

heibio cerfluniau a darluniau, mapiau a photiau, llestri a chanwyllbrennau, *freschi* a lloriau o fosaig marmor, heibio pobl yn cysgu ar feinciau, plant yn gorwedd ar lawr, mamau yn siarsio, tadau'n edrych yn ddwys â llyfr yn eu llaw, gwylwyr yn sefyll wrth y drysau ac arweinyddion yn gweiddi a chadw trefn.

Ond roedd Grazia yn fwrlwm o syniadau. Wrth ddarlun y Dadeni, safom i edrych ar wisg las y Forwyn Fair yn dal ei baban yn ei breichiau. Fel llawer o Gymry fy nghenhedlaeth, cefais fy magu i fynd i'r capel a'r Ysgol Sul. Mae clawr gwyn a lliwgar *Beibl y Plant* yn glir o flaen fy llygaid, ac ymysg tudalennau o ysgrifen, luniau o ddigwyddiadau'r Beibl. O'r rhain, am ryw reswm – a pha reswm arall ond bod pob crefydd neu fytholeg yn cyfeirio at Fam, at Forwyn, *Vestal Virgins* y Rhufeiniaid, Mam Ddaear yr Indiaid yn America, y Fam sy'n rhoi bywyd i'r byd? – mae delwedd y Forwyn Fair gyda'i gwisg las, lachar yn sefyll yn y cof, fel symbol o'r llyfr hwnnw y buom yn ei fyseddu yn festri capel Tabernacl ar foreau Sul, pan oeddan ni eisiau bod yn rhywle arall.

Ond yn yr Oesoedd Canol ac adeg y Dadeni, roedd glas yn lliw prin oherwydd ei fod yn ddrud. Roedd y lliw yn dod o *lapis lazuli*, carreg o sylweddau a mwynau cymysg sy'n cynnwys mwyn o liw glas. Mae i'w gael mewn mathau o galchfaen yn Affganistan ac Iran ymysg llefydd eraill. Oherwydd ei brinder, roedd y lliw glas a ddeuai ohono yn cael ei ddefnyddio yn gynnil mewn achosion arbennig a phwysig. Roedd clogyn y Forwyn Fair yn cynrychioli rhywbeth o'r fath, ac ers hynny glas yw ei liw.

14

Glaw a glaw a mwy o law. Gwacter, tywyllwch a
llonyddwch – mae'r awyr a llif y strydoedd yn hongian
mewn gwagle. Mae teuluoedd cyfan yn ymgasglu yn nrysau
siopau. Mae tri phlentyn sipsi yn cerdded yn droednoeth
heibio'r Colosseum. Mae'u chwerthiniad yn codi uwchlaw
sŵn y glaw sy'n curo ar y pafin ac yn cilio yn sydyn wrth
iddyn nhw droi'r gornel.

*   *   *

Codais yn hwyr heddiw a mynd i'r farchnad i fanteisio ar y
prisiau isel amser cau. Cefais ddwy stecen o gig eidion,
lemon i'w roi arnyn nhw, *bieta* – sef rhywbeth tebyg i
sbinaits nad ydw i erioed wedi deall yn iawn be' ydy o, a
bananas.

Roedd rhes o bobl yn disgwyl cael eu gweini wrth y
stondin gig. Roedd treip a iau a chwningod ar y naill ochr a
chig mochyn, haenau o gig eidion a thalpiau o gig coch ar y
llall. Ar y stondin ffrwythau yn ymyl, gofynnais am lemon a
bananas, ac achubodd yr hen wraig a gadwai'r stondyn ar y
cyfle i gwyno am sut fyddai pethau pan gyrhaeddai'r Ewro
ar ddiwedd y flwyddyn. Roedd gormod o bethau yn newid,
meddai.

'Dw i'n drysu'n lân,' dywedodd. 'Ac eto, mi ddylwn allu
gwneud yn iawn. Pum-deg-saith o flynyddoedd dw i 'di
bod yma. Hon,' a rhoddodd ei llaw i orffwys yn ysgafn ar
bren llyfn ei stondin, 'yw'r stondin hyna yn y farchnad.
Nain fy ngŵr druan oedd yma gyntaf. Roedd pethau'n
wahanol bryd hynny. Melon dŵr oeddan ni'n 'werthu i
ddechrau – yng nghanol y ffordd! Roedd y sgwâr i gyd yn

agored, a'r lle yn llawn pobl.' Edrychais o gwmpas ar y torfeydd yn gweu drwy'i gilydd. 'Yli distaw ydy hi,' meddai hi. 'Dydy hyn ddim byd i gymharu hefo sut oedd hi ers talwm. Pan gychwynnais i gyda 'nhad-yng-nghyfraith, doedd tri ddim yn ddigon i helpu pawb. Ond dyna ni, mae pethau wedi newid.'

'Sut hynny, felly?' gofynnais.

'Does 'na neb yn dod i'r farchnad heddiw. I'r archfarchnadoedd maen nhw'n tyrru – mae 'na le i barcio car yno ac mae popeth o dan un to. Ond dydy o ddim yn rhatach, ysti. Mae 'na bethau da a rhad yn y farchnad na elli di eu cael yn yr archfarchnadoedd. Ond dyna fo, *che vo' fa'*, be' elli di neud? Mae'r bois mawr yn cymryd y pres a 'dan ni'n dal ein dwylo mewn pocedi gwag, on'd ydan?' Chwarddodd fel geneth ifanc, ac wrth imi gerdded i ffwrdd gwaeddodd ar fy ôl, *'Ciao, bello!'*

'Arrivederci!' gwaeddais yn ôl dros f'ysgwydd.

Parhaodd y glaw drwy'r prynhawn. Roedd hanner y bysiau ar streic ac erbyn imi gyrraedd Professor Borin roeddwn i'n wlyb domen a bron â marw eisiau panad o goffi. Roeddwn ddeng munud yn gynnar, ond fe welodd o fi'n cerdded heibio'r adeilad, a dyna chwalu'r gobaith am goffi.

Ar ôl y wers, aethom i lawr y grisiau hefo'n gilydd, gweithwyr yn dweud helo yn barchus a gwylwyr yn agor y drysau i'r Professor ac yn hanner ymgrymu wrth inni basio. Ar y grisiau yn y glaw tu allan ysgydwodd fy llaw a throi at gar du oedd yn disgwyl amdano. Roedd y gyrrwr yn dal ymbarél iddo fo hefo un llaw ac yn dal y drws cefn yn agored hefo'r llall. Es i yn fy mlaen i gasglu fy nillad o'r *launderette* ac i weld os oedd y streic wedi darfod.

Mae'r glaw yn dal i syrthio ar y tarmac o flaen yr adeilad.

Ac mae 'na fws yn canu corn oherwydd bod rhywun wedi
gadael ei gar yng nghanol y ffordd.

*   *   *

Mae glaw ddoe wedi peidio, y cymylau wedi diflannu a'r
haul yn ôl yn ei safle cyfarwydd yn yr awyr. Mae hi'n
ddydd Sadwrn a dw i wedi cael gwahoddiad i ginio yn nhŷ
modryb i Paola a Mauro. Wedi i lasiad o win gwyn Frascati
gael ei roi yn fy llaw, mae cwestiynau yn bwrw arnaf fel
cenllysg o bob cyfeiriad.

Pam bod timau Cymru i gyd yn chwarae yng
nghynghrair Lloegr? Pam na wnaeth Ian Rush ddim byd o
bwys yn Juventus? Ydan ni'n yfed gwin yng Nghymru?
Faint o beintiau dw i'n eu hyfed mewn diwrnod? Ydy o'n
wir fod merched yn mynd allan i yfed ac yn mynd yn chwil?
Pam bod bwyd mor ddiawledig yn Lloegr? A pham bod
popeth yn costio cymaint, gan gynnwys y bwyd diawledig?
Ydy hi'n anodd byw mewn gwlad lle mae glaw yn disgyn
bob dydd a'r haul ond yn tywynnu am chydig ddyddiau
bob blwyddyn? Ydy'r dosbarth gweithiol yn dal i fod yn
rym ym mywyd Cymru? Ydy brenhines Lloegr byth yn
chwerthin?

Dw i'n gwneud fy ngorau i ateb ac yn gweld Mauro allan
ar y balconi yn edrych tuag ataf bob hyn a hyn gan
chwerthin yn braf. Wrth y bwrdd bwyta mae Paola yn dod i
eistedd wrth f'ymyl ac yn dweud wrth bawb am adael
llonydd imi; wedyn maen nhw'n fy anwybyddu.

Mae pryd o fwyd Eidalaidd yn cynnwys sawl cwrs. Yn
dilyn yr *aperitivo* mae'r *antipasto*, olewydd efallai, a
prosciutto, salami ac yn y blaen. Yna mae'r *primo, pasta* neu
reis neu *bolenta* – unrhyw beth trwm sy'n llenwi. Wedyn ceir

y prif gwrs, y *secondo*, cig neu bysgodyn fel rheol, ac yna gwrs salad neu lysiau, caws, efallai mwy o gigoedd tebyg i'r *antipasto*, wedyn ffrwythau, ac yna'r pwdin yn cael ei ddilyn gan goffi a diod gryfach, fel *grappa* neu *amaro* neu frandi neu rywbeth tebyg.

Ond un o hoff gyrsiau'r Eidalwyr yw cwrs y ddadl. Yr hyn sy'n gwahaniaethu'r cwrs hwn oddi wrth y cyrsiau eraill yw y gall ddigwydd unrhyw adeg yn ystod y pryd, ac yn aml bydd yn parhau drwy'r cyrsiau i gyd; weithiau am un cwrs yn unig y bydd yn para, bryd arall bydd yn digwydd rhwng cyrsiau, pan fo cegau'n segur. Weithiau ceir ffit o weiddi, bryd arall dewisir anghytuno er mwyn pigo ffeit. Yn union fel cwrs arall a all gynnwys cig neu bysgodyn neu gyw iâr, mae'r cwrs arbennig yma'n gallu cynnwys pob math o bethau. Dadl am fwyd (faint o halen oedd yn y dŵr, pryd wnes di ychwanegu'r rhosmari, y *parmigiano* neu'r *pecorino*, ydy garlleg a nionyn yn cyd-fynd); am wleidyddiaeth; am bêl-droed (Roma neu Lazio, pwy ydy'r cryfa, pwy oedd y cryfa erioed, pam ei fod o/nad ydy o'n chwarae, mae'r dyfarnwr yn ochri efo nhw, mae gan y papurau newydd ragfarn yn ein herbyn); ac am unrhyw beth arall all fod ar feddwl pobl sy'n arddel dwy farn wahanol. Mae hyn i gyd yn digwydd pan fo cegau'n llawn bwyd, ffyrc yn chwifio, bysedd yn pwyntio, dyrnau'n taro'r bwrdd, dwylo'n gafael mewn pobl i hawlio sylw, a rhywun yn codi o'i sedd ac yn mynd at y person sy'n anghytuno ag ef. Does neb yn newid ei feddwl, neb yn ildio, dim un yn derbyn dadl y llall neu'n cyfaddef ei fod yn anghywir, ac mae pawb yn gwylltio ac yn gweiddi ac yn pwdu ac yn chwerthin ac yn bwyta, oll o fewn deng munud yn aml iawn, gyda'r teledu ynghynn yn dragwyddol yn y cefndir, wedi cael ei danio ar gyfer pryd teuluol diflas a thawel, yn union fel petasai gan neb ddiawl o ddim byd i ddeud wrth ei gilydd.

Mae dadl yn codi ynglŷn â mewnfudwyr o wledydd Islamaidd sy'n mynnu'r hawl i sefydlu mosgiau. Mae un ewythr yn dadlau na ddylent gael gwneud yr hyn a fynnant yn yr Eidal, a hynny oherwydd pe bai person Catholig yn mynd i wlad Islamaidd byddai'n rhaid iddo ildio i grefydd y bobl leol. Fyddai dim hawl ganddɔ i gyhoeddi ei grefydd heb sôn am ei hymarfer yn agored.

''Tasan ni'n mynd yno, byddai'n rhaid inni fyw fel Moslemiaid, a pheidio ag yfed gwin, a'n merched yn gorfod gwisgo lliain am eu pennau a phob math o bethau felly. Ond eto maen nhw'n dod yma ac maen nhw isio gneud yn union fel fynnan nhw, fel 'tasan nhw adra. Wel, dw i'n deud, os ydyn nhw isio dod yma, yna rhaid iddyn nhw fyw fel 'dan ni'n byw, a pharchu ein ffyrdd a'n diwylliant ni. Dyna fysa rhaid i ni neud yno.'

Mae un o'r genod ifanc yn cytuno hefo fo: 'Ac ar ben hynny, dydy'r gwledydd sy'n cynnal Moslemiaeth, neu Islam, neu beth bynnag t'isio'i alw fo, ddim hyd yn oed yn wledydd democrataidd!'

Yna mae un o'r hogiau sydd wedi bod yn gymharol ddistaw hyd yn hyn yn torri ar draws ac yn chwerthin.

'Ia, ond wyt ti'n gwbod,' ac mae'n cyfeirio ei eiriau at yr eneth, 'fod yr Unol Daleithiau, ar ddiwedd y 19eg ganrif, wedi sefydlu polisi cryf iawn yn erbyn mewnfudo, a hynny am yr un rheswm yn union? Doedd Catholigion ac Iddewon ddim yn perthyn i wledydd democrataidd yn ôl yr Americaniaid, ac felly doedd 'na ddim lle iddyn nhw yno.'

Mae'r ddadl ar fin ffrwydro a'r lleisiau yn cychwyn codi a dw i'n cau fy ngheg, ond yna mae'r fodryb yn cerdded i mewn o'r gegin gydag un o ddysglau'r *secondo* a'i gosod yn

161

union o 'mlaen ar y bwrdd. Dw i'n edrych ar y plât ac yn gweld tameidiau amwys o gig. Yna dw i'n sylweddoli mai pennau defaid wedi eu ffrio sydd wedi eu rhoi ger fy mron. Ni wn lle i ddechrau.

'A!' medd yr ewythr wrtha i, 'mae 'na un i chdi. Dw i am gymyd un – mae hwn yn ffefryn gen i,' a chan wenu'n ddistaw mae'n dweud, 'fe gewch chi ymladd am y gweddill!'

Am eiliad hir dw i'n syllu'n fud ar y ddysgl. Dw i'n gweld bod yna dri phen, pob un wedi'i dorri yn ei hanner o ganol y talcen at yr ên, fel bod chwe tamaid. Dw i'n gwybod bod yna naw o bobl o amgylch y bwrdd, ac mae'n fy nharo'n sydyn fod hyn yn anrhydedd, a minnau'n cael blaenoriaeth ar bawb arall. Mae'r fodryb wedi dod â dwy ddysgl arall at y bwrdd, stêc ar y naill a selsig trwchus mewn môr o olew ar y llall. Yna mae hi'n dychwelyd efo tatws wedi'u stwnsio a *cicoria*, math arall o sbinaits, wedi'i ffrio mewn olew gyda phupur coch drosto. Dw i'n edrych eto ar y pennau defaid, y llygaid llwydaidd fel peli yn eu tyllau. *'Grazie,'* cyhoeddaf wrth ddal fy mhlât i'r ewythr ei lwytho â'r hanner pen, â gwên hael ar ei wyneb.

Yn ffodus, dw i'n un sy'n bwyta popeth. Yn Sardegna unwaith, es i dŷ ffrind lle'r oedd ei fam wedi paratoi un o'r prydau gorau i mi ei flasu erioed: ar ôl bwyta cig mochyn ifanc wedi'i rostio, cawsom ei ysgyfaint wedi'u ffrio mewn olew.

Rai blynyddoedd wedyn, bûm yn rhannu tŷ gyda myfyrwyr yn nhref ddiwydiannol Mulhouse yn Alsás. Mae Mulhouse yn draddodiadol wedi denu llawer o bobl o bob rhan o Ffrainc a thu hwnt i chwilio am waith. Mae'r brifysgol hefyd yn arbenigo mewn astudiaethau ar ddefnyddiau: dau reswm dros bresenoldeb sylweddol poblogaeth yn hanu'n wreiddiol o Ogledd Affrica. Roedd y rhan fwyaf o'r stafelloedd yn y brifysgol yn llawn o ddynion ifanc o Foroco, rhai o Algeria, un neu ddau o Diwnisia ac ambell un o Dwrci.

Heblaw amdanyn nhw, roedd yna Ffrancwyr – ond roedd y rhan fwyaf o'r myfyrwyr Ffrengig yn byw gartref gyda'u teuluoedd – a chriw o fyfyrwyr o dramor, y rhan fwyaf o'r rhain yn ferched ifanc o Iwerddon. Roedd gan yr hogiau o Foroco ddiddordeb amlwg yn y genod yma, ac roedd eu ffyrdd gorllewinol anghyffredin ac agored yn agoriad llygad ac yn achos cynnwrf iddyn nhw. Am ryw reswm, fe benderfynon nhw fy nerbyn i fel ffrind, a chyn hir roeddwn i – a'r merched Gwyddelig, wrth gwrs – yn cael gwahoddiad i'w partïon, lle byddai rhai ohonyn nhw'n sbio'n ddigri arnom ni'n mynd yn chwil, ac eraill yn cymryd y cam annoeth braidd o symud dros nos o de mintys i gwrw *Kronenbourg*, weithiau â chanlyniadau dychrynllyd.

Cyn hir, daeth adeg Ramadan. Golygai hyn ddwsinau o Arabiaid yn eistedd o gwmpas byrddau neu'n sefyll o amgylch sosbenni a phoptai yn gweiddi ar ei gilydd tan fachlud haul cyn iddynt gael blasu a llenwi eu boliau â'r cawl a'r danteithion oedd wedi'u paratoi ar eu cyfer. Fel un o'r rhai heb ddim i'w wneud yn ystod y dydd, cefais wahoddiad i ddod i setlo dadl ryw brynhawn.

Dringais y grisiau at yr ail lawr lle'r oedd tua dwsin o'r hogiau yn gweiddi ar ei gilydd mewn Arabeg. Roedd un ohonyn nhw, Youssef, yn sefyll wrth glamp o sosban oedd yn berwi ar y stof, ac esboniodd wrthyf fod rhai o'i ffrindiau o'r farn nad oedd digon o halen yn y cawl, a'i fod o ac eraill yn anghytuno. A fyswn i'n ddigon caredig i flasu'r cawl i weld os oedd yna ddigon o halen ynddo ai peidio? 'Allwch chi ddim hyd yn oed ei flasu o, felly?' gofynnais. 'Ei flasu o?'

dywedodd Youssef. 'Dw i bron â marw isio sigarét, ac alla i ddim hyd yn oed cael un o'r rheiny!'

Roedd y cawl yn dda, ac ar ôl tair llond llwyad dywedais hynny wrthyn nhw. Fe aeth hi'n ffrae eto, ond penderfynwyd bod llais o'r tu allan yn ddigon i selio'r ddadl, ac fel arwydd o'u gwerthfawrogiad dyma fy ngwahodd i fwyta hefo nhw'r noson honno. Roedd coridorau'r adeiladau wedi bod yn fwrlwm o sŵn a phobl ers dyddiau, ac arogl bwyd anghyffredin yn nofio o dan ddrysau'r stafelloedd lle'r oedd y rhai mwy bydol yn eu mysg yn yfed a smocio'n braf bob awr o'r dydd. Roeddwn i'n falch o'r gwahoddiad a rywsut aeth hyn yn arferiad ac yn gyfrwng hwylus i mi lenwi 'mol gydol y dydd a'r nos.

Pan ddaeth cyfnod Ramadan i ben, dyma ddau o'r hogiau yn cnocio ar fy nrws a gofyn imi eu dilyn nhw i stafell un o'r hogiau eraill. Rhoddodd yntau lwy de yn fy llaw wrth imi gyrraedd y drws. Trodd a phlygu at fwced godro â lliain drosto oedd wedi'i osod yng nghanol y llawr. Tynnodd y lliain i ffwrdd a dywedodd wrthyf am ddewis pa bynnag ddarn roeddwn i isio ei fwyta. Edrychais i mewn i'r bwced a gweld pen dafad wedi'i ferwi – yn wyn ac yn llwyd ac yn lân – ac wedi'i dorri i lawr y canol yn ddau hanner perffaith, yr ymennydd a'r tafod wedi eu torri yn eu hanner, y llygaid yn gorwedd yn eu tyllau a chig y bochau yn llenwi asgwrn yr wyneb. Edrychais ar y bwced ac ar y llwy yn fy llaw, ac ar y tri ffrind a edrychai arnaf gan hanner gwenu. Doedd y pen ddim wedi'i gyffwrdd, ac roedd gan un o'r hogiau lwy yn ei law yntau hefyd, a rhyw olwg led-ddiamynedd yn ei lygaid. Roedd y llygaid allan ohoni; roeddwn i'n gwybod fy mod i'n hoffi ymennydd – mae'n saig arbennig yn Alsás – ond roeddwn wedi arfer ei gael gyda saws a gwin i'w olchi i lawr; roedd y bochau yn rhy ryfedd imi, ac felly gafaelais yn dynn yn y llwy a'i chladdu yn yr hanner tafod. Ar ôl ei rhoi yn fy ngheg, codais fy mhen i weld y tri yn dal i sbio arnaf i wrth imi gnoi yn ara deg, ac ar ôl imi lyncu'r cig dyma nhw i gyd yn chwerthin a 'nghuro ar fy nghefn a llamu ymlaen i blannu eu llwyau ym mhob rhan giglyd o ben y ddafad druan.

Y tro hwn mae'r ymennydd a'r tafod yn absennol ac felly mae gen i gig y foch ac un llygad i'w bwyta. Dw i'n gadael y llygad tan y diwedd, ac yn ei roi yn fy ngheg gyda 'ngwddw a'm llygaid yn hanner cau, ac wrth i'r cig meddal ond creisionllyd lithro i lawr fy ngwddw, fel rhyw wystrysen wedi'i hanner rhewi a heb ddadmer yn llwyr, dw i'n estyn am fy ngwydr ac yn arllwys llond glasiad o win i lawr fy nghorn gwddw. Dw i'n hoffi pennau defaid, dw i'n hoff o'u ymennydd a'u tafodau a hyd yn oed o sugno'r cig allan o'u bochau; ond dydw i ddim yn or-hoff o'u llygaid. Ar ôl llyncu dw i'n estyn am un o'r dysglau eraill ac yn claddu stêc gyda thatws wedi'u stwnsio.

* * *

Cafodd Via Marmorata yn Testaccio ei henw o'r siopau a'r gweithdai marmor a safai yma yn oes y Rhufeiniaid. Heddiw, mae'n fan cyfarfod i bobl o Ddwyrain Ewrop – Rwsia, yr Wcrain, Lithwania a Gwlad Pwyl. Maen nhw'n dod yma i chwilio am waith rhad, gwaith nad ydy Eidalwyr eisiau ei wneud, yn ddi-dreth ac anghyfreithlon. Maen nhw hefyd yn ymgasglu yn y parc o dan y coed, neu yn yr orsaf *metropolitana* yn Piramide, ac mae ganddynt bob amser botel o gwrw neu fodca yn eu meddiant.

Fe'u nodweddir gan wisgoedd di-nod, eu hwynebau sgwâr a chaled yn dod yn fyw yn ddisymwth ac yn f'atgoffa o'r adeg pan fûm yn byw yn eu mysg. Mae ôl eu bywydau ar eu hwynebau. Mae hyn yn eu gwahaniaethu oddi wrth y mwyafrif o'r Eidalwyr modern yn y ddinas, sy'n boenus o ymwybodol o beryglon goryfed, gorfwyta a pheidio â chadw'n heini.

Ond mae'r dwyreinwyr yn gwisgo dillad henffasiwn, ac yn meddwl dim am y peth. Yn eu tlodi a'u pellter gorfodol o'u cartrefi maen nhw i'w gweld yn rhydd. Mae cyplau ifanc a hen yn dal dwylo ac yn chwerthin wrth gerdded. Maen nhw'n ymddangos yn hapusach a mwy hamddenol na rhai o'r Eidalwyr, yn debycach i blant rywsut.

15

Heddiw bûm yn dysgu dau foi nad wyf fel rheol yn eu dysgu, ond mae un o'r athrawesau Americanaidd yn wael a gofynnwyd imi lenwi bwlch. Fel arfer, pan fo hynny'n digwydd, mae'r ysgrifenyddesau neu un o'r athrawon eraill sydd wedi dysgu'r person o'r blaen yn dweud gair neu ddau ynglŷn â'r cymeriad. Hynny yw, ydy hi'n glên, yn olygus, yn ddiddorol, neu ydy o'n ddiawl blin, neu'n hwyliog, neu'n anodd onid amhosib ei blesio ac yn y blaen. Mae fy ngwers gyntaf yn yr ysgol gyda boi ifanc nad yw'n poeni am ddim ond ei gar a'i ddillad. Does yna neb eisiau ei ddysgu.

Cerddais i mewn a gweld hogyn ysgol ifanc dwy ar bymtheg oed, ac ar ôl iddo ddweud wrtha i ei fod yn casáu popeth oedd yn cael ei ddweud wrtho fo yn yr ysgol, gwelais mai'r unig bosibilrwydd o gael rhyw lun ar wers oedd inni fynd yn ein blaenau gyda'r ymarferion. Ar ôl deng munud o ddarllen yn uchel, ei ddwylo yn ffidlan hefo llewys ei grys a'r sbectol haul ar ei ben, ei lygaid yn syllu ar ei ffôn symudol i weld a oedd o wedi derbyn neges a'i feddwl yn hedfan allan drwy'r ffenest, caeodd ei lyfr yn glep a dweud nad oedd am barhau hefo'r wers os mai hynny oeddan ni am ei wneud am dri chwarter awr.

'Pam wyt ti yma, 'ta?' gofynnais, yn Saesneg, er fy mod i eisoes yn gwybod yr ateb.

'Am fod fy rhieni isio imi ddod, pam arall?' atebodd yntau, yn Eidaleg.

'Pam maen nhw isio iti ddod yma?' gofynnais, eto yn Saesneg.

'Am nad ydw i'n cael marciau da yn Saesneg yn yr ysgol ac maen nhw'n meddwl bod Saesneg yn bwysig,' atebodd, yn Eidaleg unwaith eto. Oedais am eiliad.

'Be' wyt ti isio'i wneud yma yn ystod y wers, felly?' gofynnais, yn Eidaleg y tro hwn.

'Dim ond siarad,' dywedodd. 'Ti'n hoffi cerddoriaeth?'

'Ydw,' atebais. *'Parlami della musica. Ma in inglese,'* medda fi.

Yna dechreuodd siarad mewn Eidaleg am fandiau a mathau o gerddoriaeth, nes imi ei stopio a dweud wrtho nad oedd ots gen i beth oedd o am ei drafod yn y wers, ar yr amod ei fod o'n siarad Saesneg. Ochneidiodd a dechrau protestio ond yna gwelodd mai hon oedd yr unig ffordd iddo gael gwers lai diflas – a dwi'n sicr mai'r ffordd orau o ddysgu unrhyw iaith ydy drwy eistedd a malu awyr mewn tŷ tafarn, felly roedd hyn yn fy siwtio innau hefyd. Trodd i'r Saesneg a siarad am glybiau oedd yn swnio'n anhygoel o anniddorol imi, lle byddai'n mynd – ar ôl parcio ei gar – gyda'i ffrindiau i ddawnsio, gwrando ar gerddoriaeth a chwilio am ferched. Parablodd yn ddi-dor am ryw ugain munud a daeth diwedd y wers heb i mi orfod gwneud dim heblaw gwrando ar ei straeon am ddillad a cheir a bandiau nad oeddwn erioed wedi clywed amdanyn nhw o'r blaen. Cododd o'i gadair a rhoi ei siaced amdano a cherdded allan o'r ystafell a'r olwg ar ei wyneb gyda'r ddiflasa a welais erioed. Ysgydwais fy mhen a sbio ar y cloc: rŵan roedd hi'n amser imi fynd i weld y boi Domenico rwbath yma yn ei swyddfa, tua chwarter awr i fyny'r Via Cristoforo Colombo. Rhoddodd yr ysgrifenyddes ei ffeil imi, gwelais ei fod o safon ganolig, ac es i'w gyfarfod.

Yn y dderbynfa, cefais fy nghyfeirio gan ferch ifanc i'r trydydd llawr, ac ar ben y grisiau roedd ysgrifenyddes arall yn eistedd y tu ôl i ddesg yn siarad ar y ffôn. Heb roi'r ffôn i lawr, amneidiodd arnaf i fynd i'r drws cyntaf ar y chwith.

Yno roedd dyn mewn siwt yn eistedd gyda'i gefn at y drws yn smocio sigarét.

'Mr Magni?'

'*Sì? Sorry, yes*?' medda fo wrth droi rownd a gwenu arnaf. Gwelais ddyn ifanc, chydig hŷn na fi efallai, fel rhywbeth allan o gylchgrawn, yn ŵr ifanc, Eidalaidd llwyddiannus nodweddiadol wedi'i wisgo yn y dilladau o'r siopau iawn, ei wallt – er ei fod yn pallu chydig bach ar ei dalcen – yn berffaith ac yn gywir, a llythrennau ei enw, DM, wedi'u brodio ar ei grys o dan boced ei frest. Mae Domenico yn gweithio mewn swydd dda mewn cwmni yswiriant Americanaidd ariannog, ac mae'n dangos.

'*I'm Dafydd. I'm your teacher today.*'

'*Ah, very good. How are you?*'

'*I'm well thank you, and you?*'

'*Ah, OK. I don't want to do lesson today.*'

'*Right . . . I see . . .* ' medda fi, gan feddwl 'dyma ni eto'. '*What do you usually do in your lessons?*'

'*Ah . . . we do the book, you know . . . not very interesting. We can do something different today, no?*'

'*OK,*' dywedais i, '*like what, then?*' Y broblem ydy pan wyt ti'n dysgu rhywbeth nad oes gen ti ddim cariad tuag ato, ar ôl cyfnod dwyt ti ddim yn poeni os ydyn nhw'n dysgu rhywbeth ai peidio. Dw i wedi bod yn gwneud hyn am ormod o amser rŵan ac mae o wedi mynd fel job tu ôl i far imi: lle bynnag ei di, os wyt ti am deithio a chael hyd i waith yn hawdd, yna mae dysgu Saesneg gystal ag unrhyw beth. Ond i mi, dyna i gyd ydy o erbyn hyn. Amser newid, dw i'n meddwl.

'*I tell you story, yes? Do you like story?*' gofynnodd.

'*Yes, very much.*'

'*OK, I tell you a good story about a time when I go to London.*'

Ac i ffwrdd â fo. Ac felly, â mwg sigarét Domenico, yr *yuppie,* yn llenwi'r ystafell, eisteddais a gwrando ar ei hanes yn mynd i Loegr, a'i ffrind cyfoethog o Singapore yn edrych ar ei ôl.

Doedd o ddim isio mynd i Lundain i ddysgu Saesneg, ac roedd arno gywilydd na fuasai ganddo gymaint o arian â'r lleill, am fod ei rieni yn rhy dlawd mewn gwirionedd i'w yrru o i awyrgylch o'r fath, ac i ysgol gystal yn Llundain, er bod ei fam yn un o'r rheiny oedd wastad yn gwneud ei gorau i wneud i sefyllfa ariannol y teulu ymddangos yn llawer gwell nag oedd hi.

Y noson gyntaf yn Llundain, aeth i siarad hefo hogyn o Sawdi Arabia ym mar y coleg lle'r oeddan nhw i gyd yn aros, a threuliodd y noson yn yfed yn araf er mwyn peidio gorfod gofyn yn rhy aml i'r gweinydd am ddiod. Bu'n gwrando ar y boi Sawdi yn siarad am olew ac am betrol a'r tywysogion roedd yn eu hadnabod yn ôl yn ei gartref. Wedi'i ddigalonni'n llwyr, a chan hiraethu am ei fam, aeth yn ôl i'w stafell. Ddau funud yn ddiweddarach clywodd leisiau yn y coridor tu allan a chnoc ar y drws. Agorodd a gweld hogyn Asiaidd chwil yn sefyll yno.

'You are Italian?' gofynnodd yr hogyn iddo, a phan gafodd ateb, gafaelodd ynddo, gan ddweud ei fod yn cael gwahoddiad i barti mewn gwesty – *'because this boy, he like Italians'* – a bod limwsîn yn disgwyl tu allan. Bum munud yn ddiweddarach roedd o, boi o Singapore a oedd yn mynd i'r un ysgol i ddysgu Saesneg ond yn aros mewn gwesty drud mewn ardal ddrud o Lundain, tair geneth brydferth o Sbaen, un Eidales ac un bachgen o Golwmbia yn gwibio drwy Lundain yn y nos mewn limwsîn hir du, yn yfed *champagne,* yn gwrando ar y *Rolling Stones,* y ffenestri i lawr, y merched yn chwerthin ac wedi yfed gormod, a'r sigârs o

Giwba yn cael eu pasio o amgylch.

Aethon nhw i westy'r hogyn o Singapore, lle'r yfon nhw chwaneg o *champagne* cyn iddyn nhw i gyd syrthio i'r llawr a chysgu lle bynnag roedd yna le tan ganol y prynhawn y diwrnod wedyn.

'*Now I start to enjoy London,*' dywedodd Domenico wrtha i. Ac yna adroddodd fel roedd ei ffrind o Singapore wedi esbonio wrtho fel yr oedd o mewn cariad gydag un o'r genod o Sbaen, a'i fod o mewn penbleth am beth i'w wneud ynglŷn â'r peth, gan boeni fod pawb yn ffrindiau hefo fo am ei fod yn gyfoethog ac yn talu am y tacsis a'r prydau a'r diodydd i bawb. Yna roedd Domenico wedi ceisio gadael, gan ei bod yn amser swper yn ôl yn yr ysgol, ond mynnodd ei fêt ei fod yn aros a bwyta hefo fo. Yn y diwedd cytunodd, ac ni chafodd dalu am unrhyw beth y diwrnod hwnnw nac am weddill ei amser yn Lloegr. Talodd ei ffrind am bopeth, pob pryd, pob diod, hyd yn oed am dorri ei wallt mewn steil '*inglese*', beth bynnag oedd hynny.

Cafodd y truan o Singapore erioed ei hogan, er iddo brynu dillad ac anrhegion iddi. '*In fact, you know, I start to fall in love with her myself. I mean, he give her beautiful things, beautiful clothes, he pay everything for her, and she no want him. She like him, yes, very much, but not like he wanted her to like him, you know how I mean? So many women, they see rich man, and they go to bed, they start relationship, you know. I mean, it's easy, no? But she refuse. It mean nothing for her. She knew it was no love, and she was beautiful.*'

'*Did you not try to go out with her yourself?*' gofynnais.

'*No! No, I can not. He pay always for everything for me, for us, it was not correct for me to do that. How you say in English, approffitarsi?*'

'*To take advantage.*'

'Ah. To do that was to take an avantage of him. Anyway, he was more in love than me.'

Ac yna fe ddywedodd wrtha i sut roedd ei ffrind, wrth iddyn nhw ffarwelio yn Llundain, wedi nodi'i gyfeiriad yn Rhufain a gofyn iddo ystyried dod i Singapore i weithio yng nghwmni rhyngwladol ei dad. Ychydig wythnosau'n ddiweddarach, cafodd Domenico neges ganddo yn dweud bod ei dad wedi cytuno i roi gwaith iddo fel pennaeth adran yn eu cangen yn Singapore. Fe fyddai Domenico wedi cael fflat yng nghanol y ddinas, car â gyrrwr, cyflog ymysg y gorau yn y ddinas, merched a bywyd braf tu hwnt i'w ddychymyg. Gwrthododd y swydd.

'And why?' gofynnais.

'You know Italian mothers, yes? Your mother is Italian, no?'

'No, my mother is Welsh, but, yes, I know Italian mothers.'

'Then, as half Italian, you can understand. My mother didn't like. Singapore was too far from my mother.'

Taniodd sigarét arall.

'Did you hear from him again?'

'No. Never.' Oedodd am eiliad ac yna: *'But I had the telephone number of the Spanish girl. I telephone once, but she no telephone back. For a long time every time I think of Spain, I think of her.'*

'What was her name?'

'Her name? Her name was Juani.' Tynnodd eto ar ei sigarét. *'Maybe one day, I will go to Spain. Or Singapore!'* Chwarddodd yn uchel. Yna ychwanegodd: *'Thank you. Today was a good lesson.'*

*   *   *

Bore 'ma, pan godais a chael brecwast, roedd yr haul yn

tywynnu ar y balconi a'r awel yn fwyn. Erbyn prynhawn 'ma roedd y cymylau wedi cau am awyr y ddinas a bwcedi o ddŵr yn cael eu taflu dros y strydoedd a'r cerddwyr. Rŵan dw i'n ymochel o dan sgaffaldiau ar Via Cavour gyda Fabrizio, myfyriwr imi oedd yn pasio ar ei foto-beic yr union funud roedd yr awyr yn torri a minnau wedi rhedeg yno i osgoi'r glaw.

Mae dwy eneth yn dod i ymochel yn yr un lle â ni, ac wrth iddyn nhw ddechrau siarad Saesneg mae brawddegau o Saesneg toredig tu hwnt yn ffrydio o enau Fabrizio.Ymwelwyr ydyn nhw, ac wrth i Fabrizio roi pwniad i mi i geisio 'nghymell i ddangos diddordeb, maen nhw'n dechrau meddwl mai gwallgofddyn yw'r Eidalwr bach o'u blaen sy'n paldaruo yn annealladwy ym mhob iaith dan haul, y glaw a'i helmed wedi weldio ei wallt yn dynn am ei ben. Mae Fabrizio wedi bod yn Sweden, yr Iseldiroedd, Ffrainc, Sbaen a Kuwait, ac yn sicr o'i allu i gyfathrebu mewn sawl iaith. Does ganddynt fawr o ddiddordeb, a barnu oddi wrth eu hysfa i gamu'n ôl i mewn i'r glaw.

'Pam na wnest ti fy helpu i, y diawl?' meddai yntau ar ôl iddyn nhw fynd.

'Wel, roeddwn i'n meddwl dy fod ti'n gneud job go dda ohoni ar dy ben dy hun. Doeddwn i ddim isio difetha dy gyfle di, nac oeddwn?'

'Ia, wel, doeddan nhw ddim y delia, nac oeddan? 'Ta waeth, dw i am ei mentro hi yn y glaw 'ma, neu yma fydda i. *Ciao.*' Ac i ffwrdd â fo yn ôl at ei feic. Dw i'n ei wylio yn sychu ei sêt â chadach, yn rhoi'r helmed yn ôl ar ei ben, yn codi ei fys canol ar yrrwr car sy'n tasgu dŵr drosto wrth fynd heibio, yn tanio'r beic ac yn codi ei law wrth ailymuno â llif araf y goleuadau sy'n treiddio drwy'r llwydni a'r gwlyborwch.

Dw i'n rhyw feddwl mynd am lasiad yn y dafarn gerllaw, ond ymhen ychydig mae'r glaw yn ysgafnhau ac, ar ôl imi fentro allan, yn peidio'n gyfan gwbl, a chyn hir mae llygad yr haul yn ymddangos drwy'r cymylau. Mae golwg felynaidd ar y Forum, fel gardd led-wyllt yn gymysgfa o law a llwch, ac wrth ddringo'r allt y tu ôl i'r Campidioglio mae golau disglair y gorllewin yn cryfhau a gwres tyner y prynhawn yn disgyn ar fy wyneb ac ar Marcus Aurelius druan yng nghanol y sgwâr.

Yn y colonnade o flaen y Musei Capitolini mae tywysydd yn rhoi darlith hanesyddol yn Rwseg i griw o fyfyrwyr; mae rhai o'r genod yn brydferth ac yn smocio sigaréts â'u meddyliau ymhell. Mae dau Americanwr enfawr o 'mlaen wrth i mi dalu. Wrth y fynedfa mae yna fuarth, ac ynddo gasgliad o gerfluniau a delwau, y rhan fwyaf ohonyn nhw'n ddarnau ac wedi'u treulio gan amser. Un o'r rhain ydy cerflun enfawr o'r ymerawdwr Constantine: mae'i ben anferth yn gorwedd ar floc o farmor, ei draed fel dwy soffa, a'i law yn ddigon mawr i lenwi stafell.

Roedd y Rhufeiniaid yn rhai am gerfluniau anferthol. Dywedir i'r Colosseum ddwyn ei enw nid o faint anarferol yr adeilad ond o ddelw 120 troedfedd a gododd Nero iddo fo'i hun: y Colossus a safai gerllaw. Wedi i Nero ei ladd ei hun mewn ffermdy y tu allan i Rufain, â cheffylau'r milwyr yn agosáu, gosodwyd delw o'r Brenin Haul yn lle'r ddelw ohono fo ar ben y golofn enfawr.

I fyny'r grisiau mae pen anferthol arall o bres yn sefyll yng nghanol y stafell, a *freschi* a thapestriau yn darlunio digwyddiadau hanesyddol o'i gwmpas. Wedyn dwi'n dod ar draws y *Spinario*, y bachgen yn tynnu draenen o'i droed. Mae'n llawer llai nag oeddwn i wedi'i ddychmygu, ond mae llyfnder y pres a ffurf y cerflun yn drawiadol. Wedi'i greu yng ngwlad Groeg tuag adeg geni Crist, fe'i mabwysiadwyd 'fel symbol Rhufeinig yn crisialu hanes bachgen â draenen yn ei droed a gerddodd filltiroedd er mwyn rhoi neges i'r Rhufeinwyr, heb oedi unwaith ar ei siwrnai.

Yn ymyl mae'r hyn y credir ei fod yn gerflun o ben ac ysgwyddau Brutus. Mae grym, caledi, a thristwch yn yr wyneb. Hwn oedd y gŵr a laddodd ei feibion am iddyn nhw fradychu'r weriniaeth, gymaint oedd ei ffyddlondeb i Rufain, ac a ochrodd â Phompeii yn y rhyfel yn erbyn Cesar, gan ei drywanu â chyllell.

Wedi'r llofruddiaeth, bu'n rhaid iddo ffoi i Macedonia, ac fe'i trechwyd yn Ffilipi gan fyddin Marc Antoni ac Octafian. Mae pwysau ei gyfrifoldeb a'i ffawd i'w gweld yn yr wyneb a'r llygaid. Dw i'n dilyn ei lygaid a gwelaf ei fod yn wynebu'r ffenest agored ac yn edrych allan dros doeau a chromennau Rhufain, sy'n llifo ymlaen yn y glaw islaw. Rhyfedd eu bod wedi ei roi yma, â'r olygfa hon yn dragwyddol o flaen ei lygaid; wedi'i gondemnio i edrych allan dros y ddinas a'i bradychodd ac a'i taflodd i'r naill ochr wrth i olwyn hanes barhau i droi a'i adael ar ôl. Rhwng y blinder a'r tristwch, mae golwg dyn a fyddai'n barod i ladd ei hun arno; ac wrth gwrs, dyna a wnaeth.

Yn nes ymlaen mae stafell sy'n cynnwys y *Lupa Capitolina*, y fleiddast yn rhoi llaeth i'r ddau fachgen. Mae'r cerflun o bres yn deillio o'r bumed ganrif cyn Crist ac wedi'i lunio gan artistiaid o wlad Groeg. Ychwanegwyd y ddau blentyn, Romulus a Remus, yn sugno o'r tethi gan grefftwr o Fflorens yn y bymthegfed ganrif ac ers y cyfnod hwnnw daeth y fleiddast yn symbol o Rufain.

Dw i'n dringo'r grisiau eraill at y llawr uchaf lle mae bar a chyfle am goffi. Mae'r hogan wrth y bar yn rhy brysur yn siarad â dyn ifanc i edrych arnaf wrth baratoi'r coffi. Dw i'n ei lowcio i lawr ac yna'n symud tuag at awyr iach y drysau agored, lle mae teras llydan ac arno fyrddau a chadeiriau gweigion yn y glaw. Dw i'n mynd i gyfeiriad y wal ar ochr y teras ac yn rhoi fy llaw ar y garreg wlyb. Mae'r glaw yn bleserus gynnes. Yn y pellter gwelaf amlinell niwlog San Pietro yn treiddio drwy'r tarth. Mae'r adar yn hedfan yn isel ac yn ddi-sŵn, a thyrau'r ddinas yn ymddangos yn unig ac ar wasgar yn erbyn yr awyr wen, lonydd. Mae craeniau'r adeiladwyr yn llonydd hefyd, a'r mastiau teledu ar fryn Monte Mario yn diflannu i fol y cymylau. Wedi tyfu ar fryniau ac mewn dyffrynnoedd y mae Rhufain, ei hadeiladau wedi blaguro uwchlaw'r iseldir cyn iddynt ymestyn eu gwreiddiau at dir y dyffryn a glannau'r afon. Heddiw mae'r cymylau'n isel a'r glaw yn gorwedd yn y cwm.

Mae fel petasai Rhufain yn plygu ei phen, yn cymryd cam yn ôl ac yn ymadael â'r ddinas am y tro, fel pris y mae'n rhaid ei dalu bob hyn a hyn i'r duw glaw. Yn absenoldeb yr haul a'r golau arferol, mae llonyddwch a heddwch o fath yn teyrnasu, ac efallai fod yr heddwch hwn yn deillio o'r sicrwydd mai rhywbeth ysbeidiol yw'r glaw, a'r duwiau'n gorfod manteisio ar y bwlch yn llenni'r haul, cyn i'r ddinas ailfeddiannu ei hun ac i'r glaw gael ei sugno i wacter yr awyr.

*   *   *

Yn yr haul ffres, clywir sibrydion cyntaf tymhorau mwynach a chadeiriau ar y pafin, gweithwyr a siopwyr, cerddwyr a gwag-symerwyr yn heidio heibio, cymdogion yn rhoi'r byd yn ei le a gyrwyr yn synfyfyrio. Mae'r tram yn cyrraedd Centocelle a dw innau'n dod oddi arno. Dw i'n cerdded i gyfeiriad y bar, lle mae un neu ddau o wynebau cyfarwydd. Mae Gaetano yn fy ngweld yn llygadu ei gacennau ac mae'n f'argymell i gymyd un o'r rhai sydd newydd ddod allan o'r popty. Ar ôl gorffen y coffi a'r gacen dw i'n mynd tua'r clwb, ac ar y ffordd yno yn gweld y Milanese yn gweithio'n brysur tu allan i'w weithdy. Dw i'n dweud helo wrtho fo a chaf *'Ciao'* crug yn ôl heb iddo godi ei ben o'i waith.

'Dan ni'n ddistaw am eiliadau cyn iddo sbio a gweld pwy ydw i, a thaflu ei wallt yn ôl o'i lygaid.

'O. Cefnder Mauro.'

'Come sta?' gofynnaf.

'Dw i'n gneud arwydd i fecanic,' medd yntau wrth droi yn ôl at ei waith.

Mae ganddo ford hir wedi'i gosod ar y pafin llydan, ac mae'r ford yn gorwedd ar ddwy goes blygu. Ar y ford mae bord arall ac ar hon mae'r Milanese yn rhoi ei linellau a'i siapiau. Mae stribedi a llinellau wedi eu marcio mewn pensel ar y cefndir gwyn ac mae o'n lliwio'r ffigyrau sydd ganddo. Mae dau brif lun, un o sgwter gyda dyn ifanc yn gwenu'n llon ar ei gefn, a thu ôl iddo ferch siapus gyda'i gwallt, sy'n araf ddwyn melynder o frws y Milanese, yn llifo yn ôl yn ddiofal o'i phen; mae'r llall yn dangos clamp o foto-beic coch a dyn cyhyrog mewn crys-T a jîns yn ei yrru fel petasai'n reidio tarw.

'E bella, no?' Cymer eiliad imi sylweddoli mai at yr hogan gwallt melyn mae o'n cyfeirio ac nid at y llun.

Dw i'n gwenu ac yn cytuno ei bod yn bisyn a hanner.

'Non bella, esattamente, ma buona, eh?' ychwanega. A *buona* ydy hi hefyd, sef yn 'dda', yn haeddu diddordeb rhywiol yn fwy na gwerthfawrogiad syml o'i hyfrydwch. Chwardda'r Milanese. Pan gyfarfûm ag ef am y tro cyntaf, roedd o'n cyd-

fynd yn berffaith â'r ddelwedd sydd gan rywun o hen ddyn budr yn ei oed a'i amser yn meddwl am ferched ifanc a'r hyn fysa fo'n hoffi ei wneud iddyn nhw. Dw i'n gwybod hefyd ei fod yn ymarfer pan nad oes llawer o waith ganddo drwy dynnu lluniau sydyn o rannau preifat pobl, a'r defnydd a wneir ohonyn nhw.

Mae o'n chwerthin eto ac yn troi tuag ataf a dweud: 'Dw i'n hoff iawn o genod del. Ac o ryw hefyd. Ond cofia di, rhwng yr holl falu cachu mae dynion yn ei wneud am ferched a'u bronnau a'r tamad dirgel yna rhwng eu coesau, does yna ddim byd yn cymharu hefo teimlo gwres dynes yn d'erbyn, teimlo ei chorff yn gynnes yn y gwely wrth d'ymyl wrth iti nofio i mewn ac allan o gwsg yn y nos. Mae dyn angen gwres dynes, mwy na mae o angen ei thin hi. Ond dw i'n licio tin da hefyd, cofia!' ac mae'n chwerthin eto gan ddal ei lygaid i fyny arnaf i, ei frws yn ei law, ei wallt yn ei lygaid a'i gorff wedi hanner plygu dros ei waith wrth iddo dagu chwerthin. Dw i'n chwerthin hefyd, yn arbennig wrth feddwl bod y gŵr yma yn saith-deg-pump oed ac yn edrych yn iach ac yn ffit er gwaetha popeth; mae'n rhaid fod rhywbeth yn ei gadw'n ifanc.

Dw i'n dechrau gofyn iddo faint o waith mae o wedi'i gael yn ddiweddar ac mae o'n newid ei dôn yn sydyn.

'O, dydy pethau ddim cystal ag ers talwm. Tan rai blynyddoedd yn ôl roedd pawb isio gwaith fel yma. Roedd gan bob siop arwydd fel hyn yn y ffenast neu o flaen y siop ac roedd y prisiau yn dda. Ond heddiw does neb yn barod i dalu. Mae'n cymyd oriau imi wneud tamad o waith fel hwn ond dydy pobl ddim yn dallt. Maen nhw'n cael rhyw syniad am bris addas, ac yn disgwyl iti wneud llun iddyn nhw, fel 'tasa fo'n waith dau funud all unrhyw ffŵl ei wneud. Y gwahaniaeth mawr erbyn heddiw ydy cyfrifiaduron. Mae'r bobl yna'n gneud lluniau ar eu peiriannau, yn haws ac yn gynt na phobl fel fi. Maen nhw'n gneud cannoedd ohonyn nhw mewn chydig oriau, yn medru gofyn am lai o arian, ac yn cael y gwaith i gyd. Mae pawb isio gneud bywoliaeth – ond mae hwn yn broffesiwn gwerthfawr. Wedi'r cwbwl, 'dan ni'n gweithio hefo'n dwylo, on'd ydan? Ond elli di ddim cystadlu.'

Mae'n troi yn ôl at ei waith a dw i'n cymryd fod y sgwrs ar ben a'i fod am imi ei adael mewn heddwch, ond wedyn mae'n dweud: 'Fydd hwn i fyny mewn rhai dyddiau. Cofia sbio. Ar y Via Casilina mae o, ar y ffordd i ganol y ddinas; ar y chwith mae yna garej fawr â cheir a sgwteri y tu allan. Edrych amdano fo'r wythnos nesaf.'

Cyn gadael dw i'n gofyn iddo fo os ydy o am ddod i fwyta hefo ni heno.

'Nac ydw, ddim heno. Gofynnodd Marco imi, ond does gen i fawr o awydd mynd i ganol y ddinas. Mae'r tywydd wedi brafio, on'd ydy? Ac mae'n ddistawach yma yn Centocelle.'

Yn y clwb mae Mauro yn chwarae pŵl ac yn colli'n wael, ac mae'n pwyri 'helo' ataf wrth imi fynd heibio. Mae Marco yn ffidlan hefo teclyn rheoli'r teledu gan regi ar bawb ar y sgrîn; wrth ei ymyl mae Maurizio, ei goesau hirion yn ymestyn allan o'i flaen, potel wag o *Peroni* ar y bwrdd wrth ei ymyl a'i lygaid yn denau fel dau welltyn.

'Ciao, Marco.'

'Ciao, Da,' mae o'n ateb cyn mynd yn ôl i regi ar ddyn y newyddion.

Dw i'n dweud 'helo' wrth Maurizio, ac mae o'n gwneud arwydd fel 'tasa fo'n cyffwrdd â chantel het ddychmygol. Dw i'n mynd at y bar, lle mae'r perchnogion Claudio a Mimmo yn sefyll, ac yn cael potel o *Peroni* ganddynt cyn mynd i eistedd wrth y bwrdd yn ymyl Maurizio.

Mae Maurizio yn llanast ac allan ohoni. Mae o wedi cael diwrnod i ffwrdd o'i waith heddiw. Mae Mimmo yn cerdded heibio gan godi un llaw i'w gyfeiriad mewn arwydd o anobaith ac yn dweud wrtha i ei fod o wedi bod wrthi ers ben bore 'ma. Mae Mimmo yn ysgwyd ei ben yn araf wrth gario'i gorff cwta tua'r drws ar ei goesau cam. Yna mae Claudio yn sbio ar Maurizio ac yn fy ngweld i yn edrych, ac mae yntau'n ysgwyd ei ben o un ochr i'r llall. Mae Claudio yn dod o du ôl i'r bar i hanner eistedd ar stôl uchel wrth ein hymyl ni. Mae'n edrych ar Maurizio gyda chymysgedd o anobaith a sarhad, ond dydi hynny ddim yn ei atal rhag gwenu.

Dydw i ddim yn cofio gweld Maurizio cynddrwg erioed. Mae o'n eistedd ar waelod ei gefn, wedi dymchwel arno'i hun yn y gadair blastig fechan, un fraich yn gorwedd ar ffelt gwyrdd bwrdd cardiau a'i fraich arall yn gorwedd yn ddiog a diymadferth ar ei lin. Mae ei gôt fawr felfaréd yn codi o'i amgylch, a'i ben yn sefyll allan fel pelen ar ben polyn hir ei wddw. Mae ei ddwy goes yn ymestyn o'i flaen, fel bod rhaid i bawb sydd isio pasio un ai gamu drostyn nhw neu newid cyfeiriad i osgoi ei ddwy droed anferthol. Mae'n estyn i boced ei gôt ac yn tynnu allan baced o sigaréts, yn cynnau un, ac yn codi at y bar i ofyn i Mimmo am botel.

'O! Dyna ni syniad da, Maurizio! Ti'n gneud rwbath newydd am unwaith, da iawn!' medd Mimmo yn sarhaus wrth agor y botel ar ei gyfer.

'Ia, dyna fo, cyma gwrw arall, yli, neith fyd o les i chdi,' medd Claudio wrth i Maurizio droi yn ôl i eistedd i lawr, heb ddweud yr un gair nag ymateb o gwbl. Mae dirmyg llwyr ar wyneb Marco wrth iddo droi i ffwrdd o'r teledu a gorwedd yn erbyn y bar:

'Yli golwg arnat ti . . . ti'n ddiawledig,' medd Marco. 'Ti'n llanast, ysti, does gen ti ddim cywilydd?'

Mae Claudio yn chwerthin ond dydy Maurizio ddim yn cymryd unrhyw sylw o'r sylwebyddion. Yna mae Claudio yn mynd yn ei flaen mewn tôn fwy difrifol. 'Faint o boteli wyt ti 'di yfad heddiw? Ti 'di cael rhyw saith neu wyth ers i mi fod yma – ac mae'u hanner nhw wedi bod yn Ceres!'

'Ia, dyna'r peth,' mae Marco'n porthi. 'Mae wyth o unrhyw botel yn llawer, ond os ydy o'n yfed Ceres hefyd . . . Ti'n gwbod . . . ylwch ar y diawl.'

Mae un boi sydd wedi bod yn chwarae un o'r gemau gamblo yn rhoi ei law yn ei boced, yn tynnu sbliff allan ac yn mynd am y drws. Mae Maurizio yn gweld hyn ac yn sbio gyda llygaid cwbl effro, a gweiddi: 'Oi! Ti'n mynd am smôc? Gad imi gael tynnu dipyn bach arno fo!' gan godi'n araf o'i gadair, hanner simsanu, hanner nofio at y drws a diflannu.

'O! 'Na fo!' mae Claudio a Marco yn galw arno fo. 'Neith hynna sortio chdi, yli! Cymera joint arall, yn union be' ti angen!'

'Mae o'n mynd yn waeth, ysti,' medd Marco wrtha fi.

'Ers faint o'r gloch mae o 'di bod yn yfad, Mimmo?' yw cwestiwn Claudio.

'Rhyw ddeng munud wedi i mi agor, roedd o yma, isio potel o Ceres. Roedd ganddo ddigon – mae o'n deud – i neud tair sbliff, ac roedd o wedi cael rheiny cyn i bawb ddod yma ar ôl gwaith, 'doedd?'

'Ia, yn cael gwared o'i ganabis yn syth a chyn gynted â phosib, cyn i bawb orffan gwaith a gorfod rhannu, y bastad!' medd Claudio.

'Ia, a rŵan,' mae Marco yn dweud, 'fydd o'n smocio gêr pawb arall trwy'r nos.'

'Ond roedd o wedi bod wrthi yn y bar cyn i fa'ma agor,

'doedd? Ac mi fuo'n istadd yn y Clwb Lazio wedyn,' medd Mimmo.

'Does ganddo fo ddim cywilydd, neith o yfad yn rh'wla, y diawl,' medd Marco.

'Diwrnod o wyliau, myn uffar i, mae'n well iddo gael diwrnod o waith!' medd Claudio.

Mae Mauro yn dod atom ac yn diawlio'i gêm o pŵl: 'Mae'r blydi cigydd 'na mor blydi lwcus – mae ei bêl wen o wastad yn stopio dros y bocad ac yn fy ngadael i mewn snwcer, y diawl! Hei, 'dach chi 'di gweld golwg ar Maurizio? Mae o fel corff. Allan yn fan'na'n smocio. 'Nes i ofyn iddo os oedd ganddo gêr. "Na, dw i 'di 'orffan o i gyd," medda fo. "Oes gen ti rwbath? Dw i'n mynd mewn munud"!!'

Mae pawb yn chwerthin.

'Ddudis i wrtha fo, *vaffanculo!* Mae o o hyd yn mynd mewn munud ac isio un smôc ddiwetha gen ti.'

'Yndi,' medd Mimmo, 'ac yna mae o'n mynd i mewn i'w gar, yn eistedd yna am chydig tan mae pawb yn anghofio amdano fo, ac yna mae o'n ymddangos y tu ôl i chdi, isio diod neu smôc arall, "jyst un cyn gadael"!'

Mae'r drws yn agor a siâp tal a hir Maurizio yn ymddangos, cyn iddo gamu ar draws y llawr ac yn ôl i'w gadair, lle mae ei gwrw yn disgwyl amdano.

'Gwell rŵan?' hola Mauro.

Mae Maurizio yn symud ei ben y mymryn lleiaf, i gydnabod ei fod wedi clywed yn fwy na dim. Yna mae pawb yn cychwyn lladd arno unwaith eto, a'r tro hwn mae o'n gwenu arnaf i fel petai'n dweud y gallan nhw ddweud beth bynnag fynnant, ac na fyddai'n gwneud dim gwahaniaeth iddo fo, bron fel 'tasa ganddo atebion o fri iddyn nhw i gyd ond nad ydy o ddim am gael ei dynnu i mewn i'r ddadl. Yna mae yntau'n ysgwyd ei ben o un ochr i'r llall mewn arwydd o anobaith gyda'r rhai sydd o'i amgylch: y tro hwn dw i'n chwerthin hefo fo.

''Ta waeth,' medd Marco. Does neb isio bwyd yma?'

'Oes, fi,' dw i'n ateb. 'Lle'r awn ni?'

'Trastevere?'

'Iawn. Mauro? *Pizza?*'

'Ia, ond pwy sy'n gyrru?'

'O, alla i ddim, ti'n gwbod hynna, Mauro,' medd Marco. 'Dydy'n injan i ddim yn dda yng nghanol y traffig.'

'Blydi hel, 'dan ni o hyd yn gorfod mynd yn fy nghar i, pam . . . '

'Iawn, OK, 'na'i ddreifio os 'na fel . . . '

'Naci. '

Ac i ffwrdd â'r ddau gan ddadlau. Mae Maurizio yn dechrau gwenu ac ysgwyd ei ben eto cyn troi ataf i: 'Ac maen nhw'n meddwl 'mod i'n rhyfedd. Yli'r ddau yna, fel dwy hen wraig.' Mae'n codi ac yn mynd allan eto. Ddeng munud wedyn, wrth inni gerdded at gar Mauro, mae Maurizio yn eistedd ar ochr y pafin gyda bachgen iau sy'n smocio. Cyn cau drws y car, dw i'n clywed: 'Paid â phoeni, dw i ddim ond isio un mwgyn bach – dw i'n mynd adra i gael swpar mewn munud. Mae Mam wedi gneud *lasagne* . . . '

Ar y ffordd i ganol y ddinas dw i'n gofyn i Mauro am y Milanese, pwy ydy o, pam ddaeth o yma?

'Ddoth o o Milan ar Ddydd Calan yn mil naw pumdeg rwbath – meddylia, pwy ddiawl sy'n gadael ei gartra i fynd i fyw i rywle newydd ar y cyntaf o Ionawr, ond dyna'r Milanese iti – a does neb yn gwbod dim amdano fo: oes gynno fo deulu, gwraig? Dim byd. A dydy o ddim yn siarad am y peth chwaith.'

'Dan ni'n cyrraedd canol y ddinas ac mae Mauro yn

cymryd troad anghywir a 'dan ni'n ffeindio ein hunain wrth Santa Maria Maggiore. Rywsut mae hyn yn golygu bod cystal inni fynd am beint. Felly 'dan ni'n gadael y car yn Via Leonina ac yn mynd i'r *Finnegan's*, a phwy sydd yn sefyll wrth y bar ond Duncan.

'*Hey! Look at this, boys, it's the Taffia arriving! Come va?*'

'*Ciao* Duncan!' medd Mauro a Marco. Dw i'n mynd i gael diod inni ac yn gweld Duncan yn rhuthro i orffen ei beint wrth edrych arnaf i yn cael y peintiau i mewn. *Do you want a pint, Duncan?*'

'*Well, thank you, I won't say no.*'

'Dan ni'n yfed ein cwrw ac mae Duncan isio bwyd hefyd ac felly'n gadael hefo ni. Ar ôl cryn chwilio 'dan ni'n dod o hyd i le parcio wrth yr afon. Mae'r tywydd cynhesach wedi hebrwng pawb allan o'u tai, ac mae Trastevere yn byrlymu. 'Dan ni'n mynd i *bizzeria* ar Viale Trastevere, yn cael bwrdd ac yn archebu'r dŵr a'r litr o win gwyn arferol. Daw'r gweinydd oedrannus â diod, a 'dan ni'n archebu gormod o fwyd i ni ac ychwaneg o win.

Mae Mauro a Marco yn adnabod Duncan yn dda, ac yn gwybod bod gan Albanwyr enw am fod yn gynnil hefo'u pres a'i fod o'n gefnogwr Lazio. Mae hyn yn rhoi mwy na digon o arfau iddyn nhw, â Duncan yn ei chael hi'n drwm. Ond mae digon o geg ganddo fo ac mae'n dal ei dir, er nad oes ganddo bres i dalu am ei bryd ei hun heno, ac er bod Lazio yn cael trafferth i amddiffyn y bencampwriaeth enillon nhw'r flwyddyn ddiwethaf.

'Dim ots am bêl-droed, beth am rygbi?'

'O! 'Dan ni'm yn malio dim am rygbi yn yr Eidal,' medd Marco.

'Pobl sydd ddim yn gall sy'n chwarae rygbi – fel chi a'r Cymry 'ma,' medd Mauro.

'Pryd maen nhw'n dod, Dafydd?' hola Duncan.

'Mewn tua mis.'

'Meddylia,' medd Mauro, 'bydd Rhufain yn llawn meddwon yn canu!'

Mae'r gweinydd yn edrych arnan ni i gyd ac yn holi Duncan o ble mae o'n dod. Mae Duncan yn sticio ei frest allan yn falch i ddangos y groes wen sydd ar ei grys glas.

'O'r carchar, ie?' yw ymateb yr henwr.

'No! Scozia!'

'E tu?' wrtha i.

'Dal Galles.'

'O! Roeddwn i wedi clywed Saesneg ganddoch chi. Fues i'n byw yn Glasgow.'

Mae Duncan wrth ei fodd rŵan, a 'dan ni'n cael hanes bywyd y gweinydd yn yr Alban. Roedd cefnder iddo wedi bod yn garcharor yno yn ystod y rhyfel, wedi dod yn ôl i'r Eidal, ond yna wedi penderfynu dychwelyd i'r Alban – 'Rhywbeth i'w wneud hefo merch yno, dw i'n amau' – ac wedi dod o hyd i waith ar fferm ar gyrion Stirling. Ar ôl chydig, penderfynodd symud i'r ddinas ac aeth i Glasgow, lle'r oedd llawer o Eidalwyr a'u teuluoedd wedi ymsefydlu. Cafodd waith mewn caffi yn gwerthu hufen iâ, a phan fu farw'r hen ŵr oedd piau'r busnes, priododd y ferch a rhedeg y busnes. Ar ôl hynny cafodd y gweinydd, a oedd yr adeg honno yn ddyn ifanc, gynnig gwaith gan ei gefnder: 'Arhosais yno am dair blynedd ond bu'n rhaid imi adael yn y diwedd, roedd gen i hiraeth am Rufain. Ond mi wna i gofio'r Albanwyr am byth: pobl glên iawn, o leia yn Glasgow. Ond, Duw, roedd hi'n rhy oer yna!

'Roedd ffrind arall imi wedi mynd i America yn sydyn a dirybudd. Roeddan ni'n yr ysgol gyda'n gilydd. Roedd o wedi colli ei waith yma yn Rhufain, ac wedi dotio ar

America, ac ar Americaniaid. Cofiwch, i ni yn Rhufain yr adeg honno, roedd yr Americaniaid yn arwyr on'd oeddan? Nhw oedd wedi'n rhyddhau ni oddi wrth yr Almaenwyr, ynte, felly America oedd gwlad yr addewid go iawn. Ond dw i erioed wedi gweld y ffrind yna wedyn. Glywais i unwaith ei fod wedi gneud andros o lot o arian. Ond dwn i'm lle mae o, na be' ddigwyddodd iddo fo.'

Mae arlliw o dristwch yn ei chwerthin.

'Efallai mai i America ddyla 'mod i wedi mynd, nid i Glasgow! Ond dyna ni. 'Dach chi isio coffi?'

* * *

Ddoe rhoddais wers arall i'r bachgen ifanc sy'n casáu gwersi Saesneg. Pan gyrhaeddais yr ysgol, yno'r oedd o, yn pwyso yn erbyn y cownter wrth y fynedfa yn siarad hefo ysgrifenyddes â sbectols a bronnau anferth. 'Helo,' meddwn i cyn i ni fynd i mewn i'r ystafell. Roedd o wedi cael trafferth gyda darn o waith ysgol ac am imi roi help llaw iddo. Darganfod America oedd y pwnc a'i waith o oedd darllen ac ateb cwestiynau i ddangos ei fod wedi deall.

Iddo fo, roedd y testun yn boenus o ddiflas. Un o'r cwestiynau symlaf oedd yn peri trafferth iddo, sef pwy oedd y dyn a ddarganfu America a phryd ddigwyddodd hynny. Y gamp oedd rhoi'r ateb mewn ffurf daclus a gramadegol gywir. Ymbalfalodd am eiriau am rai munudau, cyn imi sylweddoli nad oedd o'n barod i roi'r ateb a ddisgwylid, sef mai Christopher Columbus a ddarganfu America yn 1492.

'Mae hyn yn gachu,' medda fo.

'Pam?'

'Christopher Columbus, mwn!'

'Wel, dyna'r ateb maen nhw isio, dw i'n amau,'

awgrymais.

'Dyna ddwl! Dw i ddim yn gwbod pwy ddarganfyddodd America, nachdw? Maen nhw'n deud mai Christopher Columbus nath, ond pwy ddiawl sydd i wbod? Ti'n gwbod pwy nath?'

'Wel, mae'n rhaid fod rhywun wedi bod yna cyn y fo, 'does?'

'Yn union. Beth bynnag, sut ddiawl elli di ddarganfod lle pan mae yna bobl yn byw yno'n barod?'

Does yna'm rhyfedd ei fod o wedi cael llond bol ar addysg.

16

Rai misoedd yn ôl, cyflwynodd Duncan foi o Gymru imi.
Mae Andrew yn fyr, yn gadarn, yn colli ei wallt du, yn dod
o Gwm Twrch (Isaf, oherwydd mae Cwm Twrch Uchaf ar
gyfer pobl swel) ac yn siarad Cymraeg. Roeddwn i'n chwil y
tro cyntaf imi ei gyfarfod a dw i'n cofio inni godi'n lleisiau
mewn galwadau chwyldroadol, cenedlaethol rhwng
caneuon. Lle bynnag dw i wedi bod, dw i wedi dod ar
draws Cymry, ac wedi gwneud hefo nhw yn rheolaidd. Yma
yn Rhufain mae'n llwybrau wedi cadw'n bell oddi wrth ei
gilydd, ac roedd cyfarfod Cymro yn hwyl ac yn rhyddhad o
fath, yn dod â rhyw deimlad o gynefindra, a straeon ac iaith
yn llifo'n haws, heb orfod esbonio agweddau symlaf ein
diwylliant. Ges i alwad ffôn gan Andrew y diwrnod o'r
blaen ac mi es i'w gyfarfod yn *Finnegan's*.

Cawsom beint a sgwrs am adref, am y gogledd a'r de, am
rygbi a phêl-droed, am Dic Penderyn ac Owain Glyndŵr,
am y pyllau glo a'r chwareli llechi, am yr iaith Gymraeg ac
Eidaleg, am ferched Cymreig a rhai Eidalaidd, am y ddinas
ac am y mynyddoedd, nes ein bod yn wylo chwerthin ac yn
ceisio gwrthod galwadau gan bawb i ni ganu. Am un noson
mewn tafarn Wyddelig yng nghanol Rhufain, yr oeddem yn
rhan o'r darlun mawr: Albanwyr yn gweiddi'n rhyfelgar am
fwy o gwrw, Gwyddelod yn wylo i'w *Guinness* wrth siarad
am yr hen wlad, Saeson yn ymddiheuro'n fud am fod yno,
ac Eidalwyr yn ceisio dianc am rai oriau o'u byd nhw y tu
allan. Erbyn diwedd y noson roedd Andrew wedi canu
'Sosban Fach' o leia ddeg o weithiau ac roedd o'n cerdded
rownd y dafarn yn siarad Eidaleg hefo'r Gwyddelod a'r
Albanwyr a Chymraeg hefo'r Saeson.

Ddoe es i yno i gyfarfod Andrew unwaith eto, ac yntau

wedi cael galwad ffôn gan Gymro arall sy'n byw rownd y gornel o *Finnegan's* ac yn un o'r selogion yno. Mae'n ddyn diwylliedig, a thrwy gyd-ddigwyddiad rhyfedd yn dod o Gwm Twrch Uchaf ac yn siarad Cymraeg. Roedd John yn yfed *prosecco* ac am i Andrew gael un hefyd, ond doedd Andrew ddim isio dim heblaw cwrw. Wrth inni sefyll wrth y bar, mi ges foddhad annisgwyl o siarad Cymraeg yng nghanol môr o Saesneg.

Pwrpas y cyfarfod oedd penderfynu a oeddem am fynd i ddathliad Gŵyl Ddewi ai peidio. Mae John yn mynd oherwydd ei fod o wedi cytuno i ddarllen yno, ac mae o eisiau cwmni. Erbyn inni ddallt bod diod a bwyd am ddim yno, roedd Andrew a fi wedi'n darbwyllo, ac felly am y tro cyntaf ers gwneud cennin allan o bapur crêp yn Ysgol Llanddoged, fe fydda i'n dathlu Gŵyl Dewi Sant.

* * *

Mae dathlu yn air y gellir ei ddiffinio'n eang. Pan ddeffrais yng ngorsaf Termini yn nhwll y nos, yng nghanol rhes o focsys a chyrff wedi'u claddu o dan flancedi a thudalennau papurau newydd, cefais hen deimlad cas fod pethau wedi mynd dros ben llestri braidd.

Roedd y diwrnod wedi dechrau'n hamddenol a pharchus iawn gyda gwers a thro bach ym mharc Villa Borghese, lle'r eisteddais yng nghysgod dail palmwydd a gwylio rhieni yn chwarae hefo'u plant rhwng y coed. Roedd un teulu o bedwar oedolyn a bachgen bach, y plentyn wedi'i wisgo mewn gwisg Zorro, gyda mwgwd am ei lygaid a chleddyf plastig yn ei law, ac yn rhedeg o'r naill oedolyn at y llall ac yn rhoi clec ar ôl clec i'r un oedd yn amlwg yn dad iddo. Roedd pawb yn ymgasglu o gwmpas y *bambino* ac yn ei ddilyn i bobman, fel mil o arddwyr yn gwarchod blodeuyn.

Roedd y coed a'r glesni yn denu fy meddyliau tua'r gogledd a gwair yn plygu yn y caeau o dan awyr wen dyddiau eraill o wanwyn. Yma roedd y dail ar y canghennau yn llonydd yn y prynhawn, ambell i awel yn deffro'u breichiau cyn iddyn nhw ddisgyn yn ôl i gwsg tawel.

O Villa Borghese, cymerais y bws a mynd i brynu llyfr Saesneg o siop lyfrau un o *ex-pats* tragwyddol Rhufain, un sy'n cynnal cornel fach o Loegr yng nghanol Trastevere. Ym mar San Callisto, archebais goffi ac eistedd wrth un o'r byrddau i ddarllen papur newydd a gwylio'r olygfa yn llifo heibio: myfyrwyr, hen ferched, mamau a phramiau, meddwon a'r digartref yn gweiddi ar eu cŵn. Roedd dyn tua thrigain oed a chanddo wallt gwyn hir a sigarét rhwng ei fysedd, het fawr wen am ei ben, cadwyni o beli mân am ei wddw a doliau bychain yn crogi oddi arnyn nhw yn siarsio dyn bychan iau na fo a chanddo wallt cyrliog du, llychlyd a llygaid gloyw. Roedd y dyn bach yn nodio'i ben yn ddistaw, a phob hyn a hyn yn galw'n ddig ar blentyn bach oedd yn rhedeg o gwmpas y lle gyda'i wyneb yn frown gan hufen iâ. Cerddodd yr hen ddyn yn yr het wen i mewn i'r bar. Ddau funud yn ddiweddarach roedd o'n sefyll yn nrws agored y bar gyda choffi yn ei law, ei lygaid wedi'u cau a'i wyneb yn dal gwres yr haul. San Callisto yw un o'm hoff fariau yn Rhufain ond roedd hi'n ddydd Gŵyl Ddewi ac roedd rhaid imi fod yn *Finnegan's* am chwech i gyfarfod John ac Andrew.

Roedd y lle dan ei sang. Dymunodd Colin, boi o Derry, ddydd Gŵyl Ddewi da imi. Wrth y bar roedd John yn yfed *Campari* ac Andrew beint o gwrw. Roedd y cyfarfod i ddigwydd mewn eglwys Anglicanaidd ar stryd wrth ymyl y Piazza di Spagna felly cawsom ddau neu dri diod yn

Finnegan's a dal un o'r bysiau trydan bychain sy'n gweu eu ffordd drwy strydoedd cefn y ddinas. Cyrhaeddom yr eglwys ac aeth John i roi ei drwyn rownd y drws. Doedd y peth heb ddechrau eto, felly aethom i mewn i far gerllaw, lle cawsom lasiad o win bob un.

''W i'm yn hoff o win, i fod yn onest,' meddai Andrew.

'Ie, ond ti'n Rhufain nawr, Andrew,' meddai John, 'felly mae siawns 'da ti neud rhwbeth yn wanol, dyfe, ti'm yn credu?'

'Ti'n gwbod,' medda fi, 'neith o ddim mynd allan am bryd o fwyd ysti, John.'

'Wel, heno, ar ôl i ni fod yn 'reglws ni'n mynd i dŷ'r ficyr – '

'Tŷ'r Ficyr! Am be ti'n wilia? Wedws e ddim byd am fynd i dŷ unrhyw ficyr, John, boi!' meddai Andrew.

'Wel, ble ti'n meddwl y'n ni'n mynd i ga'l y gwin 'ma, 'te?'

'O, tŷ'r ficyr, mam bach! Ond beth wyt ti, 'te, Anglican, dyfe? Ti'n gweld Dafydd? Cwm Twrch Uchaf, blydi Eglws Loeger!'

'Paid becso am 'na, wedi i ni fod yn nhŷ'r ficyr, ni'n mynd yn ôl i Via Leonina, i gyfarfod â dwy Americanes o Efrog Newydd. Yn y *Trattoria Vecchia Roma*, chi'n dod 'da fi, on'd y'ch chi?'

'Iawn,' medda fi, 'mi ddo i. A Duw, ddeith Andrew 'ma hefyd, 'nei?'

'O, 'wi'm yn gweld y pwynt o fynd mas i fyta. Mae'n wastraff amser – alla i fyta sia thre cyn mynd mas – a'n wast o arian 'ed. Ma' nosweth mas yn nosweth i fynd mas i ifed. Mae'n iawn i'r Eidalwyr, sy'n ishte a chlecan yn ddiddiwedd, ond ni'n wahanol. 'Wi isie mynd mas ac ifed yn iawn, ca'l blydi peint yn fy llaw!'

Roedd John a fi yn chwerthin yn braf wrth wrando ar

Andrew: 'O! Ti dal ar *Welsh time*, boi!' medda John. 'Wnaiff y tafarne ddim cau am unarddeg, ti'n gwpod. Nag y'n ni'n Abertawe acha nos Satwrn nawr!'

'Wel, cawn weld, dyfe,' meddai Andrew, cyn newid y sgwrs. 'Be' ti 'te? Nage eglwyswr wyt ti, Dafydd? Methodist, greda i!' Dywedodd y frawddeg olaf ag acen gogledd Cymru ffug. 'Chi gyd yn gapelwyr ac yn ffermwyr, on'd y'ch chi, e John? Pan gwrddon ni o'n i'n ffili deall hanner beth o't ti'n 'weud achan!'

'Ti'm yn dallt fi? Be' ti'n feddwl dw i'n ddallt pan ti'n siarad, hefo dy 'acha' a dy 'bant' a dy 'wilia' a dy dwn i'm be'! 'Dansieris': be' ddiawl ydy hynny?'

Cawsom lasiad arall yr un ac roedd y cyfarfod wedi hen gychwyn erbyn i ni gyrraedd yr eglwys: mae'n rhaid fod John wedi dewis colli'r dechrau i gael diod yn lle. Aethom i eistedd yn y cefn y tu ôl i'r ugain o bobl oedd yno, a gwrando hyd syrffed ar sgyrsiau a chanu a rhywun yn siarad mewn acen Seisnig rhonc am ei balchder o fod â chysylltiad â'r wlad a'i hen-nain wedi bod i Gymru unwaith. Cododd John i ddweud ei bwt a chyn hir, diolch i Dduw, roedd y canu a'r gwasanaeth drosodd, felly dyma fynd allan o'r eglwys i'r stryd, i lawr drws neu ddau, ac i mewn i adeilad arall. I fyny'r grisiau roedd fflat hyfryd yn llawn canhwyllau, lampau a hen luniau ar y waliau. Roedd y ficar, oedd yn absennol o'r cyfarfod yn yr eglwys, yn sefyll yng nghanol y stafell ac yn croesawu pawb gan amneidio inni fynd at y byrddau yn y gongl lle'r oedd tameidiau o bethau bychain i gnoi ac, yn bwysicach, rhes ar ôl rhes o wydrau a photeli o win gwyn a choch. Es i a John yn syth am y poteli a llenwi ein gwydrau, ar ôl dweud helo wrth y ficar. Roedd y *Camparis* a'r gwin yn cychwyn dweud arnaf erbyn hyn, fy nhafod yn dechrau llacio a'r stafell yn cynhesu'n braf o 'nghwmpas. Roedd John wedi gwagio'i wydr ac yn gofyn imi ei ail-lenwi iddo fo wrth iddo ddal pen rheswm hefo hen wraig oedd yn trefnu digwyddiadau yn yr eglwys, ei wyneb yn goch yng ngolau'r lamp wrth ei ymyl. Roedd Andrew yn sefyll yn erbyn y wal yn siarad hefo geneth ifanc dal â gwallt hir melyn. Roedd hi ddwywaith taldra Andrew ac yn wefreiddiol; trodd Andrew ataf a wincio, ac yna roedd hen ŵr yn cynnig gwydr o win iddo, a dyma Andrew yn gofyn os oedd yna lager i'w gael.

Yn sydyn, clywais rywun yn galw f'enw, a throis rownd i weld un o'm myfyrwyr, er mawr syndod imi. Roeddwn i'n gwybod bod Elsa yn canu mewn côr oherwydd roedd hynny'n un o'r pethau cyntaf a ddywedodd pan gafodd wybod mai Cymro oeddwn i. Roedd hi yn y côr roeddan ni wedi'i glywed yn yr eglwys heno; dywedais 'mod i wedi mwynhau'r canu yn fawr, a chymerais wydr arall. Ac un arall. A phob deng munud ar y mwya roedd penelin yn dod i mewn i 'nghefn i, a John yn sgwrsio yn gall hefo rhywun, ei wyneb yn biws, gan estyn ei wydr imi.

Es i bigo ychydig ar y bwyd oedd wedi cael ei hwylio, a chael fy stopio bob dau funud gan bobl, yn Saeson ac Eidalwyr, yn gofyn imi os oeddwn i a'm ffrindiau go iawn yn dod o Gymru. Cyn hir roedd pobl yn gwenu arnom ac yn dal eu gwydrau i fyny i'n cyfeiriad, ac roeddwn i'n dechrau teimlo ein bod ni, y Cymry, mewn sw, y gwir bethau gwreiddiol a dilys yn cael eu harddangos i'r prynwyr tocynnau oedd heb ddisgwyl gweld y *real thing*. Codais fy ngwydr yn braf ar bawb, cyn i ddyn mawr sgwâr â phen hollol foel ddod i sefyll wrth f'ymyl a 'nghyhuddo o fod yn Eidalwr. Roedd o'n arbenigwr, o fath, ar y Celtiaid yn yr Eidal, ac eisteddom am rai munudau wrth y bwrdd poteli gwin. Yn anffodus, er ei wybodaeth eang a'i gymwysterau mawr, ges i gryn drafferth ei berswadio nad deillio o gymysgedd o Wyddeleg a Chymraeg a wnâi'r Saesneg, ac nad Ffrancwr oedd y brenin Arthur, cyn belled ag y gwyddwn i. Perodd hyn iddo ailadrodd y cyhuddiad, ond yn ffodus daeth John i'm hachub gan siarad Cymraeg yn ei ŵydd. Edrychodd y boi moel arnom a gallwn weld oddi wrth ei ymateb nad oedd o'n meddwl mai Eidalwr oedd John, ac felly edrychodd ar y ddau ohonom gyda'r olwg 'Mmm, rhyfedd' yna ar ei wyneb.

O'm cwmpas roedd y goleuadau yn troi a throelli, yr wynebau yn un wên fawr, ac roedd y dyn moel isio rhoi ei rif ffôn imi, felly mi a'i rhois o yn y ffôn symudol y byddwn yn ei golli yn nes ymlaen y noson honno. Roedd John yn paldaruo ac yn mynd yn fwy mawreddog, a'r gwydr yn ei ddwylo yn chwifio i bobman heb iddo golli'r un diferyn o win, ei lais yn codi a phawb arall yn hollol sobor a chall ac yn sbio'n rhyfedd arnan ni. Ac mi oedd yna olwg arnan ni: roedd Andrew yn sefyll yn siarad hefo'r ficar â photel o lager yn ei law, yn edrych o gwmpas yr ystafell, yn ceisio cynnal sgwrs hefo'r dyn crwn coch yn ei goler wen. Drwy un glust gallwn glywed tameidiau o'r sgwrs.

'*Lovely place you got 'ere,*' meddai Andrew.

'*Well, thank you,*' atebodd y ficar.

'*Aye, and nice pictures you got on the walls, too. Come with the job, does it?*'

'*Yes, it does, actually,*' meddai'r ficar, yn ddryslyd braidd.

Yna trois i edrych a gweld Andrew yn sbio i fyny ac i lawr ar y ficar cyn gofyn: '*How do you get this job, then?*' Bryd hynny, bu'n rhaid i mi ymollwng i chwerthin, a phan edrychais ar John, gwelais ei fod yntau hefyd yn trio cadw wyneb syth wrth sgwrsio â rhywun pwysig.

Ychydig funudau yn ddiweddarach, roedd un o'r

merched oedd wedi trefnu'r achlysur yn dod ataf i ac Andrew i ddweud mor falch oedd hi, fel Saesnes, fod Cymry Cymraeg wedi dod i'r dathliad, ac fel y gobeithiai y byddem yn cadw mewn cysylltiad ac yn dod i'w gweld nhw unwaith eto. Diolchais i ac Andrew iddi, ond denwyd fy sylw yn syth gan y ferch dal â gwallt melyn roedd Andrew wedi bod yn prysur siarad hefo hi yn gynharach yn y noson. Edrychais arni a gwelais dair ohoni'n gwenu'n bryfoclyd arnaf, felly fe wenais yn ddwl ar yr un yn y canol.

'Where are you from?' gofynnais, yn wreiddiol tu hwnt, ac atebodd gan ddweud enw rhywle nad oeddwn erioed wedi clywed amdano o'r blaen, a hynny mewn clamp o acen Seisnig. Mae'n rhaid 'mod i wedi dangos fy mhenbleth oherwydd ychwanegodd mai yn Sir Benfro oedd y lle, a gofynnodd 'Are you Welsh, too?' Roeddwn i'n cymryd fod y 'too' yn golygu yn ogystal ag Andrew, a dywedais 'Yes.'

'And so am I,' meddai hi. Yr eiliad nesaf roedd John yn gafael yn fy mraich ac yn dweud bod tacsi'n disgwyl amdanom y tu allan i fynd â ni i gyfarfod ei ffrindiau.

'I have to go now,' medda fi, fel polyn. 'Do you want to come for a pint?'

Er mawr syndod, aeth yr eneth at ei ffrind ym mhen arall yr ystafell, dynes hŷn, hyll iawn, cyn dod yn ôl a dweud ei bod yn ymddiheuro ond doedd ei ffrind hi ddim yn gallu dod, felly roedd yn well iddi hi beidio dod chwaith.

'Can you give me your phone number,' gofynnais, ac eto, er mawr syndod, gan ddangos y fath feddwl chwim o dan yr amgylchiadau, holais 'and maybe I can give you a call another time?'

'Yes, fine,' meddai hi: syndod arall. Felly tynnais fy llyfryn bach coch allan a'i roi iddi hi i sgwennu ei rhif ffôn ynddo.

'Is it OK for me to phone you?' gofynnais wrth i Andrew dynnu ar fy nghôt i.

'Yes, please do,' atebodd hithau gan wenu ei ffarwél wrtha i ar ôl imi ddweud diolch wrth yr hen ferched, y dyn pen moel a'r ficar. Ond yn anffodus, fyddwn i byth yn ei ffonio hi, oherwydd yn nes ymlaen y noson honno byddwn yn llwyddo i golli fy llyfryn bach coch hefyd. Byddai'r noson yn gorffen â dyn yn gorwedd ar lawr rhwng ceir wedi parcio mewn stryd gul, rywle o fewn cyrraedd tafarn na chofiai fod ar ei chyfyl.

Disgynnais i mewn i'r tacsi, â John ac Andrew yn fy lambastio am fod wedi bod isio dod â'r hogan o Benfro hefo ni.

'Roedd hi'n blydi *posh*!' meddai Andrew, *'"Oh, yes, I come from Pembrokeshire, it's a beautiful part of the world."* Be' ddiawl o't ti'n neud?'

'Ie, Dafydd, boi, ro'dd hi'n sych ac yn *toff*, achan.'

'Wel,' medda fi, 'roeddwn i'n meddwl ei bod hi'n beth del, dyna i gyd.'

Fel yna yr aeth y sgwrs wrth imi setlo yn ôl yn sêt gefn y tacsi a chael fy hudo gan y goleuadau a'r traffig yn chwyrlïo heibio, a'r car yn fy suo'n esmwyth i ryw fath o gwsg llawn gwin. Pan gyrhaeddom Via Leonina a dringo allan o'r car, roeddwn i'n siomedig fod y siwrnai mor fyr, ac o fewn eiliadau roedd John wedi edrych i mewn i'r tŷ bwyta, wedi gweld nad oedd neb yno, ac wedi anelu'n syth am *Finnegan's* dros y ffordd. Roedd John eisoes wedi archebu diod i bawb, ac yn edrych rownd ar y domen o bobl oedd yno. Roeddwn i'n awchu am bryd iawn o fwyd. Ar ôl peint arall, croesom y ffordd eto, a mynd i eistedd wrth fwrdd lle'r oedd dwy Americanes eisoes wedi archebu eu cwrs cyntaf. Dw i'n cofio cael plât o *fettuccine* ac archebu mwy

nag un litr o win, a chael coffi a *grappa* bob un; dwi'n cofio
bod yr Americaniaid wedi gofyn llawer o gwestiynau inni,
bod Andrew wedi gorffen ei fwyd o fewn pum munud ac
wedi gofyn am gwrw yn lle'r gwin, a'i fod yn edrych ar ei
oriawr bob dau funud ac yn amlwg yn ysu am gael mynd
am beint.

Aethom yn ôl i *Finnegan's* lle diflannodd John gyda'r
ddwy Americanes; penderfynodd Andrew ei fod wedi cael
digon ac aeth adref, gan fy ngadael i gyda phum Gwyddel
ac un Albanwr oedd am fy helpu i ddathlu Gŵyl Ddewi. Ar
ôl i *Finnegan's* gau fe'u harweiniais i lawr y ffordd at dafarn
arall sy'n agored yn hwyrach, ond dim cyn imi eu tynnu i
mewn i far bach ar y gongl i gael *grappa*. Y peth nesaf dw i'n
cofio ydy deffro rhwng dau gar lle'r oeddwn wedi cysgu yn
ddigon hir i'r dafarn gau a neb fod ar y stryd heblaw fi a'r
bag yn cynnwys fy llyfr newydd. Llusgais fy hun i fyny Via
Cavour at orsaf Termini, i ddal y bws nos yn ôl i Testaccio, a
deffro eto yng nghanol rhes o bobl ddigartref, gyda fy ffôn
symudol, fy waled a fy llyfryn coch wedi mynd.
Sylweddolais beth oedd wedi digwydd, gwelais fod fy mag
yn dal gen i, ac edrychais i fyny ar yr awyr gan ysgwyd fy
mhen yn anobeithiol, a mynd am y 40 oedd ar fin gadael, yn
hollol anymwybodol o'r wynebau a'r byd o 'nghwmpas.

*   *   *

Y peth gwaethaf am yr holl ddigwyddiad oedd y gallai fod
wedi bod yn waeth. Drannoeth edrychais ar fy nghôt a
gwelais fod y defnydd ar du mewn y siaced wedi ei dorri'n
llyfn a thaclus gyda chyllell. Beth 'taswn i wedi deffro gyda
min cyllell yn fy wyneb? Yn ffodus, roeddwn i'n hollol
ddiymadferth.

Yr hyn oedd yn anffodus oedd fy mod yn cael fy nhalu mewn arian sychion. Y mis hwn doedd gan Signor Luzzo ddim digon o arian yn ei swyddfa i fy nhalu'n llwyr. 'Peidiwch â phoeni, dywedais wrtho, fe ga' i o eto!' Wrth gwrs, roeddwn wedi mynd i lawr at yr ysgol i gael gweddill fy nghyflog ar fore Mawrth y cyntaf. Felly, pwy bynnag ddaeth o hyd i'm waled i'r noson honno, cafodd o'r pleser a'r syndod o ffeindio 850,000 o lira ynddo fo, sef bron i dri chan punt.

Mae dwy wers i'w dysgu o hyn. Yn gyntaf, os wyt ti'n cael dy dalu ar ddydd Gŵyl Ddewi ac yn bwriadu mynd allan i ddathlu, gwna'n sicr fod dy gyflog mewn lle saff. Yn ail, os wyt ti am fynd allan i ddathlu Gŵyl Ddewi dramor, paid â mynd hefo dau ddyn o Gwm Tawe. Flwyddyn nesaf, dw i'n mynd i aros i mewn, a gwneud cennin allan o bapur crêp.

Cefais fy neffro drannoeth gan gloch y drws. Codais yn ddigalon ac yn boenus i'w agor, a phwy oedd yno ond Duncan.

'Jesus, look at the state of you! Ha ha!'

Adroddais yr hanes, a dw i'n meddwl iddo fo'i fwynhau.

'We get paid on Thursday, right?' medda fi. *'Well, I've got 30,000 lira to last me a week.'*

'Well, my little Welsh friend, that should teach you a lesson, eh? Anyhow, there's no point sitting around worrying about it. The best solution is for you to get dressed, and for us to go out, what do you say?'

Prydferthwch gwersi yw bod pobl yn rhydd i'w dadddysgu. Awr yn ddiweddarach roeddwn i a Duncan yn sefyll wrth y bar yn *Finnegan's*, a Michael yn tollti peint inni.

* * *

Gwelais Mauro, Paola a Gianni neithiwr, ac adrodd yr hanes iddyn nhw am fy mhres a'm hyfed a 'mharti. Ar ôl imi wrando ar y gwersi rhagweladwy, trodd y sgwrs at bwy allai fod wedi bod yn gyfrifol am gymryd fy arian. Cefais fy nghwestiynu: pam es i i nôl fy mhres? Pwy roddodd y pres imi? Faint o'r gloch oedd hi? I le es i ar ôl ei dderbyn? 'Nes i weld rhywun yn fy nilyn neu'n fy ngwylio?

'Digon syml, os ti'n gofyn imi,' meddai Mauro.

'Yndi,' cytunodd Gianni.

'Ia. 'Dach chi – y Cymry, yr Albanwyr, Saeson, Gwyddelod, beth bynnag ddiawl ydach chi – yn rhy hawdd i ddwyn oddi arnoch. Rhoddodd o'r pres iti, ac yna, yn gwbod dy fod am fynd i yfed – oherwydd dyna 'dach chi'n neud, ynte? – fe ddilynodd o ti, disgwyl tan iti fod yn chwil gaib, ac yna nath o gymryd ei gyfle a chymryd ei bres yn ôl. Mae'n amlwg: dy fos di oedd o.'

Roedd y tri ohonyn nhw'n meddwl fod y syniad yn grêt ac yn rowlio chwerthin.

Y Gwanwyn

17

'Dan ni wedi cael tri diwrnod o'r *sirocco*, y gwynt cynnes sy'n cyrraedd yma o Affrica. Mae'r enw yn deillio o'r gair Arabaidd *shioruq* neu *shloq*, sef 'dwyrain', ac o'r de-ddwyrain y daw'r gwynt i'r Eidal, gan gychwyn fel gwynt poeth a sych yn anialwch Affrica. Wrth groesi Môr y Canoldir, mae'r gwynt yn codi lleithder cyn taro arfordiroedd deheuol yr Eidal yn boeth a thrymaidd.

Mae o wedi bod yn chwythu am ddyddiau rŵan, ac er bod y cynhesrwydd yn bleserus ar y dechrau mae'n dechrau mynd yn anghyfforddus o glòs. Yn y wlad, mae ffermwyr yn cwyno ei fod yn dinistrio cnydau. Deffrais ryw fore ac agor y bleindiau i weld haen felen dros bopeth y tu allan. Roedd y *sirocco* wedi bod yn chwythu am ddiwrnod neu ddau ac wedi cario tywod o'r anialwch a'i ollwng dros strydoedd a cheir Rhufain yn y nos.

*   *   *

Yn y bedwaredd ganrif cyn Crist, daeth byddin nerthol o Geltiaid o ogledd yr Eidal a chwalu'u gwrthwynebwyr ar eu ffordd i Rufain. Torasant drwy'r pyrth a'r waliau a chymryd y ddinas, cyn sefydlu eu hunain yn y dyffrynnoedd o bobtu afon Tevere. Enciliodd y Rhufeiniaid i ben bryn y Capitolino. Buont yn aros yno am gymorth byddinoedd eraill o'r tu allan i'r ddinas. Liw nos, dechreuodd milwyr Celtaidd ddringo'r llethrau er mwyn cipio'r Capitolino tra oedd y Rhufeiniaid yn cysgu, ond bu eu camau llechwraidd yn gyfrwng i ddychryn y gwyddau. Deffrowyd y Rhufeiniaid gan eu clegar. Gwthiwyd y Celtiaid yn ôl i'r dyffryn, a chyn hir ac yn ddirybudd, dyma nhw'n casglu eu hoffer a gadael.

Mae heddiw'n ddiwrnod o wanwyn bron ddwy fil a hanner o flynyddoedd yn ddiweddarach, ac yn ddechrau'r mewnlifiad mwyaf o bobl Geltaidd i Rufain ers yr adeg honno. Nid oes arfau gan ymosodwyr heddiw; dydyn nhw ddim yn dod yma gan ddinistrio a llofruddio. Mae'r rhan fwyaf wedi hedfan yma, yn aros mewn gwestai ac yn mynd i wario cryn dipyn o'u hamser yn esbonio i'r boblogaeth leol o ble maen nhw'n dod a pham maen nhw'n teithio mor bell i wylio gêm lle cosbir chwaraewyr am fwrw'r bêl ymlaen ond lle caniateir iddynt sathru ar ei gilydd a thaflu'i gilydd i'r llawr.

Unig arfogaeth y bobl yma yw crysau cochion, awch am ganu, gallu anarferol i fwynhau eu hunain, dôs iachus o chwilfrydedd a syched am gwrw a gwin nad ydy'r bobl leol wedi gweld ei debyg o'r blaen. Daeth eu cyndadau i ardaloedd Môr y Canoldir i chwilio am win, olew olewydd a hinsawdd dynerach – tebyg iawn i brofiad yr hen Geltiaid fydd yr yfed a'r bwyta dros y dyddiau nesaf. Wythnos i heddiw, bydd perchnogion tafarndai, llefydd bwyta a bariau cyfarwydd Rhufain yn dweud wrtha i eu bod wedi torri pob record fusnes pan ddaeth y Cymry i chwarae rygbi yn Rhufain.

Mae Mel yn cyrraedd yn gynnar. Dydy Mel ddim yn gall. Dydy o ddim yn un i wneud yn fach o'r cyfle i daro côt dros ei sgwyddau a phac ar ei gefn a mynd i rywle lle bo hwyl i'w gael, ac felly pan oeddwn i'n byw yn Bologna ychydig flynyddoedd yn ôl, daeth yno am dro. Roedd hi'n fis Mai ac yn aruthrol o boeth – mae Bologna yn cael gaeafau hir, oer â throedfeddi o eira ar y strydoedd, a hafau annioddefol. Roeddwn i'n byw ar y pryd mewn fflat hefo'r casgliad rhyfeddaf o bobl dw i erioed wedi cael y pleser o fyw o dan yr un to â nhw: Sergio, Domenico, Bruno a Giovanni a thri arall fyddai'n ymddangos o bryd i'w gilydd. Roedd Sergio yn fachgen mawr, sgwâr a chanddo drwch o wallt cyrliog, du a llygaid gwyrddion fel arwr chwyldroadol. Byddai Domenico yn cefnogi Sergio i'r carn ac yntau hefyd yn aelod o'r blaid gomiwnyddol leol. Dywedai y byddai ar flaen y gad yn chwyldro'r dosbarth gweithiol, ond roedd yn rhy ofnus i fynd allan ar ei ben ei hun i brynu sigaréts. Comiwnydd rhonc oedd Bruno, dyn bychan, tywyll, prin ei eiriau fel llawer o'i gyd-ynyswyr o Sardegna; roedd wedi diflannu i strydoedd Paris am flynyddoedd yn ei ieuenctid. Hanai Giovanni o deulu Catholig defosiynol, ei fam o Padova yn ardal Fenis, a'i dad o Sisilia; roedd ei wallt yn goch a thenau a'i draed gwastad ar chwarter i dri; ni fyddai byth yn adolygu, ond yn hytrach yn mynd allan i yfed cwrw ac astudio merched. Roedd pawb heblaw Bruno a Giovanni yn dod o ardal Puglia yn y de, ac roedd y fflat yn fur o sŵn ac arogl coginio o fore gwyn tan nos. I'r tŷ hwn daeth Mel, i gysgu ar fatras ar lawr f'ystafell wely ac i ddeffro i bersawr melys garlleg yn ffrio a'r haul yn taro'n drwm drwy'r ffenestri.

Yn ogystal â'r rhain, mi fyddai twr o bobl yn eistedd yn y fflat bob dydd, yn gefndryd a chneitherod a ffrindiau coleg, pob un o Puglia ac felly'n siarad iaith nad oeddwn ond yn deall ei hanner. Heblaw Sergio a Bruno, roedden nhw i gyd yn fyfyrwyr – rai ohonyn nhw yn eu hwythfed a'u nawfed blwyddyn o goleg. Doedd ganddyn nhw ddim byd i'w wneud drwy'r dydd, ac fe fydden nhw'n mynd yn feunyddiol i'r pwll nofio awyr agored yr ochr arall i'r dref, a phan nad oeddwn i'n gweithio mi awn i a Mel hefo nhw. Roedd tair ffordd inni gyrraedd y pwll: cerdded, dal bws neu fynd ar gefn beic. Mae'r beic yn gerbyd cyffredin yn

Bologna, tref â chanol gweddol fychan a dim gelltydd, mor gyffredin yn wir fel bod beiciau byth a hefyd yn cael eu dwyn. Roedd posib prynu beiciau yn rhad i lawr yn Via Zamboni, wrth ymyl y brifysgol hynafol, a phrynu canabis hefyd. Byddai rhywun yn sibrwd wrthat ti, 'bici, bici', 'beic, beic', ac os mai beic oeddet ti'n chwilio amdano fo fe fyddai'n dy arwain di rownd y gornel at stryd gul lle byddai beic o ryw fath yn sefyll yn erbyn y wal. Roedd 10,000 lira yn prynu beic iti, ac roedd pawb yn gwybod bod y beic wedi ei ddwyn, ond doedd hynny ddim yn poeni neb oherwydd, o ddilyn rhesymeg unigryw'r Eidalwyr, roedd hi'n bur debygol y byddai'n cael ei ddwyn oddi arnat tithau hefyd, felly waeth iti ei brynu o ddim. Weithiau, wrth gerdded i lawr y stryd, byddai pobl yn gweld rhywun yn mynd heibio ar feic roedden nhw'n ei adnabod fel eu beic nhw; weithiau fe fydden nhw'n gweiddi ar y beiciwr, ac fe fyddai hwnnw yn dod i lawr o'r beic ac yn cydnabod ei fod yn feic wedi'i ddwyn ac yn ei adael yno i'r perchennog gwreiddiol. Ar adegau eraill, byddai'r beiciwr yn rhuthro i ffwrdd nerth ei goesau rhag iddo orfod ildio'r beic. Er mwyn hwyluso'r broses o adnabod hen feic fe fyddai llawer o bobl yn rhoi marciau amlwg arnyn nhw: marc arbennig ar y bar, lliw anghyffredin, unrhyw beth i wneud iddo sefyll allan yn y môr o gerddwyr a beicwyr a blethai eu ffordd drwy'r dref. Un tro, pan oeddwn i'n dod adref ac yn gwybod bod Giovanni wedi bwriadu mynd allan i chwilio am feic 'newydd', gwelais o yn ei blyg dros feic a bwysai yn erbyn coeden. Roedd cyllell yn ei law a thun o baent ar y llawr wrth ei ymyl. 'Yli be' mae'r diawl oedd piau'r beic yma wedi'i wneud!' dywedodd, yn goch ei wyneb a'r chwys yn diferu i lawr ei dalcen. Roedd cannoedd o bysgod lliwgar wedi eu paentio dros y beic, ac roedd Giovanni yn trio eu crafu i ffwrdd un wrth un.

Ryw ddiwrnod aethom yn griw o bedwar ar dri beic i'r pwll nofio, a Mel yn gweiddi mewn poen ar y bar o 'mlaen bob tro y byddwn yn mynd dros dwll yn y ffordd. Ar ôl newid es i sefyll wrth y fynedfa i'r pwll i ddisgwyl Mel. Ymddangosodd yn wledd i'r llygaid a cherdded i ganol yr Eidalwyr, y rhan fwyaf yn ferched brown prydferth yn gorwedd ar y gwair yn eu siwtiau nofio drud a'u sbectols haul. Pan godasant eu pennau gwelsant wifren o ddyn â choesau glas a gwallt browngoch, yn gwisgo trowsus pêl-droed gwyn Cymru, crys rygbi Cymru, bag plastig o Spar Llanrwst yn un llaw, paced o *Benson*'s yn y llall, ac am ei ben gap du â'r geiriau *'Welsh Beef is OK'*.

'Fa'ma, ia?' meddai, a thaflu ei dywel ar y llawr mewn rhan wag o'r lawnt.

Roedd wedi gorchuddio'i gorff â hufen i'w amddiffyn rhag yr haul, ond gan iddo gamu drwy'r dŵr yn y pwll diheintio wrth y fynedfa, fe olchwyd yr hufen oddi ar ei droed dde, ac eisteddodd drwy'r prynhawn â chornel ei dywel yn gorchuddio'r droed honno. Aeth i nofio unwaith a bu bron iddo foddi. Syrthiais i gysgu a phan ddeffrais a gweld rhes o dywelion gwag es i mewn i'r pwll; ym mhen pella'r parc roedd Mel yn siarad fel melin bupur ac yn chwerthin wrth lowcio cwrw. O amgylch y bwrdd roedd Domenico, ei ên ar ei frest, Sergio yn trio cadw'i lygaid yn agored a Giovanni, yr unig un a siaradai Saesneg, â'i ben ar y bwrdd yn cysgu'n braf. Dydy Mel ddim yn siarad Eidaleg a dydy Sergio na Domenico ddim yn deall Cymraeg.

Atgofion o'r fath a'm gwnaeth yn hapus pan ffoniodd Mel i ddweud ei fod am ddod draw ar gyfer y rygbi.

*   *   *

Mae Iolo'n ffonio tra dw i ar fy ffordd i *Finnegan's* i gyfarfod Mel, sydd wedi bod yno drwy'r prynhawn. Dw i a Mel wedi cael noson neu ddwy o Rufain cyn i'r Cymry gyrraedd, ond erbyn heddiw mae'r tafarndai wedi llenwi ac ym mhob man gwelir crysau cochion a chyplau a grwpiau o ffrindiau yn cerdded o gwmpas y strydoedd, rhai'n cario mapiau, eraill yn stopio pobl ar y stryd ac yn cyfathrebu gyda'u dwylo. O ran golwg dw i'n debycach i Eidalwr nag i Gymro, ac ar fy ffordd i 'ngwaith y bore 'ma, daeth dwy ddynes oedd wedi mentro allan yn gynnar o'r gwesty ataf a gofyn sut oedd mynd i'r ardal yr ochr draw i'r afon. Roedd acen drom y Cymoedd ar eu Saesneg wrth iddyn nhw siarad yn araf a phwyllog imi gael deall. Pan atebais yn Saesneg, a hynny gydag acen Gog, syrthiodd eu geneuau, a throdd y ddwy at ei gilydd gan weiddi: *'He's Welsh!'* Ac yna ataf i:

'You're Welsh! I thought you were Italian, man! You 'ere for the game, are you?'

'No, I live here.'

'Well, you better go home soon, man, you're beginning to look like 'em!' Ac i ffwrdd â'r ddwy dan chwerthin.

Dyna pam hefyd, wrth i mi sgwrsio ar y ffôn hefo Iolo y tu allan i *Finnegan's* a cheisio egluro iddo fo sut i fynd i Termini, mae un o hogiau Caernarfon yn troi at ei gyfeillion a dweud, 'Blydi hel, welis di hynna? *Italian* yn fan'na yn siarad Cymraeg!'

Dw i'n dod o hyd i Mel yn siarad yn braf hefo Grazia a chriw o'i ffrindiau ac mae'r dafarn rŵan, am bedwar o'r gloch y prynhawn cyn y gêm, wedi hen ddechrau llenwi. Dw i'n cael peint gan Michael ac yna mae'n ffôn i'n canu eto, a'r tro yma Mauro sydd yna.

'Be' ti'n neud heno?'

'Mae'n rhaid imi aros yma a mynd i gyfarfod ffrind yn

Termini am tua deg o'r gloch. Mae'r llall yma rŵan.'

'*E ubriaco?*' Mae Mauro isio gwybod os ydy Mel wedi'i dal hi, a dw i'n dweud ei fod o, fwy neu lai. Mae o'n chwerthin yn uchel y pen arall i'r ffôn: mae Mauro wedi bod yn edrych ymlaen i hyn ers imi sôn bod criw o Gymry yn debygol o ddod i Rufain ar gyfer y gêm.

'*Va bene*, o'n i wedi meddwl dod i nôl y tri ohonoch chi a dod â chi'n ôl i Centocelle am fwyd, ond os 'dach chi am yfed, 'na'i fwyta a dod yno nes ymlaen, iawn?'

'*Va bene, ciao!*'

Dw i'n troi yn ôl at fy mheint ond mae'r ffôn yn canu eto: '*Pronto.*'

'Dafydd? Chdi sydd yna, ia?' Mae'r sŵn yn y dafarn yn fyddarol rŵan a dw i ddim yn clywed dim byd, ond erbyn imi fynd allan dw i'n sylweddoli ei bod hi'n fyddarol ar ben arall y ffôn hefyd: 'Helo?'

'Duw, Ian! 'Dach chi 'di cyrraedd? Lle 'dach chi?'

'Lle w't ti rŵan?'

'Dw i mewn tafarn yng nghanol y ddinas, lle 'dach chi?'

''Dan ni mewn bar' – mae yna lais yn gweiddi yn y pellter yr ochr arall i'r lein. '*Yes, I know, I'm telling him now, Phil.* Iechyd, does 'na ddim synnwyr i gael gan Phil Smith 'ma! 'Dan ni mewn bar o'r enw . . . Hei, be' 'di enw fa'ma, Phil, *what's the name of here?* . . . Y *Big Ben Bar.*'

'O lle 'dach chi 'di dod? Ydy o yn y canol?' Mae 'na glamp o eglwys fawr o'n blaenau ni, tu allan.'

'O's 'na enw ar yr eglwys?'

'Hei! Be' di enw'r eglwys 'na? . . . Yli, Dafydd, 'na'i ffonio chdi'n ôl mewn dau funud. 'Na'i gael y cyfeiriad yn iawn iti a 'na'i ffonio chdi'n ôl.'

Dw i'n codi fy mheint ac yn mynd draw i eistedd hefo Grazia a Mel. Mae'r sgwrs yn troi o amgylch cadw hen ddiwylliannau yn fyw ac mae Grazia wedi'i synnu gan fywiogrwydd yr iaith Gymraeg a Mel yn cynhesu'n braf i'r sgwrs ac i'r cwrw.

'Nath Ian Jenkins ffonio i ddeud eu bod nhw mewn bar o flaen eglwys yn rhwla.'

'O, digon hawdd felly! O flaen eglwys yn Rhufain. Fyddan ni ddim dau chwinciad yn dod o hyd iddo!' medd Mel.

Mae Mel yn cyfieithu i Grazia, ac mae hi'n gofyn imi lle mae'r dafarn 'ma lle maen nhw.

'Dw i'm yn gwybod lle mae o.'

'*Come si chiama?*'

'*Big Ben Bar.*'

Mae Grazia yn gwybod am y bar ac mae'n cynnig mynd yno i'w hebrwng i *Finnegan's*. Mae'n debyg mai Santa Maria Maggiore ydy'r eglwys gerllaw, bum munud i fyny'r ffordd, ac mae hi isio sigaréts beth bynnag ac mae'r *tabbacchaio* i fyny yn y cyfeiriad yna. Felly, rhyw hanner awr yn ddiweddarach, mae Grazia yn ailymddangos a thu ôl iddi hi Ian Jenkins, Phil Smith a rhyw saith arall o Lanrwst. 'Dan ni'n cyfarch ein gilydd a dw i'n cael fy waldio am fod yn ddiog a gyrru pobl eraill i wneud fy ngwaith, a hwythau wedi dod yr holl ffordd o Gymru ac yn nabod neb ac ar goll, yr uffar bach diog, Apolloni ddiawl! Ddau funud wedyn:

'Hei, Dafydd, dy fodan di 'di honna, ia?'

'Nage, yn anffodus.'

'Wel, gafael ynddi'n sydyn, boi!' medd Gwyn, ac maen nhw i gyd yn cyfri'r *kitty* ac yn penderfynu be' maen nhw isio ac yn cael eu diodydd ac yn falch o fod wedi cyrraedd ac o gael yfed eto ar ôl cerdded am ddeng munud heb ddiod.

Mae'r dafarn yn dal i lenwi a phobl yn holi am lefydd i fynd iddynt heno; yn wahanol i benwythnos rygbi ym

Mharis, does yna neb wedi bod yma o'r blaen a does neb yn gwybod lle i fynd. Ychydig yn ddiweddarach mae rhywrai'n gadael i fynd i chwilio am fwyd ac mae'r *pizzerie* yn llawn pan dw i'n cerdded heibio ar fy ffordd i gyfarfod Iolo.

Mae'n cymryd oesoedd imi ddod o hyd i Iolo. Roeddwn wedi dweud wrtho am ddisgwyl y tu allan i *McDonald's* yn yr orsaf, ond does dim sôn amdano fo yn unlle. Dw i'n mynd yn ôl i'r dafarn i weld os ydy o yno ond does dim sôn ohono fo'n fan'na chwaith. Dw i'n mynd yn ôl i'r orsaf eto ac ar ôl disgwyl am fwy na hanner awr, a minnau'n poeni nad oes ganddo ddim ffordd o gael gafael ynof i, nad ydy o'n gwybod lle 'dan ni na lle 'dan ni'n byw, mae o'n ymddangos wrth un o'r drysau, ar fin cael ei daflu allan gan y gwylwyr wrth iddyn nhw glirio'r lle am y nos.

'Iesu Grist, Dafydd,' medd Iolo wrth fy ngweld i, 'paid byth â chytuno i gyfarfod fi o flaen *McDonald's* eto – mae yna tua deg ohonyn nhw yn yr orsaf yna!'

'Dan ni'n mynd yn ôl tua'r dafarn ond yn stopio am gwrw mewn bar bach distaw ar Via Cavour. Dydy Iolo ddim isio bwyd. Pan 'dan ni'n dychwelyd at y lleill, mae Mauro yn siarad yn ddwys gyda Jenks a Paola, a Gianni yn sgwrsio hefo dau neu dri arall o griw Llanrwst. Mae Mel a thri Albanwr yn canu *Flower of Scotland* nerth eu pennau, ac yn ara deg mae'r canu Cymraeg yn dechrau a dw i wrth fy modd, yn llawn hiraeth a chwrw. Mae pawb yn siarad, pawb yn gweiddi, ac mae'r Eidalwyr yn treulio'r rhan fwyaf o'r noson yn sbio o gwmpas yn gegrwth ar yr olygfa.

'Ydy rhain i gyd wedi cael tocynnau eto?' hola Mauro.

'Dw i'm yn gwbod, ond fel rheol dydy'r rhan fwyaf o bobl ddim yn mynd i weld y gêm,' atebaf.

'Be' ti'n feddwl?'

'Wel, dw i'n teithio i lawr i Gaerdydd os ydw i'n

digwydd bod yng Nghymru, ac i Ddulyn hefyd, ond dim ond dwywaith dw i wedi bod i weld gêm yn y stadiwm yno. Mae'n well gan lawer weld y gêm mewn tafarn.'

'Ti'n trio deud wrtha fi fod pobl yn dilyn eu tîm i'r lle maen nhw'n chwarae dros ryw benwythnos, ac yna yn gweld y gêm yn y dafarn? *Mamma mia . . .* ' medd Mauro a gwylio'r gwydrau cwrw yn cael eu pasio dros bennau pobl o un llaw i'r llall wrth i rywun ddechrau canu eto, â phobl yn dal i lifo i'r dafarn.

*   *   *

Maen nhw wedi cael eisteddfod yn un o'r tafarnau heddiw a chriw o'r de wedi ennill. 'Dan ni'n mynd allan i gael bwyd ac mae'r sgwrs yn troi at yfed. Mae rhai o'r Eidalwyr wedi synnu at ein hymddygiad, ac mewn penbleth ynglŷn â pham ein bod ni'n cael pleser o dreulio amser ac arian yn eistedd mewn tafarn ac yn yfed peint ar ôl peint o gwrw, heb feddwl am fwyta.

Ond dw i wedi sylwi bod y cenedlaethau hŷn yma yn Rhufain lawn mor debygol o fynd yn chwil, tra bo llawer o bobl ifainc yn cefnu ar yr arferiad ac yn amheus o bobl sy'n gwneud hynny.

Mae Paola'n cytuno. 'Mae 'nhad yn yfed yn gyson, ac os oes yna barti neu bryd o fwyd acw, neu os ydy o'n mynd allan i fyta, mae o wastad yn mynd yn chwil. Ond mae o'n mynd law yn llaw hefo bwyd.'

Mae Mauro isio imi gyfieithu ei fod o yn un am ddiod a chwrw a gwin – o leia mi fyddai o, tan iddo ddarganfod fod clefyd siwgr arno. Ond fysa fo erioed wedi medru yfed llawer heb fwyta: 'Os ga i fwyd, yna alla i yfed drwy'r nos, gan ddal i bigo byta ar ôl i'r pryd orffan – ond mae'n rhaid imi gael rhywbeth i'w gnoi.'

Mae Marco'n ysgwyd ei ben yn ddirmygus: 'Yr holl bres 'na! Meddwl sut fysa chdi'n medru byta hefo'r arian 'dach chi'n gwario ar ddiod! Fysach chdi'n gallu mynd allan i fyta bob nos!'

'Ond ydy pawb yn yr Eidal yn yfed gwin hefo'u bwyd?' hola Mel.

''Dan ni'n gneud!' medd Paola. 'Ond oherwydd Dad mae hynny ella. Y rhan fwyaf o bobl ein hoed ni, dydyn nhw ddim yn yfed gwin hefo'u bwyd. Dŵr maen nhw'n yfed, a gwin weithiau pan ân nhw allan ar y penwythnos.'

'*Ci siamo imborghesiti,*' medd Mauro. 'Dan ni 'di mynd yn *posh*. Ers talwm, roedd pobl yn gweithio ac i ymlacio fe fasan nhw'n mynd i *osteria* a chael plât o *spaghetti* a litr o win. Heddiw mae pobl yn licio mynd i lefydd lle maen nhw'n gwneud mathau newydd o fwyd, neu fynd i dafarn, i *pub*. Mae mynd i'r *pub* yn trendi. Maen nhw'n troi trwyn ar y llefydd dosbarth gweithiol syml fel yr *osteria* henffasiwn. Ti'n mynd i lefydd trendi i fwyta pethau cachlyd a thalu drwy dy drwyn amdanyn nhw. Ac mae edrych i lawr ar bobl sy'n yfed ac yn chwil yn rhan o'r ffordd fodern, iachus, soffistigedig, ddiflas o feddwl. Heddiw, mae'n rhaid iti fod yn gall, yn lân, a rhoi heibio'r hen ffyrdd. Dydy'r Eidal ddim yn wlad dlawd Dde-Ewropeaidd mwyach. Ac mae pobl isio anghofio a rhoi pellter rhyngddyn nhw a'r gorffennol.'

* * *

Mae hyn yn f'atgoffa o sgwrs ges i rai misoedd yn ôl gyda dyn oedd ym mar San Callisto. Roeddwn i'n eistedd wrth y bwrdd nesaf ato fo ac yn darllen papur newydd Saesneg. Roedd y lle yn llawn dop, roedd hi'n dywyll y tu allan a'r glaw ysgafn yn disgyn yn ddi-baid – y math o law sydd i'w deimlo'n sych fel aer ond sy'n gwlychu hyd yr asgwrn. Yn sydyn, trodd yr hen foi ataf ac ar ôl gofyn imi o ble roeddwn i'n dod, dywedodd:

'Gwna'n fawr o d'amser yma. Mae'r Eidal, y wir Eidal, yn marw. Ddau neu dri degawd yn ôl roedd bywyd beunyddiol Eidalwyr wedi'i seilio ar ddiwylliant y werin. Roedd hen bobl a phobl ifanc yn byw a bod allan ar y stryd o flaen eu tai; roedden nhw'n siarad, yn treulio amser hefo'i gilydd, yn bwyta bwyd da, yn chwerthin ac adnabod ei gilydd, ac yn cymysgu. Yr adeg honno roedd pobl yn dlawd ond roeddan ni'n bobl go iawn.

Ond heddiw, mae gennym ni bres yn ein pocedi a be' sy gennym ni'n weddill? Lle mae'n diwylliant ni? Heddiw mae gennym ddau beth: arian a'r teledu. 'Dan ni'n edrych tua'r gwledydd cyfoethog, yr Almaen, Awstria, Lloegr ac America, wrth gwrs. Pres ydy popeth rŵan. Mae yna bobl yn ardaloedd cyfoethog gogledd yr Eidal sydd isio troi eu cefnau ar y de, ar yr ardaloedd tlawd, ac isio cael eu gwlad eu hunain a chael popeth eu ffordd nhw. Mae ganddyn nhw gywilydd o'r de. Ond pwy ydyn nhw? Maen nhw i gyd yn bobl oedd yn gweithio ar y tir i lawr yn Puglia a Chalabria ugain mlynedd yn ôl. Mae Milan a Torino yn llawn pobl o Sisilia. Yr Eidalwyr oedd yn gyfrifol am y syniad o'r Freuddwyd Americanaidd, a rŵan 'dan ni isio dangos i'r byd fod posib ei gael o yma. Mae o'n ffiaidd.'

* * *

Ymysg y miloedd sydd wedi dod i Rufain i ddilyn eu tîm rygbi, mae fy modryb a'm hewythr o Gaerdydd. Maen nhw wedi dod hefo criw o ffrindiau ac maen nhw i gyd yn aros mewn gwesty sy'n edrych allan dros yr hen fur Rhufeinig sy'n rhedeg heibio rhan o'r Forum. Mae'r gwesty mor agos at y wal fel ein bod ni'n sefyll yn ei chysgod wrth weiddi i fyny at ffenest un o'r criw sydd wedi penderfynu gwneud fel y gwna'r Rhufeiniaid, a chael *siesta*. Mae'r ffenest yn agored a llenni ysgafn gwynion yn plygu yn ôl ac ymlaen yn yr awel. Wedi hir weiddi, mae'r boi'n ymddangos wrth y ffenest ac yn lapio'r llenni o'i amgylch fel toga, ac yn lledu ei ddwylo i annerch torf ddychmygol o'i flaen.

'Duw, 'wi'n teimlo'n gwmws fel *Julius Cesar!*' cyhoedda o'r ffenest.

'Wel, *Julius*, ti moyn dod am beint?' gwaedda rhywun yn ôl.

'Rhowch funud imi ffeindio fy *olive crown*, ac fe ddo i am beint, bois!'

Yn fuan wedyn, ar ôl peint, mae criw o Gymry newynog yn troedio dros Domus Aurea Nero i chwilio am fwyd.

*   *   *

Mae'r gêm wedi'i chwarae ac yfory mae pawb yn mynd adref. Mae'r dafarn yn gynnes a dw i'n gweld elfennau o gartref arall – sy'n sydyn yn teimlo ymhell i ffwrdd – ac mae rhywbeth cynnes yn cynnau o'm mewn ac yn fy ansefydlogi.

'*Are you enjoying all this, Dafydd?*' gofynna Michael o du ôl i'r bar.

'*It's home from home, isn't it, Michael?*'

'*You're not going to end up going back with them, are you?*'

'*No! But it's going to be strange when they're not here any more.*'

*   *   *

214

Os ydy pawb arall yn mynd adref drannoeth y gêm, nid dyna fwriad Mel a Iolo, ac maen nhw'n mynd i Centocelle i wylio gêm Serie A rhwng Fiorentina a Roma. Mae Mauro yn gorfod dod i ganol y ddinas yn y bore ac mae'n ein codi ni wrth y pyramid.

Mae Roma yn dal i fod ar gopa'r gynghrair ond maen nhw wedi eu gorfodi gan y gymdeithas bêl-droed i chwarae'r gêm hon ar ddydd Llun. Wrth gwrs, mae'r holl beth yn drewi o gynllwyn: mae gan Roma'r cyfle gorau ers blynyddoedd i ennill y bencampwriaeth, ond mae'r awdurdodau a'r grym yn Milan a Torino yn gwneud popeth posib i godi eu gwrychyn. Mi fysa buddugoliaeth heddiw yn addo pethau mawr ar gyfer y set olaf o gemau.

'Dan ni'n deffro'n llawer rhy fuan, am ddeg o'r gloch – dw i wedi gofyn am ddiwrnod o wyliau – a 'dan ni'n syrthio allan o'r tŷ â chur yn ein pennau, a finiogir gan yr haul lled-hafaidd sy'n taflu golau llachar ar gerrig gwynion y strydoedd. Mae Iolo a fi yn pwyso ar y reilings o flaen troed y pyramid, a Mel yn eistedd ar ochr y pafin ac yn cynnau sigarét, y tri ohonom yn olygfa flêr o unigolion sydd ychydig ar goll.

Mae fan Mauro'n cyrraedd a 'dan ni'n dringo i mewn. Mae griddfan Iolo a Mel yn y cefn yn peri i Mauro chwerthin yn slei wrth iddo hedfan yn bwrpasol rownd corneli a thros dyllau yn y ffordd. Serch hynny, pan 'dan ni'n dringo allan o'r fan ac yn cerdded i mewn i'r bar, mae Mel yn troi ei drwyn ar gacennau Gaetano a'r coffi mae pawb arall yn ei yfed, ac yn mynd am botel fechan o *Peroni*. Mae unrhyw drugaredd oedd gan Mauro tuag ato yn diflannu yn y fan a'r lle.

'Fyswn i wedi gneud pob rowndabowt ddwywaith 'taswn i 'di meddwl fod y diawl yn ddigon da i yfed cwrw,' medd Mauro.

Mae'r gêm am dri felly mae amser i fynd am ginio cyn iddi gychwyn. Mae Marco yn ymddangos ac mae o a Mauro yn penderfynu y dylai Iolo a Mel weld yr *Osteria con Cucina*, felly mae Mauro'n mynd adref i nôl ei dad gan ddweud y bydd yn ein cyfarfod yno.

Pan 'dan ni'n cyrraedd, 'dan ni'n gweld bod hanner Rhufain wedi cymryd diwrnod o wyliau. 'Dan ni'n aros tu allan am le i eistedd ac o'r diwedd mae un o'r perchnogion yn ein galw fel mae Alberto yn crepian drwy'r drws, a Mauro wrth ei gynffon. Mae'n cyfarch y ddau ddyn diarth ac yn disgrifio'i salwch stumog, a'r gorchymyn gan y doctor na ddylai yfed – gan estyn ei wydr at y botel o win gwyn yn llaw Marco – ac mae'n byrlymu am gêm heddiw ac am ei gefnder sy'n byw yng Nghymru.

Yn y clwb rydym yn tywys Alberto i lawr i'r pen blaen lle mae cadair wedi ei chadw ar ei gyfer, yn union o flaen y sgrîn fawr. Erbyn i Fiorentina sgorio mae Mel wedi troi'n wyrdd ar ôl y gwin a holl lafur y penwythnos ac wedi syrthio i gysgu. Mae'n deffro hanner amser, ond yna, wrth i'r gêm ailgychwyn, yn syrthio i gysgu unwaith eto, ond yn neidio allan o'i gadair wrth i'r clwb ffrwydro gyda gôl gyfartal Roma. Ymhlith y cyrff mewn coch a melyn sy'n cofleidio'i gilydd, mewn cwmwl o fwg a thwrw, mae un dyn digyffro yn edrych yn lasach fyth.

Wedi'r gêm mae Mauro yn cynnig mynd â ni i ganol y ddinas ond mae Alberto wedi dotio ac isio i ni i gyd fynd i gael swpar yn ei dŷ o. Dw i'n cyfieithu'r gwahoddiad ac mae'r ddau'n cytuno, yn falch o gael ysbaid o'r mannau yfed a chael blasu awyrgylch cartrefol Eidalaidd.

Mae Alberto yn ei elfen yn adrodd hanes ei ieuenctid, pan wahoddid ef i eistedd yn rhes flaen y theatr i gymeradwyo'r actorion er mwyn cymell gweddill y gynulleidfa i wneud yr un modd. Mae'n adrodd sut y bu'n rhaid iddo guddio rhag yr Almaenwyr yn ystod y rhyfel, a sut y byddai ei fam yn mynd allan gyda'r torfeydd newynog i chwilio am ddail mintys a letys yn y caeau o amgylch Porta Maggiore.

'Ond cofiwch chi, mae yna wastad rywun sy'n waeth ei fyd na chdi. Doedd ganddon ni ddim byd i'w fwyta nes i'r Americaniaid ddod, ond drws nesa roedd yna deulu Iddewig a ryw ddiwrnod daeth yr Almaenwyr i'w nôl nhw . . . welson ni byth monyn nhw wedyn . . . '

Ar ôl eistedd wrth y bwrdd bwyta am chwe awr, mae Mauro yn rhoi lifft inni yn ôl i Testaccio ac yn ysgwyd llaw, gan addo cwrdd â'r cyfeillion eto yn Llanrwst. Ar ôl iddo fynd, wrth inni bwyso'n drwm yn erbyn waliau'r lifft bron yn cysgu ar ein traed, mae Mel yn cyfaddef:

'Dw i'n meddwl 'mod i wedi yfed mwy yn nhŷ'r hen foi 'na heno na dw wedi 'neud ers imi fod yma . . . '

18

Roedd rhaid i Iolo ddychwelyd i'w waith ond roedd Mel wedi neilltuo gwyliau hirach a phenderfynodd y ddau ohonan ni fynd i Napoli.

Os ydy cymdeithas yr Eidal yn datblygu ac yn symud ymhellach o'i chraidd, mae Napoli yn cynnig cip ar y craidd hwnnw. Mae hi'n briodol mai Napoli, sy'n gorwedd yn fregus ar ochr y môr ac yn tyfu'n araf ar lethrau'r llosgfynydd a foddodd Pompeii, ddylai gynrychioli'r tân sydd wrth wraidd y wlad hon. Mae Napoli yn feicrocosm o'r Eidal. Ac un o'r prif feini prawf o hynny yw'r sarhad y mae Eidalwyr coeth yn ei leisio tuag ati a'r pellter y dymunai llawer o Eidalwyr ei roi rhyngddynt a hi. Ond yn fy mhrofiad i, y llefydd hynny sydd wedi magu enwau drwg yw'r llefydd mwyaf diddorol: Lerpwl yw Napoli Lloegr, Marseille yw Napoli Ffrainc. Cerddwch o gwmpas y dinasoedd hyn ac fe deimlwch y ddinas yn treiddio drwy'ch croen a rhywbeth yn codi o'r palmant wrth i'ch traed gyffwrdd â'r ddaear.

Dywedodd D.H. Lawrence fod yr Eidal yn rhywle rydach chi un ai'n ei garu neu'n ei gasáu. Cyfarch Saeson yr oedd o. Mae pobl yn dueddol o feddwl am Ewrop yn nhermau cyfandiroedd a diwylliannau y gellir eu rhannu yn ôl y ffordd y maent yn perthyn i undod tir; ond oddi fewn i Ewrop mae ynysoedd o ddiwylliannau, llefydd sy'n parhau i orwedd y tu hwnt i brif lif canol Ewrop fodern. Felly ucheldir Cymru a glannau gorllewinol Iwerddon. Yn Napoli mae Milan a Torino, heb sôn am Lundain, Paris a Frankfurt, bellteroedd maith i ffwrdd, yn ddaearyddol ac yn feddyliol. Roedd Napoli yn Neopolis, yn 'dref newydd', ar adeg pan oedd ei diwylliant yn hanu o wlad Groeg, ac yn ymestyn yn ddwfn i fol enfawr Affrica. Yr etifeddiaeth *napoletano* hon sy'n peri i lawer droi i ffwrdd neu oedi ymhell i'r gogledd, a pheidio â mentro i bwll byrlymus y strydoedd culion a thywyll lle gadawodd Groegiaid, Normaniaid, Arabiaid, Sbaenwyr, Ffrancwyr ac Eidalwyr eu hôl.

Mae Ffrainc, a hyd yn oed Provence yn ne Ffrainc, yn dderbyniol i'r diwylliant Eingl-Seisnig gogleddol: mae'r bwyd yn llawer gwell nag adref, y tirlun yn wahanol, gwinwydd ac olewydd yn tyfu yno a'r haul yn tywynnu. Pan groesi di'r Alpau mae pethau'n newid, ac yn sydyn mae adref dipyn pellach i ffwrdd; ond mae Toscana yn cynnig inni'r soffistigeiddrwydd cyfarwydd hwnnw, a'r sicrwydd a geir wrth eistedd wrth fwrdd y tu allan i gaffi ym Mharis. Ond ar ôl Toscana? Treiddir yn ddyfnach i gorff yr Eidal i fasin agored Môr y Canoldir ac i freichiau tywyllach y bobloedd sydd wedi gwneud eu cartrefi ar ei lannau ers miloedd ar filoedd o flynyddoedd. Mae gwreiddiau a nodweddion y bobl sy'n trigo yno yn dod o rywle arall.

*   *   *

Ar ôl inni dynnu allan o Termini a llusgo'n araf drwy gyrion y ddinas, dyma Lazio a'i meysydd gwyrddion yn ildio i dirwedd sychach a cherrig gwynion bryniau moel y Campania, lle tyf coed lemon ar ochr y rheilffordd. Prin roeddan ni wedi dechrau symud cyn i ddyn ddod heibio yn gwerthu brechdanau cartref, a chnoi un o'r rhain yr oedd Mel wrth i fryniau llychlyd godi ar yr aswy, ac i'r môr ymddangos o dan awyr las y gorllewin. Yn araf, daeth cyrion chwâl Napoli i'r golwg, gyda'u ffatrïoedd, buarthau diffaith yn llawn offer rhydlyd, adeiladau uchel â golch yn crogi oddi ar eu ffenestri ac yna ochrau Vesuvio uwchlaw lloerenni'r toeau.

Yn yr orsaf aethom i geisio gwybodaeth am lety. Roedd hi'n ddiwedd prynhawn a llinell hir o bobl yn disgwyl am wasanaeth dyn barfog â sigarét yn ei geg, felly dyma fynd am sgowt o gwmpas yr orsaf. Wrth gamu allan i oleuni a bwrlwm byddarol Piazza Garibaldi, roedd Rhufain yn ymddangos fel pentref trefnus a chall. Ar ochr y sgwâr roedd heddlu yn eistedd ac yn pwyso'n erbyn eu cerbydau, y drysau yn agored, eu sbectols haul yn sgleinio yn yr heulwen a'u sigaréts yn llosgi yn eu cegau. Yn ymyl, roedd rhyw hanner dwsin a mwy o sgwteri â'u perchnogion ifanc gwrywaidd yn sgwrsio gyda'r plismyn, fel ffermwyr ar ddiwrnod marchnad.

Meddyliais am Gianni yn adrodd hanes ei bennaeth yn mynd i Napoli ar fusnes: roedd o'n gyrru ar hyd un o'r prif strydoedd â'i ffenest yn agored pan ataliwyd ef gan blismon.

'Peidiwch â phoeni,' meddai'r plismon wrtho fo, 'dydach chi ddim wedi gneud unrhyw beth o'i le. Ond os ydach chi am wisgo'r oriawr 'na wrth yrru o gwmpas Napoli, well i chi gau ffenest eich car, neu fydd hi ddim gennych chi pan ewch chi'n ôl i Rufain.'

Cerddon ni rhwng y bobl a'r ceir, a'r sgwteri yn chwyrlïo heibio, a dim un helmed i'w gweld yn unlle. Daethom o hyd i westy ar stryd fechan gyferbyn â'r orsaf, am nad oeddan ni isio gwastraffu amser yn llusgo ein bagiau o gwmpas i chwilio am le gwell. Roeddan ni'n talu gormod am y stafell, ond doedd dod o hyd i rywle ddim yn hawdd ar ddydd Gwener y Groglith yn yr Eidal. Gollyngom ein bagiau a mynd allan am dro. Er ei bod hi'n fachlud haul, roedd y siopau i gyd ar agor a'r palmentydd yn orlawn o bobl – yn gymysgedd o *napoletani* a phobl dduon – yn gwerthu nwyddau oddi ar fyrddau wedi'u gwneud o focsys cardbord, a'r dyrfa yn gorlifo i ganol y ffordd lle'r oedd y traffig yn mynd i bob cyfeiriad. Edrychodd Mel a fi ar ein gilydd a dechrau chwerthin, y ddau ohonon ni hefo'n llygaid a'n cegau yn llydan agored.

Gwelsom ein bod ar Via Corso Umberto I, un o'r prif strydoedd yn arwain allan o Piazza Garibaldi, a dyma droi i'r chwith i stryd fechan lle'r oedd goleuadau'r Pasg yn crogi uwchlaw. Roedd oglau pysgod, cig a llysiau ffres yn cymysgu ag arogl llaith y cyfnos. Gwaeddai merched, dynion a phlant, rai ohonynt mewn ffedogau gwynion, gynigion ola'r dydd hyd y stryd. Safai rhai yn sgwrsio yn nrysau eu siopau; roedd eraill wrth eu meinciau yn siarsio'u plant, yn llwytho bocsys neu'n chwistrellu dŵr ar y stryd. Roedd y plant yn troi'r pibellau ar ei gilydd am hwyl a'r dŵr yn llifo'n araf ar hyd y ffosydd a thrwy'r sbwriel, gan gymysgu â gwaed a phennau chwâl y pysgod. Roedd y sŵn fel haen o niwl yn chwyrlïo o gwmpas ein clustiau, yn cael ei foddi o bryd i'w gilydd gan dwrw main moduron y sgwteri. Roedd un, dau, tri o bobl yn eistedd ar y beiciau bychain gwichlyd, a'r reidwyr i gyd yn cynnal sgwrs fel petaen nhw'n eistedd yn ddioglyd wrth fwrdd caffi.

I lawr y lôn roedd band yn chwarae a cherddoriaeth trwmpedi, gitarau ac acordiynau yn codi o gysegr i'r Forwyn Fair, a lampau a chanhwyllau ym mhob man. Dyma ni'n oedi i wylio a gwrando, ond hanner eiliad wedyn dyma ddwy eneth ar gefn sgwter yn canu corn arnom, yr hynaf yn ddeuddeg oed ar y mwyaf, ac ar ôl mynd heibio aethant yn eu blaenau tua'r band a chanu'r corn unwaith eto. Symudodd rhai o'r cerddorion y mymryn lleiaf i'r naill ochr, gan ddal i ganu eu trwmpedi fel petai hyn i gyd yn rhan o'r ddefod.

Yn fuan wedyn, roeddan ni'n ôl ar y brif stryd ac wedi

stopio yn y dafarn leiaf imi'i gweld yn fy mywyd lle'r oedd pedwar boi yn llwyddo rywsut i weini y tu ôl i'r tipyn bar. Tra oeddan ni'n dau yn yfed ein *Peroni* daeth pedair geneth ifanc yn siarad Sbaeneg at y bar a gofyn iddynt newid y gerddoriaeth. Gofynnodd un o'r gweinwyr o ble roeddan nhw'n dod ac ar ôl deall mai o Fecsico oeddan nhw, tiwniodd y radio i gerddoriaeth De America, a dechreuodd y pedwar boi y tu ôl i'r bar ddawnsio, ynghyd â hen ddyn chwil di-ddannedd oedd yn smocio wrth y bar, a'r genod Mecsicanaidd yn chwerthin rhwng eu dwylo. Aeth un o'r hogiau, yr ieuengaf, i gyflwyno'i hun i bob un o'r genod, a gofyn sut oedd dweud 'dw i'n dy garu di' mewn Sbaeneg. Dyma nhw'n egluro, a throdd at y ddelia ohonyn nhw a dywedodd wrthi ei fod yn ei charu. Gwenodd hithau, a dilyn ei ffrindiau allan i'r stryd, y pedair yn codi llaw yn braf.

Mae Mel wrth ei fodd hefo *pizza* ac yn gwneud môr a mynydd o gael un pan fydd yng Nghaerdydd, felly roedd hi wedi canu arnan ni i fwyta unrhyw beth arall yng nghartref y *pizza*. Pryd y dyn tlawd ydy *pizza*: er mwyn peidio â gwastraffu hen fara oedd wedi mynd yn galed, arferid ei wlychu ag olew olewydd a gwasgu garlleg arno i roi blas iddo. Gydag amser, dechreuwyd ychwanegu tomatos a phob math o bethau eraill, a newidiwyd y toes hefyd. Mae Mel yn hoff o *prosciutto* a *funghi,* yr unig ddau air Eidaleg, heblaw am *birra, vino, vaffanculo* a *stronzo,* mae o'n wybod.

Ar ôl y *pizza,* daethom ar draws bar mewn stryd ddiarffordd. Roedd y stafell yn dywyll a bar hir a rhes o fyrddau ar hyd y wal. O weld ei bod hi'n hwyr iawn a'r lle'n ddistaw, dyma ofyn i ddyn tu ôl i'r bar os oedd yn dal ar agor. Cadarnhaodd hynny a daeth â dau wydr o gwrw inni. Yn y man daeth criw o fechgyn ifanc swnllyd i mewn gan alw am fwyd.

Ar hynny daeth dau ddyn arall allan o'r gegin yn y cefn, a nesaodd un o'r rhain at y criw o ryw wyth boi i egluro ei bod hi'n rhy hwyr rŵan iddynt swpera. Cododd hogyn mawr tew ei lais. Dechreuodd chwifio ei ddwylo crynion, a chrynai ei fochau wrth iddo ddiawlio a gwylltio, tra ceisiai pennaeth y lle ei dawelu a'i berswadio ei bod hi'n iawn iddo fo a'i ffrindiau gael rhywbeth i'w yfed. Gwnaeth hyn bethau'n waeth, gyda dau neu dri o'r lleill yn efelychu ymarweddiad bygythiol yr hogyn tew, nes bod pob un o'r hogiau'n chwerthin yn wawdlyd ac yn hawlio bwyd.

Drwy'r adeg roeddwn i a Mel wedi cadw'n ddistaw gan geisio peidio edrych yn ormodol i'w cyfeiriad. Roeddan nhw'n siarad tafodiaith Napoli, ac roedd y gymysgedd o eiriau nad oeddwn i'n eu dallt a chryfder eu lleisiau yn fy nghymell i gadw hyd braich. Roedd eu tôn yn debycach i Arabeg nag Eidaleg. Ond rŵan roedd y boi tew yn gwylltio ac yn curo ei ddyrnau ar y bwrdd o'i flaen.

'Yli, dw i wedi dod â fy ffrindiau yma heno oherwydd roeddan ni isio bwyd. Roeddan ni'n meddwl am le i fynd i fyta a mi ddudis i, "O, pam nad awn ni i le Ciccio?" a dyma pawb yn cytuno ac yn dod hefo fi. A dyma ti'n deud rŵan nad oes 'na ddim bwyd gynna ti. Be' 'di hyn?' Agorodd ei ddwylo'n llydan ac edrych ar wynebau'i ffrindiau. Ar yr un pryd, gwelais fod yna bump dyn wedi ymddangos o'r cefn, ac yn sefyll yn amddiffynnol y tu ôl i'w pennaeth gyda'u breichiau wedi'u plethu o'u blaenau.

'Gwranda,' meddai'r perchennog, 'dydy hyn ddim yn unrhyw beth personol . . . ' Ond chafodd o'm cyfle i orffen.

'"Dim byd personol"! Dw i'n dod i dy le byta di a ti'n gwrthod rhoi bwyd imi, a dydy hynna ddim yn bersonol!' Ac edrychodd eto ar ei ffrindiau a rhoi chwerthiniad ffug.

223

Dyma hwythau, wedi oedi am eiliad, yn gwneud yr un fath.

'Dydy o ddim yn unrhyw beth personol,' ceisiodd y perchennog eto, 'ond mae'n rhaid iti ddallt bod y gegin wedi cau, mae'n hwyr, ma'r cogydd ar fin mynd adra a . . . ' Ond doedd y dyn iau ddim am wrando.

'Yli, dw i'n gwbod dy fod ti wedi cael helynt hefo 'nhad o'r blaen. Dw i'n gwbod hefyd ei fod o wedi bod yn dda hefo chdi hefyd, on'do?' Ac roedd y dyn hŷn rŵan wedi distewi ac yn dal ei ben yn isel. 'Wel, dw i ddim isio i bethau fynd yn ddrwg rhyngoch chi, wyt ti? Felly tyd â rwbath i fyta inni, nei di?'

Bu eiliad o ddistawrwydd, yna trodd y perchennog a galw ar y lleill i dderbyn eu harchebion. Gorffennodd Mel a fi ein cwrw a cherdded allan.

Cerddom i lawr y ffordd anial nes cyrraedd cornel Via Medina ar waelod Corso Umberto. I fyny'r lôn roedd fan dair olwyn yn dod i lawr yr allt, ac ar ei phen fainc, y math a welir ar *float* mewn carnifal, ac ar y *float* roedd delweddau o faban ac o'r bythol bresennol Padre Pio yn sefyll yng nghanol môr o flodau papur. Pesychodd y fan i lawr yr allt tuag atom a sgrechian rownd y gornel i gyfeiriad y môr, ac wrth iddi droi cefais gip ar ddau ddyn yn eistedd fel pâr o sardîns yn y cab bach yn y tu blaen, ac ar y cefn bedwar bachgen bach yn cydio'n dynn yn ochrau'r fan rhag disgyn oddi arni, ac yn cydio hefyd yn y fainc rhag i honno hedfan i ffwrdd wrth iddyn nhw droi'r gornel. Roedd y ddau ddyn yn gweiddi ar y bechgyn i ddal yn gadarn, ond mewn eiliad roedd eu lleisiau, ynghyd â thagu'r fan, wedi diflannu rownd y gornel, ac wedi gadael y stryd lydan yn hollol lonydd a gwag fel petasan ni wedi dychmygu'r holl beth.

*   *   *

Drannoeth, aethom i gael brecwast hwyr mewn bar a cherdded tua'r harbwr. Prynon ni fotel o win a dau gwpan plastig ac eistedd am awr neu ddwy yng nghysgod palmwydden o flaen y castell sy'n edrych allan dros y bae. Syrthiodd Mel i gysgu ac es i i weld pryd oedd y fferis yn hwylio i'r ynysoedd. Fe benderfynwyd bod Capri ac Ischia yn rhy dwristaidd, ac felly aethom i lawr at y dŵr a chymryd cwch i'r ynys leiaf, Procida. Wrth iddo dynnu i ffwrdd o'r bae gallem weld y ddinas yn gorwedd yn y crud rhwng y bae a Vesuvio, a Bae Napoli yn ymestyn i gyfeiriad Sorrento a'r fintai o bentrefi bychain sy'n crogi fel nythod ar ochrau'r creigiau gwynion uwchben y môr. Ar Procida roedd rhes o siopau a llefydd bwyta ar yr harbwr, lle dawnsiai cychod bychain amryliw'r pysgotwyr. Yno hefyd roedd hen dai glas a gwyn y pysgotwyr, yn edrych dros y bae at y tir mawr.

Roedd yna fws i'n tywys i ochr arall yr ynys. Plethodd ei ffordd, weithiau'n dawel, weithiau'n wyllt, gan ganu ei gorn i ddiawlio neu gyfarch rhywun droeon nes inni gyrraedd bae bach tawel yr ochr draw. Cawsom ginio ar lan y dŵr a mynd i orwedd a chysgu ar y traeth i sisial tonnau haul prynhawn o Ebrill.

* * *

Ar Sul y Pasg aethom allan o'r gwesty i lygad caled yr haul: mae Napoli tua dau gant a hanner o gilometrau i'r de o Rufain, ond mae'r gwahaniaeth yng ngwres yr haul yr adeg hon o'r flwyddyn yn sylweddol. Ar Piazza Garibaldi roedd rhesi o bobl wedi'u gwisgo mewn gwyn a rhywrai'n cario baneri yn eu mysg. Roeddan ni wedi penderfynu mynd am dro o gwmpas y ddinas, yn y gobaith o ddod ar draws llefydd i eistedd a chael gwydriad neu ddau. Gan nad oeddan ni'n gwybod lle i gychwyn, dyma benderfynu dilyn yr osgordd.

Delweddau o Iesu Grist ac o Fair gyda sloganau crefyddol oddi tanyn nhw oedd ar y baneri. Roedd yna *floats* ar olwynion bychain ymhob man ac arnynt luniau o'r saint yng nghanol blodau amryliw.

Roedd y daith yn parhau i lawr yr allt rŵan, i gyfeiriad y bae, a sŵn cerddoriaeth yn codi'n raddol tuag atom. Yna trodd yr osgordd i'r dde ac yno, mewn sgwâr wedi'i amgylchynu gan hen baent a phlastar wedi plicio a sychu ar waliau budr, roedd cannoedd o bobl wedi ymgynnull o flaen hen eglwys. Roedd llawer yn cario baneri ac eraill wedi dod yn eu dillad cyffredin, a band pres yn sefyll yn y cysgod yn chwarae tôn fywiog anghydnaws braidd â sancteiddrwydd dwys yr emblemau a ddyrchefid uwchlaw'r dorf.

Rŵan roedd mwy o arddangosfyrddau yn cyrraedd y sgwâr o bob cyfeiriad. Ar adegau roedd yn rhaid symud sgwteri ac mi gododd criw o ddynion gar i wneud lle i'r osgordd fynd heibio. Roedd mamau yn cydio yn eu plant ac yn eu tynnu o lwybr y cerddwyr, a babanod yn cael eu codi ar ysgwyddau eu tadau. O gwmpas y lle, roedd troliau bychain a'r gwerthwyr yn cynnig diod lemon a rhew i'r fforddolion. Es at un o'r rhain a phrynu un gan roi'r gwpan ar fy nhalcen cyn ei hyfed.

Yng nghanol y sgwâr, roedd arddangosfwrdd mawr yn cael ei gario ar sgwyddau tuag ugain o hogiau ifanc, pob un wedi'i wisgo mewn trowsus a chrys gwyn. Roeddan nhw'n gwingo o dan y pwysau nes bod y chwys yn diferu i lawr eu hwynebau, ond doeddan nhw'n oedi dim wrth symud yn ddeddfol i guriad ysgytwol y band, a'r angylion uwch eu pennau yn neidio ac yn bygwth hedfan i ffwrdd yng nghynnwrf y rhythm. Gwelais ferched ifainc yn edrych ar yr hogiau, yn gostwng eu pennau yna'n codi'u golygon unwaith eto, â hanner gwên yn dawnsio'n ysgafn ar eu hwynebau, a'r hogiau'n dal i symud, eu gwallt yn berffaith er gwaetha'r holl neidio a'r chwys a'r gwres, pob un yn hardd fel merch ac yn debycach i ddelwau rhyfedd, fel rhyw adlewyrchiadau annaturiol o'r cerfiadau Cristnogol uwch eu pennau.

Gadawsom y sgwâr a symud i lawr tua'r harbwr cyn oedi i syllu ar y ddinas gyfan gyda Vesuvio yn colli'i ben mewn awgrym tila o gwmwl, fel haen denau o fwg yn mygu o hen dân. Rownd y gornel roedd castell yn gwlychu'i draed yn y dŵr a gwestai mawr crand yn wynebu'r môr. Yma roedd popeth yn dawelach: teuluoedd o gefndiroedd cyfoethocach yn cerdded yn hamddenol ar hyd y ffrynt, eu plant wedi'u gwisgo'n dda ac yn llyfu hufen iâ tra oedd y rhieni yn trin a thrafod yn ddoeth, eu dwylo wedi'u plethu tu ôl i'w cefnau a'u traed yn llusgo dros balmentydd cyfarwydd a gwastad. Yn nes ymlaen roedd sgwâr bychan a cherflun enfawr yn ei lenwi, dim graffiti na sbwriel i'w weld yn unlle a thwrw moduron ceir yn chwyrnu'n dawel, rai strydoedd i ffwrdd.

Dyma ddilyn llwybr stryd lai a dod o hyd i far lle cawsom goffi a holi am y Quartieri Spagnoli. Dyma hanfod Napoli: ardal Sbaeneg sy'n dringo i fyny'r bryn ar ochr ogleddol y ddinas, gwe o strydoedd culion yn plethu i fyny gelltydd a grisiau. Roedd drysau'r tai isaf yn agored ar lefel y stryd, a chawsom gip ar stafelloedd bychain i deuluoedd cyfan fyw, bwyta a chysgu ynddynt: bwrdd, gwely yn dyblu fel soffa, cadeiriau caled, man coginio a'r teledu hollbresennol yn atsain o'r cysgod. Roedd pobl yn bwyta allan ar y stryd, byrddau wedi'u cario allan o'r tai a phlant yn rhedeg rhyngddynt yn swnllyd. Uwch ein pennau, ar y balconïau rhwng y llenni a'r dillad yn crogi, roedd merched yn sgwrsio gyda'i gilydd, ac yn gollwng bwcedi ar gortyn i lawr i'r stryd islaw lle'r oedd plant yn disgwyl i roi nwyddau a neges ynddyn nhw, cyn iddynt ddiflannu ymysg cymylau'r golch.

Yn sydyn, clywsom dwrw rhywrai'n rhedeg a gweiddi a sŵn pell cerddoriaeth yn cyrraedd o rywle anweledig. Ac yna ymddangosodd ton o blant mewn gwisgoedd gwynion fel haid o dylwyth teg, rhai yn cario baneri ond y rhan fwyaf yn dal capiau a hetiau ben i waered a gwaelodion eu crysau fel dysglau. O'r balconïau uwch ein pennau daeth cawod o arian yn gymysg ag ambell bluen bapur, a'r plant yn neidio ac yn dawnsio i'w dal yn eu crochanau, tameidiau o aur yn offrwm i'r bobl fychain.

*   *   *

Yn hwyrach yn y dydd, daethom ar draws y Via dei Tribunali: stryd hir sy'n rhedeg fel gwythïen drwy galon Napoli. Roedd plant bychain yn gyrru eu moto-beics pitw fel ffyliaid nes peri i Mel a fi orfod encilio yn ôl i far roeddan ni newydd gamu tuag ato, cyn iddynt weu o'r golwg rhwng y cerddwyr.

Roedd sawl bar yn amgylchynu Piazza Bellini, un ohonyn nhw'n gwerthu llyfrau, a myfyrwyr yn darllen a sipian coffi a gwin y tu allan iddo. Roedd cerddoriaeth Arabaidd yn llifo o un arall ac eisteddom wrth un o'r byrddau o'i flaen. Wrth lyncu gwydriad ar ôl gwydriad o'r cwrw oer, ac wrth i wres y dydd lifo'n araf ohonof, eisteddais yn ôl a mwynhau gwylio'r hogan ifanc oedd yn gweini yn dawnsio rhwng y byrddau, un o'r pethau harddaf a welais erioed, a hithau'n gwenu ac yn rhythu, ei dau lygad tywyll fel marmor du yn cynnal y tân a'r angerdd sydd i'w canfod yn nhiroedd poeth Môr y Canoldir. Roedd ei hedrychiad fel llaw yn ymestyn o fraich ac yn mwytho dy feddwl, ac eisteddodd y ddau ohonom yn ôl gan longyfarch ein hunain ar hyfrydwch bywyd.

Yn ddiweddarach daeth perchennog y bar at ein bwrdd a gofyn o ble roeddan ni'n dod.

'Dal Galles,' medda fi. 'E tu?'

'Palestina,' atebodd.

Gwahoddodd ni i mewn at y bar, ac yno y buom ni drwy'r nos.

*   *   *

Wrth bellhau o Napoli mae'r bryniau a'r creigiau gwynion yn colli'u sychder ac arwyddion o'r dŵr sy'n y ddaear o dan wyneb y tir yn amlhau, y tirwedd yn araf lasu a'r creigiau llychlyd, moel yn encilio. Mae coed lemon y de wedi diflannu rŵan, ac ar ôl gadael Campania a thir folcanaidd, ffrwythlon Napoli, ni chawn ddim ond coed olewydd a gwinwydd yn taflu eu cysgodion dros y caeau gerllaw sgerbydau'r dyfrbontydd ar y ffordd i Rufain.

19

Dw i'n eistedd gyferbyn â Giacomo sy'n ymchwilio i hanes Rhufain. Mae'n cael gwers Saesneg.

'Wyt ti'n gwybod rhywbeth ynglŷn â hanes Rhufain?' hola.

'Wel, rywfaint, ydw.'

'Ti'n gyfarwydd â sut y sefydlwyd y dref, felly; ti wedi clywed am Romulus a Remus a ballu, do? Iawn. Wel lol a rwtsh ydy o i gyd. Y darn am y fleiddast, sefydlu'r dref a rhoi enw iddi. Dydy'r enw 'Roma' ddim yn dod o Romulus. Roedd afon Tevere yn gwahanu dau lwyth: yr Etrwsgiaid i'r gogledd a'r Lladinwyr i'r de. Roedd y Lladinwyr yn bobl ryfelgar a milwrol a'r Etrwsgiaid yn ddiwylliedig a masnachol. Roedd cysylltiad masnach rhwng y ddau lwyth, a nwyddau'n cael eu cyfnewid dros yr afon, wrth yr ynys lle'r oedd dwy bont wedi'u codi.

'Ar fryniau'r Palatino, yr Esquilino a'r Quirinale, roedd cymunedau o ladron – *banditi*. Ac mi roeddan nhw eisiau rheoli'r symud dros yr afon rhwng tiroedd yr Etrwsgiaid a'r Lladinwyr, a lle gwell i wneud hynny ond wrth y pontydd? Yn yr iaith Etrwsgaidd, ystyr y gair *Romos* yw'r 'bobl sy'n byw wrth yr afon', ac o fan'na mae enw Rhufain yn dod; hynny yw, oddi wrth y *banditi* yma. A brenin – neu arweinydd – y rhain oedd y person a oedd yn rheoli symudiad y nwyddau dros yr afon, ac felly'n arglwydd y pontydd, hynny yw y *Pontifex Maximus*. Dyna oedd enw'r offeiriad Rhufeinig yn ddiweddarach – mi roedd Cesar yn un – a dyna hefyd ydy'r enw ar y Pab heddiw.

'Ond gan fod y dynion hyn yn deillio o wahanol lwythau, gyda ieithoedd ac arferion gwahanol, roedd rhaid rhoi rhyw fath o drefn arnyn nhw. Felly daeth trefn a systemau i fod yn rhan hanfodol o'u bywyd a'u diwylliant. A chan mai'r gallu i roi trefn ar bethau oedd eu cryfder, yn union fel y Rhufeiniaid a ddaeth ar eu holau, doedd gan y dynion yma ddim dychymyg – dim ond meddylfryd ymarferol ynghylch sut i weithio cymdeithas, ac mi weithiodd.

'Fe ddylanwadon nhw wedyn ar y llefydd lle'r aethon nhw. Er enghraifft, fe aethon nhw i'r Almaen a gofyn i'r bobl yno, 'Be' ydy dy enw di?' ond doedd ganddyn nhw ond un enw, felly gofynnodd y Rhufeiniaid, 'Ym . . . iawn . . . ym . . . be' ydy dy waith di? Gof? Iawn, felly Schmidt ydy dy enw di'; neu Faber, sef *fabbro* yn Eidaleg, Smith yn Saesneg. Os mai melinwr oedd y boi, Miller fyddai ei enw, Müller yn Almaeneg. Ac wedyn fe ddaeth eu meibion nhw a'r ail genhedlaeth, felly gathon ni Faberson, neu Smithson, ac yn y blaen. Dim dychymyg ond rargian, oeddan nhw'n drefnus!'

* * *

Ddoe roeddwn i'n gwylio'r teledu a hanes gŵyl Eidalaidd lle mae criw o ddynion yn dringo i mewn i gefn trol yn llawn orenau. Mae'r drol yn cael ei thynnu drwy'r dorf, a'r dynion ar y drol yn codi orenau ac yn eu taflu'n dreisgar at y bobl, sy'n eu taflu nôl yr un mor galed at y dynion.

Mae gan yr Eidal gannoedd o wyliau o'r fath. Mae ganddyn nhw wyliau ar gyfer popeth sy'n fwytadwy neu'n yfadwy, fel Gŵyl yr *Artichokes* neu Ŵyl y Gwin. Ym Marino, un o'r pentrefi tu allan i Rufain yn ardal y Colli Albani, i ddathlu'r cynhaeaf gwin mae'r pyllau dŵr a'r pibellau sy'n cyflenwi'r dref yn cael eu llenwi â gwin sy'n llifo allan o gegau'r ffynhonnau i wydrau, poteli, piseri a chegau agored y trigolion.

Un rheswm dros barhad llawer o'r gwyliau hyn yw natur ranedig rhanbarthau'r Eidal. Yng nghefn gwlad mae iaith ac acen yn newid o fewn 10km i'w gilydd, a geiriau hollol wahanol yn cael eu defnyddio ar gyfer yr un peth. Mae pobl yn dal i geisio glynu wrth eu hunaniaeth. I rywun o Milan, Arab ydy'r Rhufeiniwr. Mae cerddoriaeth werin Puglia yn debyg i gerddoriaeth o'r Dwyrain Canol; mae'r gair yn Rhufain am 'ben' yn deillio o'r Sbaeneg. Yn Sardegna maen nhw'n siarad Sardo, iaith hollol wahanol i Eidaleg, ond yn Sardegna maen nhw hefyd yn siarad Catalan. Yn Sisilia, mae'r Eidaleg maen nhw'n siarad yn Catania yn wahanol i'r Eidaleg maen nhw'n siarad yn Palermo. Os ei di i Bologna a cherdded i mewn i far a gofyn am *bomba*, sef y *doughnut* sydd fel pelen wedi ei gorchuddio â siwgr a'i llenwi â chwstard, wnân nhw edrych yn syn arnat ti: y gair yno ydy *kraffen*, gair sy'n dod o Awstria. *Cornetto* – sef y *croissant* yn Ffrainc, nid yr hufen iâ mewn papur yn yr hysbyseb – maen nhw'n ei gael i frecwast yn Rhufain, ond *brioche* maen nhw'n 'gael ym Milan. Yn Sisilia, maen nhw'n bwyta *couscous*, yn union fel Gogledd Affrica, ac yn Puglia a Basilicata, fel yn llawer o ardaloedd y de, maen nhw'n coginio bwyd mewn twll yn y ddaear wedi ei orchuddio â phridd, fel y gwneir yn y Dwyrain Canol ac yn anialwch Affrica.

Mae undod gwleidyddol yr Eidal yn newydd ac yn fregus yng nghyd-destun Ewrop. Pan fo Roma yn chwarae Juventus mae hi'n gêm ryngwladol i bob pwrpas; mae tîm cenedlaethol yr Eidal yn methu lle mae ei chlybiau yn llwyddo, yn rhannol oherwydd bod gemau eraill, mwy rheolaidd, yn tanio brwdfrydedd mewn ffordd nad yw'n wir am y tîm cenedlaethol. Ychydig o'r chwaraewyr sy'n canu'r anthem genedlaethol ar ddechrau'r gêm. O'i chymharu â rhai o neiniau teulu gwledydd Ewrop, mae'r

Eidal yn ei maboed. Does ganddi ddim etifeddiaeth genedlaethol boblogaidd na bas data o ddyddiadau yn dynodi camau arwyddocaol yn ei hanes. Ond mae'n prysur newid.

*   *   *

Mae Mauro wedi cael lle iddo fo'i hun mewn ardal o'r enw Tor Bella Monaca, i gyfeiriad bryniau Frascati a'r cestyll Rhufeinig. Mae Centocelle hanner ffordd rhwng ei fflat newydd a chanol y ddinas. Tyfodd yr ardal i'r de-ddwyrain o Rufain yn y saithdegau a'r wythdegau i gartrefu mudwyr dosbarth gweithiol o weddill yr Eidal a thrigolion ardaloedd gwerinol megis Trastevere yn Rhufain. Pobl oedd y rhain a werthodd eu tai am bres mawr i estroniaid, neu a gafodd eu gorfodi i adael eu cartrefi oherwydd cynnydd yn y raddfa log. Erbyn heddiw yn ardal Tor Bella Monaca ceir hefyd ganran uchel o fewnfudwyr o wledydd tlawd gorllewin Ewrop a thu hwnt.

Mae'r ardal yn frith o gaeau agored yn barod i ddwyn ffrwyth. Mae geifr a defaid yn pori ar ochr y ffordd a'r blociau o fflatiau uchel yn y cefndir fel colofnau concrit. Yn un o'r rhain, amryw yn dai cyngor, mae Mauro wedi prynu fflat, ond mae yna waith adeiladu a phaentio ar y lle. Rhyw dri mis yn ôl, cafodd Paola a Gianni fflat yn yr un ardal, ac mae fflat Mauro gyferbyn â'u fflat nhw – anodd ymadael â'r teulu yn yr Eidal – a'r syniad heno ydy ein bod ni i gyd yn mynd i fwyta i le Paola, ond fy mod i yn gyntaf yn mynd i roi help llaw i Mauro a'r criw o ffrindiau sydd wedi bod yn dod yno ar ôl gwaith i adnewyddu'r fflat.

Dw i'n canu'r intercom ac mae llais Mauro yn dweud wrtha i fynd i nôl sigaréts a chwrw cyn dod i fyny. Dw i'n

233

cyflawni ei ddymuniad a'r tro hwn mae'r drws yn dadglicio a dw i'n cymryd y lifft i'r pumed llawr lle mae cerddoriaeth *Pink Floyd* yn llifo gyda'r mwg drwy'r drws agored. Mae yna dri o bobl yno heblaw Mauro: ei gefnder Giorgio a dau gydweithiwr, Marco Semolino a Lenni. Daeth Marco Semolino i gael bwyd hefo ni fisoedd yn ôl. Mae'n gollwng ei offer i roi cusan ar fy moch. Maen nhw yng nghanol gosod nenfwd ffug a 'ngwaith i ydy mynd i nôl y polion haearn sy'n ei gynnal. Dw i'n diolch am gael gwneud job mor bwysig, ac mae Mauro yn chwerthin ac yn troi at y lleill.

'Wel, 'dach chi'n gwbod, proffesor ydy o: dydy o'm yn gwbod sut i neud diawl o ddim byd!'

'Dan ni'n gweithio am dair awr a hanner. Dw i'n cael fy nharo gan eu parodrwydd i ymestyn baich y dydd, a chan eu cyfeillgarwch naturiol, digwestiwn. Maen nhw wedi bod yn dod yma am ddiwrnodau ac mae yna lawer o waith ar ôl, a rhai ohonyn nhw hefo teulu yn disgwyl amdanyn nhw adref. Yn nes ymlaen mae Giorgio a Lenni yn derbyn gwahoddiad i fynd i fwyta i le Paola, lle mae hi wedi paratoi dysgl enfawr o *spaghetti* a thomatos inni, a hithau wedi gwneud diwrnod o waith. Mae'r gwin a'r sgwrs yn doreithiog.

* * *

Flynyddoedd yn ôl roedd fy nhaid yn dal i gofio pobl yn siarad am Rufain fel yr oedd hi'n arfer bod ers diwedd yr Ymerodraeth, gyda meysydd agored yn ymestyn oddi fewn i'r ddinas tuag at y muriau, teuluoedd cyfan yn sgwatio gyda'r geifr yn y Colosseum, gwartheg a defaid yn pori yn y Forum ac adfeilion yr hen fyd yn cael eu defnyddio i gartrefu bywyd modern: siopau yn agor yng nghysgod parod y bwâu a thai yn codi'n chwit-chwat yn erbyn talcenni hen demlau. Yn y cyfnod pan anwyd tad fy nhad, roedd y Rhufain hon yn diflannu am byth. O dan y gwrychoedd a'r pridd lle'r ymddangosai colofn o dan y chwyn, lle'r oedd cytiau bugeiliaid yn cadw'r bleiddiaid draw, gorweddai sgwâr a man ymgynnull un o'r Ymerodraethau mwyaf grymus y mae'r byd wedi eu gweld, a'r gwareiddiad mwyaf syfrdanol yn hanes y byd gorllewinol. Yn ystod ail hanner y bedwaredd ganrif ar bymtheg, gyrrwyd archaeolegwyr i mewn i'r Forum, fe'i glanhawyd a phalwyd y pridd i ddatgelu llawr y ganolfan drefol hon a goncrodd y byd. Cychwynnwyd amddiffyn mannau hanesyddol ac archaeolegol, ac yn araf dechreuodd y Rhufain fodern ymffurfio.

Daeth fy nhaid, nonno Beppe, i Rufain o Balestrina gyda fy nain, nonna Gisa, a hanai o bentref bychan San Bartolomeo y tu allan i Rufain. Gydag uno'r Eidal a sefydlu Rhufain yn brifddinas, tyfodd ei phoblogaeth yn aruthrol o sydyn – er nad oedd unlle'n agos at lefel ei phoblogaeth ddwy fil o flynyddoedd yn gynharach. Yn sgil mewnfudiad enfawr o weithwyr a swyddogion y wladwriaeth newydd, roedd angen trawsnewid yr hen adeiladau yn swyddfeydd a thai a daeth pobl o'r wlad gyfagos i Rufain i chwilio am fywoliaeth.

Er ei fod yn berson y dois i'w adnabod yn blentyn, perthyn i hen luniau du a gwyn a wna taid fy nychymyg i. Roedd yn ddyn anarferol o dal a chanddo groen tywyll a mwstás trwchus du, ond bellach mae fel rhywun o oes wahanol. Roedd fy nain felly hefyd i ryw raddau: yn fechan ond yn gadarn â gwallt du oedd yn britho'n llafnau tenau arian. Fe'i cofiaf yn mynd yn ei chwman o gwmpas y tŷ lle bu'n byw yn y blynyddoedd wedi marwolaeth fy nhaid, ac fe'i cofrestraf yn fy nghof yn ddu o'i chorun i'w sawdl. Fe fyddai'n rhoi bisgedi sych Eidalaidd imi, a minnau'n eu bwyta mewn ystafell dywyll yn llawn arogl henaint a'r haul y tu allan a nonna Gisa yn cofio'i gŵr ac yn pryderu am ei mab oedd wedi mynd i ffwrdd i wlad bell nad oedd yn bodoli ar fapiau. Fe fyddai'n poeni nad oedd pobl yn bwyta yn y lle hwnnw heb sôn am siarad Eidaleg.

Ar y wal yn eu tŷ nhw roedd yna gas gwydr ac ynddo fedal â rhuban tri lliw. Yn ystod yr Ail Ryfel Byd fe fyddai 'nhad yn chwarae gyda f'ewythr Alberto a'i frawd yn y tŷ yn ardal y Pigneto. Bydden nhw'n taflu eu hunain i'r llawr wrth glywed yr awyrennau Americanaidd yn dod a gollwng eu bomiau ar y rheilffordd. Adroddai 'nhad sut y byddai ei dad yntau yn dringo i ben yr adeilad pan fyddai yna ymosodiad o'r awyr, a dal y bomiau mewn bag tatws gwag i'w hatal rhag ffrwydro. Dywedai mai dyna pam y cafodd nonno Beppe ei fathodyn. Fe gafodd ei fedal am gario bomiau, ond nid mewn sach datws chwaith.

Anghydfod traddodiadol gyda'r Awstriaid a daflodd yr Eidal i ryfela ar fynyddoedd y Dolomiti yn 1915. Ystyriai fy nhaid mai ei waith o oedd gwaith peryclaf y rhyfel: gyrru lori drom a sigledig yn llawn bomiau i'r rheng flaen dros fwd a chraterau, a bomiau'n ffrwydro o'i amgylch. Arferai ddweud na chofiai fawr ddim o'r hyn a welodd oherwydd iddo dreulio'r rhyfel gyda'i lygaid ynghau gan ddisgwyl taro twll yn y ffordd fyddai'n chwythu'r lori ac yntau'n ddarnau.

Dydw i erioed wedi bod yn y Dolomiti ond mi rydw i wedi bod ym mynyddoedd y Vosges yn Alsás lle'r oedd Ffrainc a'r Almaen yn wynebu ei gilydd, fis ar ôl mis, rhwng pen y bryniau. Yno, yn awyr drom a llonydd y gaeaf, clywyd atsain y gynnau a'r dinistr yn y coed noeth a'r brigau brau, a daeth haen solet o niwl a barrug dros y cyfnos, fel ysbrydion dynion. Lladdwyd miloedd ar filoedd yno, ac mae eu hôl yn crogi ar yr awyr. Mae'r Dolomiti o dan eira y rhan fwyaf o'r flwyddyn. Ac os oedd nonno Beppe yn ddigon ffodus i yrru ei hun drwy'r rhyfel honno gyda'i lygaid ar gau ac i ddod yn ôl i dyfu'n hen yn Rhufain, doedd ei frawd Angelo ddim mor lwcus.

Mewn un o'r ymosodiadau lle taflwyd cannoedd ar gannoedd i lwybr gynnau'r gelyn, disgynnodd bom yn rhy agos ato. Fe'i cariwyd i lawr y mynydd i'r ysbyty ac achubwyd ei fywyd ond collodd ei goes. Roedd yn rhaid iddo bellach gyflawni gwasanaeth milwrol mwy addas ar gyfer dyn gydag un goes. Ymhen amser, cafodd fynd yn ôl i Rufain i weld ei deulu a'i gariad. Treuliodd ormod o amser hefo hi, cyn ffarwelio. Methodd ei drên yn ôl i'r gogledd gan beri iddo fo fethu ei gofrestriad ar y ffrynt hefyd. Fel cosb, fe yrrodd swyddog o'n syth i'r rheng flaen. Pa obaith sydd gan ddyn gydag un goes pan fo'r chwiban yn canu iddo godi allan o'r ffos a cherdded i gyfeiriad y gynnau? Welodd o ddim Rhufain eto.

*　*　*

Mae fy nhad yn cadw siop yng Nghymru a dw i'n cofio cerdded i mewn a gweld Tom Leibri yn eistedd gyda phanad yn ei law a dagrau ar ei ruddiau. Fel llawer o gynfilwyr Dyffryn Conwy, yn yr Eidal y cafodd Tomi Leibri ei brofiad o ryfel. Roedd y Prydeinwyr a'r Americaniaid wedi glanio yn Sisilia ac yn Anzio, yn eu hymdrech i gael troedle ar y penrhyn a gwthio'r Almaenwyr yn ôl o'r de. Dim ond gyda llwyddiant y rhan hon o'r cynllun y bysai'n bosib ystyried ymosod o gyfeiriad y gorllewin a'r gogledd a glanio yn Normandi flwyddyn yn ddiweddarach. Gwthiwyd yr Almaenwyr a'u dilynwyr ffasgaidd Eidalaidd yn ôl o rannau helaeth o'r de, ond fe lwyddon nhw i ddal eu tir ym Monte Cassino, sef mynydd a mynachdy ac eglwys a oedd fel caer ar ben bryn ac yn safle cwbl hanfodol i reoli'r ffordd rhwng Napoli a Rhufain. Daliwyd y Prydeinwyr wrth droed Monte Cassino am fisoedd, â gynnau'r Almaenwyr yn eu dyrnu a'u clymu i'r llethrau isaf. Yn y diwedd, gyrrodd yr Americaniaid eu hawyrennau i ddymchwel yr eglwys hynafol yn llwch i'r llawr ac agor y ffordd i Rufain.

Y diwrnod hwnnw yn y siop, roedd Tom Leibri yn eistedd hefo 'nhad:

'I still can't understand it,' meddai. 'I lost some good friends there, I saw things there that . . . What were they fighting for? Do you know, Sandro, what they were fighting for?'

* * *

Arferai Tom Leibri herian ei fod o fel yr hen Rufeiniaid oherwydd ei fod o wedi cerdded mor bell, gan gychwyn yng Ngogledd Affrica a hwylio oddi yno i Sisilia. O fan'na fe groesodd yr Eidal gyfan ar droed. Dw i'n ei gofio fo'n arbennig yn siarad am yr adeg pan gyrhaeddodd Sisilia.

'Doeddan ni ddim wedi cael cysgu mewn gwely iawn am fisoedd. Duw, roeddan ni wedi blino. A'r cerdded 'ma o hyd, weithiau o fore gwyn tan nos, ac yna gorwedd i lawr i gysgu wrth goeden neu yn erbyn craig. Ond yna dyma ni'n cyrraedd Sicily, a'r bobl yn dod allan o'u tai ac yn rhoi dŵr a gwin i ni, ac yn dod â bwyd i ni ei fwyta, a phawb yn garedig ac yn groesawgar. Wel, doeddan ni ddim yn dallt, roeddan ni i fod yn ymladd yn eu herbyn nhw, a dyma pawb yn ein croesawu ni fel 'tasan ni wedi dod i'w rhyddhau nhw. Ac yn y nos dyma ni'n cyrraedd pentref Acireale, ddim yn bell o Catania, ac yn cael yr ordor i stopio. Roedd yna fynwent yna, a dyma fi'n cerdded at y fynwent ac yn dod o hyd i fedd oedd fel sgwaryn o gerrig mân, felly dyma fi'n deud wrtha fi fy hun, "Iawn, fe neith hwn fel gwely imi", ac yno y cysgais drwy'r nos, y noson orau o gwsg i mi ei chael am wythnosau. Mewn bedd, cofia. Ac yn y bore, wrth imi hel fy mhethau at ei gilydd, dyma fi'n edrych ar y garreg fedd ac yn diolch i'r boi oedd wedi ei gladdu yno am adael imi gysgu. Ia, Duw. Ond ti'n gwbod be'? Ysti, alla i'm yn fy myw gofio ei enw fo.'

*   *   *

Dros be' oedd yr Eidalwyr yn ymladd? Yn fachgen bach fe aeth fy nhad gyda'i dad yntau i Piazza Venezia lle cafodd ei godi ar sgwyddau ei dad i weld Benito Mussolini yn annerch y dorf. Yn ei boced roedd gan fy nhaid, nad oedd yn ffasgydd, ei gerdyn aelodaeth o'r blaid ffasgaidd, ac ar goler ei siaced fathodyn y ffasgwyr. Ar y balconi sy'n sefyll dros y sgwâr safai'r *Duce*, pennaeth y *fascisti*, a Phrif Weinidog yr Eidal, cymeriad doniol a dramatig tu hwnt, yn areithio, ei fron yn chwyddo drwy frest ei wisg filwrol, a'i holl gorff yn neidio i fyny ac i lawr. Erbyn hynny roedd y dewis oedd ar gael i'r Eidalwyr yn syml: os oeddat ti am gael gwaith a pharhau i fwydo dy deulu, roedd yn rhaid iti ymaelodi â'r Blaid; os oeddat ti am lynu wrth dy egwyddorion, dy benderfyniad di oedd hynny . . .

Daeth Mussolini i rym yn Hydref 1922 pan gerddodd ei ddilynwyr milwrol i mewn i Rufain gan sicrhau bod gan yr Eidal arweinydd ffasgaidd cyn Franco Sbaen a Hitler yr

Almaen. Ond roedd Mussolini i bob pwrpas eisoes wedi dod i rym, a'r daith i Rufain yn ddim amgen na sioe bropaganda i geisio efelychu trobwyntiau hanesyddol eraill megis Chwyldro Rwsia yn 1917 a'r ymosodiad ar y Bastille yn Ffrainc. Roedd Mussolini wedi ei orchymyn i greu llywodraeth ac arhosodd ym Milan tra oedd ei ddilynwyr yn cerdded drwy byrth Rhufain. Cyn hynny roedd grwpiau o *squadristi* wedi bod yn sefyll yn fygythiol y tu allan i gytiau pleidleisio yn pwyso ar bobl i bleidleisio yn ffafriol i'r ffasgwyr. Roedd Mussolini yn gobeithio apelio at ymwybod yr Eidalwyr o'u mawredd hanesyddol, a defnyddiai'r blaid ffasgaidd symbolaeth hynafol y Rhufeiniaid i'r eithaf. Dymchwelodd Mussolini ardal gyfan er mwyn creu'r Via dei Fori Imperiali, y stryd fawreddog a gogoneddus a oedd i efelychu'r Via Sacra lle byddai'r byddinoedd Rhufeinig yn dychwelyd i Rufain yn fuddugoliaethus i fwynhau cymeradwyaeth a moliant ei phobl. 'Fe gaiff y bobl Eidalaidd eu Hymerodraeth unwaith eto!' oedd un o'i addewidion, a chymeradwyai pobl o gysgod adfeilion gogoneddus y gorffennol.

Ond nid pawb a gymeradwyai. Roedd Mussolini wedi dod i rym yn sgil ofn a difaterwch, a chanran sylweddol o'r bobl yn dewis cadw draw o'r blychau pleidleisio. Cyn hir, roedd y papurau newydd oedd yn anffafriol i'r llywodraeth ffasgaidd wedi'u dileu, y comiwnyddion a'r sosialwyr yn cael eu hystyried yn elynion i'r wladwriaeth a rhyddid mynegiant wedi ei wahardd. Pan ddechreuodd y Rhyfel Cartref yn Sbaen, gyrrodd Mussolini awyrennau i helpu achos Franco, ac ar y degfed o Fehefin 1940 ymunodd â rhyfel oedd ar fin tyfu i fod yn Rhyfel Byd gan ochri â Hitler a'i Natsïaid. Gyda'r fyddin Eidalaidd yn drychinebus o amharod i ymladd rhyfel ochr yn ochr â pheiriant milwrol yr Almaenwyr, roedd yr Eidal yn fuan mewn trafferth. Roedd offer ac arfau yn brin a bu'n rhaid i'r Almaenwyr redeg i achub milwyr Eidalaidd yn y Balcanau, tra oedd y Cynghreiriaid, o dan ofal yr Americaniaid gyda chymorth y maffia, yn cipio Sisilia. Cyn hir roedd y Cynghreiriaid yn symud i fyny'r cyfandir a phethau'n mynd o ddrwg i waeth i Mussolini. Tua diwedd 1942 roedd grwpiau cyfrinachol yn cyfarfod yn Rhufain, Milan a Torino ac yn yr ardaloedd mynyddig a gwledig, yn chwilio am ffyrdd i uno er mwyn dymchwel y llywodraeth. Roedd dynion y gogledd eisoes wedi streicio. Galwai'r pleidiau democrataidd bellach am ymddiswyddiad y ffasgwyr ac am ailsefydlu'r broses ddemocrataidd, ac wrth i'r Cynghreiriaid ganolbwyntio fwyfwy ar fomio dinasoedd diwydiannol y gogledd, cododd y dosbarth gweithiol ei lais yn erbyn y llywodraeth ac yn erbyn y rhyfel.

Galwodd y Brenin Vittorio Emmanuele II ar Mussolini i fynychu cyfarfod ar y pumed ar hugain o Orffennaf 1943 lle cafodd ei ddiswyddo a'i arestio. Arwyddodd y llywodraeth gytundeb heddwch gyda'r Cynghreiriaid gan gredu y gallai'r Eidal aros yn niwtral. Diddymwyd y fyddin Eidalaidd a dychwelodd miloedd o ddynion ifanc i gefn gwlad. Ar yr wythfed o Fedi, cyhoeddwyd Rhufain yn 'ddinas agored' ac wrth i filwyr Eidalaidd adael eu safleoedd, daeth milwyr Almaenaidd i gymryd eu lle. Drannoeth, daeth criwiau o wrthryfelwyr i wrthsefyll yr Almaenwyr a bu brwydr hir a gwaedlyd yn ardal Porta San Paolo. Gwthiwyd y gwrthryfelwyr yn ôl a syrthiodd Rhufain i ddwylo'r Natsïaid.

Rhyddhawyd Mussolini gan yr Almaenwyr ac aethpwyd â fo i ogledd yr Eidal, lle'r oedd dylanwad yr Almaenwyr yn gryfach. Yno caniatawyd iddo sefydlu Gweriniaeth Salò, sef casgliad tila o'r ffasgwyr mwyaf ffyddlon. Yn y cyfamser, sefydlwyd mudiadau gwrthryfelgar ym mhob rhan o'r wlad. Gwelodd y *quattro giorni di Napoli* boblogaeth y ddinas yn codi yn erbyn yr Almaenwyr a'r ffasgwyr Eidalaidd a oedd yn rheoli yno; taflwyd y Natsïaid allan ac fe'u gyrrwyd tua'r gogledd.

Ond roedd dylanwad y Natsïaid ar y brifddinas yn cryfhau. Roedd y Brenin wedi ffoi o Rufain ar y nawfed o Fedi; fe'i halltudiwyd ar ddiwedd y rhyfel a daeth yr Eidal yn *repubblica Italiana*. Roedd llawer o ddynion a merched Eidalaidd wedi dengid am y mynyddoedd i ymuno â'r *partigiani*, y bobl oedd yn ffurfio'r *resistenza*. Roedd y rhain yn cydweithio â'r *partigiani* yn y trefi, ac yn gwneud unrhyw beth i geisio niweidio peiriant milwrol yr Almaenwyr: ffrwydro rheilffyrdd, blocio ffyrdd a strydoedd, dinistrio gwifrau ffôn, difetha stociau bwyd neu ymosod yn uniongyrchol ar filwyr Almaenaidd.

Ymddangosodd arwyddion swyddogol drwy'r wlad: 'O'r awr hon ymlaen mae cyfarfodydd hyd yn oed mewn mannau caeëdig, ag eithrio'r rhai hynny mewn eglwysi, wedi'u gwahardd yn gyfan gwbl. Mae cyfarfodydd yn yr awyr agored o fwy na thri pherson wedi'u gwahardd. Bydd grymoedd y drefn gyhoeddus yn tanio yn ddirybudd lle bynnag bo grwpiau o bobl mwy niferus nag a ganiateir.'

A chafwyd rhybudd gan y rheolwr rhanbarthol Almaenaidd: 'Pa bynnag ddinesydd sydd yn ymddwyn mewn ffordd ddisgybledig a phwyllog, fe gaiff fy ngofal i. Pwy bynnag sydd yn gweithredu, yn agored neu yn gyfrinachol, yn erbyn y grymoedd milwrol Almaenaidd, fe gaiff ei saethu. Yn ychwanegol fe gaiff lleoliad y weithred a'r ardal gerllaw cuddfan awdur y weithred eu dinistrio yn llwyr . . . Ddinasyddion, arhoswch yn bwyllog a byddwch yn rhesymol. Mae'r gorchmynion hyn, yn ogystal â'r dial a weithredwyd eisoes, yn angenrheidiol o achos anafu a llofruddio milain milwyr Almaenaidd a oedd yn gwneud dim mwy na chyflawni eu dyletswydd . . . '

*　　*　　*

Gofynnais un tro i 'nhad am y Fosse Ardeatine.

'Dw i'n cofio fy nhad yn dod i'r tŷ y diwrnod hwnnw ddigwyddodd o,' medda fo. 'Roedd ei wyneb yn wyn fel y galchen a'r chwys yn diferu oddi ar ei dalcen. Roedd o fel 'tasa fo wedi gweld dyn marw. Roedd o wedi bod allan yn ardal Piazza Barberini ac ar ei ffordd i ddal y bws adra pan glywodd ffrwydriad aruthrol yn dod o stryd gyfagos. Ar ôl ennyd o lonyddwch hollol, dyma fo'n clywed sŵn gynnau awtomatig yn tanio, pobl yn sgrechian a phawb yn dechrau rhedeg. Gwelodd filwyr Almaenaidd yn rhedeg hefyd, rai ohonyn nhw'n gweiddi gorchmynion, ac eraill yn stopio cerddwyr yn y stryd, pobl oedd yn digwydd cerdded yno, yn blant a merched, a'u rhoi i sefyll yn erbyn y wal.

'Rhedodd fy nhad am fws oedd yn cychwyn symud, a neidiodd amdano fo a thaflu'i hun i mewn. Yna gwelodd gylch o Almaenwyr yn cau am flaen y bws, yn ceisio gorfodi'r gyrrwr i stopio, ond yn sydyn, mewn ennyd o benderfyniad, rhoddodd y gyrrwr ei droed i lawr a thorri drwy'r llinell, ac i ffwrdd â nhw. Roedd Nonno Beppe wastad yn deud fod dewrder y dyn yna wedi achub bywydau'r bobl ar y bws.'

Mae Via Rasella yn stryd fechan, gul yn arwain i lawr yr allt o Via Quattro Fontane, gyferbyn â mynediad y Galleria Barberini. Ar y trydydd ar hugain o Fawrth 1944, tua hanner ffordd i lawr y stryd, roedd dyn wedi gwisgo fel glanhawr ffordd yn sefyll wrth ei gasgen sbwriel yn disgwyl arwydd gan ei gyfaill o ben y stryd, ar ddyfodiad y patrôl Almaenaidd. Pan gafwyd arwydd, taniodd y glanhawr ffordd ffiws y deinameit oedd y tu mewn i'r gasgen. Erbyn i'r patrôl Almaenaidd ddod rownd y gornel roedd o wedi pellhau oddi wrth y gasgen ac yn ffugio sgubo llawr y stryd wag. Roedd y bom wedi'i amseru'n berffaith ac wrth i'r Almaenwyr ddod heibio'r gasgen ffrwydrodd gan chwalu'r patrôl i'r llawr. Neidiodd *partigiani* eraill i'r stryd gan danio at yr Almaenwyr, gyda rhai o'r milwyr yn tanio'n ôl mewn panig.

Rhedodd y *partigiani* i gyfeiriadau gwahanol a dengid o'r ardal. Dafliad carreg i ffwrdd roedd fy nhaid yn cerdded am ei fws. Y diwrnod hwnnw lladdwyd 32 o filwyr Almaenaidd, gydag un arall yn marw yn ddiweddarach yn yr ysbyty. Mae olion y ffrwydriad a'r bwledi i'w gweld o hyd ar y wal yn Via Rasella.

Roedd ymateb y Natsïaid yn ffyrnig ac yn ddidrugaredd. Dywedir bod Hitler wedi gorchymyn cipio poblogaeth wrywaidd cyfan Rhufain a'i gyrru i'r gwersylloedd, ond cafodd ei bwyllo a'i gynghori fod yr ymateb yn afresymol, ac yn hytrach gorchmynnodd y swyddogion a reolai Rufain y dylid lladd cant o Eidalwyr am bob milwr Almaenaidd a laddwyd. Yn y diwedd cytunwyd bod deg bywyd Eidalaidd am bob un bywyd Almaenaidd yn ddigonol. Disgynnodd y baich o lunio'r rhestr ar bennaeth Eidalaidd yr heddlu cudd ffasgaidd. Y rhain ydy'r math o ddynion y mae system cyfiawnder yr Eidal yn dal i geisio'u dwyn o flaen y llysoedd heddiw, y rhan fwyaf ohonyn nhw un ai wedi marw, wedi ymfudo i Dde America neu wedi bod yn rhan o bleidiau gwleidyddol a llywodraeth yr Eidal, hyd yn oed, ers diwedd yr Ail Ryfel Byd. Yn eu swyddfeydd yn Via

Tasso cafodd gwrthryfelwyr a phobl gyffredin, yn ferched a hen bobl, eu poenydio yn y ffyrdd mwyaf arswydus gan eu cyd-Eidalwyr. Mae'n graith sy'n parhau i fod yn agored hyd heddiw.

Gwnaethpwyd rhestr yn cynnwys carcharorion gwleidyddol, comiwnyddion a sosialwyr, gwrth-ffasgwyr a gwrthryfelwyr, Iddewon a charcharorion o fyddinoedd y Cynghreiriaid. Roedd yna blant mor ifanc â 15 oed ac un offeiriad Catholig wedi'i gyhuddo o guddio gwrthryfelwyr; roedd nifer fawr o'r enwau yn bobl nad oedd ganddyn nhw unrhyw gyhuddiad wedi'i ddwyn yn eu herbyn nhw, enwau wedi'u dewis ar hap. Roedd y 335 o enwau a ddewiswyd yn fwy na'r 320 statudol. Drannoeth yr ymosodiad cawsant eu cludo mewn faniau i hen ogofâu y Fosse Ardeatine; yno, cawsant eu saethu mewn grwpiau o dri gyda gynnau awtomatig, cyn i swyddog roi gwn llaw at eu pennau i sicrhau eu bod wedi marw.

20

Rai dyddiau yn ôl bu'n rhaid imi gymryd y trên i fyny i Via Salaria yng ngogledd y ddinas. Roeddwn wedi anghofio'r pleser o gael sefyll mewn gorsaf drenau yn gynnar yn y bore gyda'r haul yr un uchder â'r rheilffyrdd sy'n ymestyn heibio pen draw'r platfformau i'r pellter, yn ernes o ddiwrnod newydd.

Mae'n rhaid bod rhyw beiriant wedi tanio yn fy meddwl, oherwydd y noson honno mi gefais freuddwyd. Roedd gen i chydig o fwyd ac eisteddais i'w fwyta ar ryw fath o blatfform concrit yng nghanol y ffordd. Roedd hi'n berfedd nos ac roeddwn i ar fy mhen fy hun. Dw i'n cofio'r teimlad yma o ymlacio, o foddhad ac o heddwch wrth imi eistedd ar groesffordd i fwyta fy mrechdan. Roedd y goleuadau'n goch a'r ffordd yn ymestyn ymhell o 'mlaen i a thu ôl imi. Dw i'n amau bod y nos yn dechrau troi yn ddydd.

*   *   *

Mae hi'n ddydd Sul ac mae Testaccio ar bigau'r drain wrth ddisgwyl y gêm. Gyda dim ond dwy gêm i fynd tan ddiwedd y tymor, mae Roma ar frig y gynghrair a dim ond angen ennill un o'r ddwy gêm olaf i gipio'r *scudetto*. Mae'r strydoedd yn llawn a'r baneri allan a phlant a hen bobl yn eu coch a'u melyn yn cerdded yng nghanol y ffordd. Mae'r bobl ifanc yn canu cyrn eu ceir a'u sgwteri ac mae'r ddinas yn fwrlwm o gynnwrf yn yr haul. Heddiw mae Roma yn chwarae yn Napoli ac mae yna filoedd wedi mynd yno i gefnogi.

Mi rydw i, fel arfer, yn mynd i Centocelle, a phan dw i'n cyrraedd dw i'n cael lle i eistedd nesaf at Alberto. Mae f'ewythr yn gwisgo tei o resi coch a melyn, crys coch a siaced felen ac mae'n bictiwr cain o gefnogwr pêl-droed. Does neb yn meiddio yngan y gair *scudetto* ond wrth i Roma fynd ar y blaen mae'r clwb yn ffrwydro. Mae pawb wedi bod yn disgwyl bron ugain mlynedd am gael ennill y bencampwriaeth a chael rheswm i ddathlu. Rydym yn ysu i glywed y chwiban olaf i gael rhuthro allan i'r stryd. Ond mae Napoli yn sgorio gôl gyfartal, mae'r tymheredd yn gostwng ychydig a chyn hir mae'r chwiban olaf yn golygu y bydd pawb yn ôl yr wythnos nesaf i weld gêm ola'r tymor, y diwrnod fydd yn penderfynu popeth. Mae Juventus wedi ennill eto, ac mae'r fantais o naw pwynt oedd gan Roma ychydig wythnosau yn ôl wedi ei thorri i ddau erbyn y prynhawn 'ma. Efallai na fydd gêm gyfartal yn ddigon dydd Sul nesaf ac y bydd rhaid i Roma ennill. Mae pobl yn gadael y clwb yn benisel.

*   *   *

Dw i'n deffro heddiw i gerddoriaeth yn diasbedain o gar ar y stryd. Dw i'n codi ac yn agor y ffenest ac yn gweld ceir dirifedi wedi'u parcio ar hyd y ffordd a thros Testaccio gyfan. Cân am dîm pêl-droed Roma sydd i'w chlywed drosodd a throsodd, a phobl yn gweiddi dros y twrw. Yng nghanol y stryd mae criw o ddynion yn eu crysau coch a melyn yn chwarae pêl-droed. Mae'r ardal gyfan wedi'i boddi mewn lliwiau llachar, mae cyrn yn canu ac mae cynnwrf anochel yn yr awyr. Heddiw ydy diwrnod Roma yn erbyn Parma yn y Stadio Olimpico, gêm olaf y bencampwriaeth. Os ydy Roma yn methu ennill heddiw yna mae ffawd y tîm yn ddibynnol ar ganlyniadau Lazio a Juventus, y ddau elyn wrth y giât.

Mae gan Mauro a Marco docynnau tymor ar gyfer y gemau cartref felly dw i'n mynd i dafarn Wyddelig wrth y Colosseum ar waelod Via Cavour, lle mae Duncan, Grazia ac un neu ddau arall yn cyfarfod. Mae'r lle yn orlawn ac mae'n rhaid sefyll yn y drws ac ymestyn fy ngwddw i geisio craffu'n gam ar y sgrîn; am y rhan fwyaf o'r gêm dw i'n ddibynnol ar newyddion sy'n cael eu pasio o un person i'r llall at y drws, ac yna'n cael eu pasio allan i'r stryd i'r rhai sy'n gorfod sefyll yn erbyn y ceir i geisio gwrando ar y radio. Ond yn Rhufain does dim rhaid wrth deledu na radio i ddilyn gemau Roma; gall rhywun eistedd yn nhywyllwch ei stafell fyw gyda'r ffenestri'n agored a dal i wybod beth sy'n digwydd yn y gêm. Mae'r bloeddiadau sy'n dod o'r tai ac o'r stryd yn ddigon i roi gwybod i bawb ond y cwbl fyddar sut mae hi ar Roma.

Mae Totti yn sgorio dros Roma ac mae pawb yn gwybod bod y gêm ar ben a phopeth yn ymddangos yn rhyfeddol o ragweladwy. Yna gôl gan Montella ac un arall gan Batistuta, a'r chwiban olaf. 'Dan ni'n cael ein gwthio allan i'r haul ac i'r llif pobl a'u baneri a'u sgarffiau a'u hetiau coch a melyn ac mae'r geiriau *'campioni d'Italia'* yn tasgu o un stryd i'r llall. Cawn ein hudo i'w dilyn i lawr Via dei Fori Imperiali ar draws Piazza Venezia at Piazza del Popolo. Yma mae mwg a gwres a chanu a gweiddi a churo drymiau cannoedd ar gannoedd o bobl, yn blant a merched, ieuenctid a theuluoedd.

Mae'r *carabineri* yno i atal pobl rhag neidio i mewn i'r ffynhonnau. Mae baneri yn cael eu rhoi yn nwylo duwiau, sgarffiau *'Forza Roma'* yn mynd am yddfau duwiesau, hetiau am bennau angylion a phawb yn dringo i eistedd ac i sefyll ar y delwau. Maen nhw i gyd yn rhan o'r ddinas a does dim yn rhy sanctaidd. Mae pobl yn cusanu ac yn cofleidio a phobl yn gorwedd ar lawr ac yn agor poteli o win ac mae plant ar ysgwyddau eu tadau a dieithriaid yn taflu eu breichiau am ei gilydd a dydw i erioed wedi gweld unrhyw beth tebyg yn fy mywyd.

Yn nes ymlaen yn y nos a neb wedi mynd adref, dw i'n cyfarfod y criw o Centocelle yn *Finnegan's*. 'Dan ni'n cerdded at y Fontana di Trevi ac yn neidio i'r dŵr. Gerllaw mae'r plismyn yn eistedd yn eu ceir heb gymryd dim sylw o gwbl.

Canlyniadau heddiw: Juventus 2, Atalanta 1; Lecce 2, Lazio 1; Roma 3, Parma 1. Y tabl: Roma 75 pwynt; Juventus 73; Lazio 69. Mae Roma wedi ennill y *scudetto*, y gair hwnnw doedd neb eisiau'i yngan am fisoedd ond sydd heno ar wefusau pawb. Deunaw mlynedd yn ôl oedd y tro diwethaf iddynt ei ennill, amser rhy faith i neb fod eisiau mynd adref heno.

* * *

Mae hi'n dridiau rŵan ers gêm dydd Sul ac mae Mauro a Marco wedi dod i'r fflat i eistedd ar y balconi a gwylio *scudetto* enfawr yn cael ei baentio ar y groesffordd islaw. Mae tân gwyllt yn saethu i'r awyr ac mae baneri enfawr yn chwifio ar ganol y sgwâr ac ym mhob man yn y ddinas. Dydy'r traffig ddim yn symud, mae pobl yn eistedd ac yn sefyll ar ben ceir, mae tri o bobl ar bob sgwter ac mae'r caffis yn gwneud eu ffortiwn a neb yn gadael iddyn nhw gau.

Nid tan imi ddod i Rufain y deallais wir ystyr cario baner. Y cynnwrf o chwifio'r lliwiau uwch fy mhen, y *standard-bearer*, yn gyfarwyddwr a chariwr y faner yng nghanol y dorf. A dal baner allan o ffenest car, y cyrn yn canu drwy ganeuon y bobl a sŵn y faner yn y gwynt yn brathu fel tân.

*   *   *

Ers i'r tywydd droi i gyfeiriad yr haf a'r nosweithiau fynd yn fwy mwyn, 'dan ni wedi bod yn mynd tua'r bryniau ac i fyny i bentref Ariccia lle mae byrddau pren yn yr awyr agored o dan y cedrwydd. Syml yw'r bwyd sy'n cael ei baratoi yno: *bucatini al'amatriciana*, stêc, salad, clamp o belen o *mozzarella* ffres, neu *prosciutto*, porc wedi'i rostio, olewydd, caws a bara. Mae ganddyn nhw ddau fath o win gwyn lleol, un yn felysach na'r llall, ac am 2,000 lira, sef 70 ceiniog, gei di litr yn syth o'r gasgen.

Arferiad arall mewn lle o'r fath ydy i bobl fynd â'u bwyd eu hunain, cyn belled â'u bod nhw'n prynu gwin. Felly mae pobl yn dod â'u cigoedd a'u cawsiau a'u bara eu hunain, neu hyd yn oed sosbenni o gawl neu *basta*, ac yn eu rhannu allan ar y byrddau ac yn llenwi eu boliau a llyncu gwin.

*   *   *

Mae Mauro wedi awgrymu fy mod yn rhannu fflat hefo fo; yn lle rhent gen i mae o eisiau help llaw i baentio. Mae Angela wedi penderfynu ei bod hi'n bryd iddi gael ei lle ei hun ac mae'r perchennog yn Testaccio am gael mwy o arian gan bwy bynnag gymerith ei lle. Mae hynny i gyd yn swnio braidd yn gymhleth felly dw i wedi derbyn cynnig Mauro. Beth bynnag, dw i wedi bod yn teimlo braidd yn anniddig yn ddiweddar ac yn falch o'r cyfle i newid, ac fe fydd byw allan ar gyrion Rhufain yn sicr o fod yn hynny.

Mae Duncan yn dod hefo'i gar i godi'r rhan fwyaf o'r pethau na allaf eu cario hefo fi i Tor Bella Monaca, a 'dan ni'n eu cadw nhw yn ei fflat am y tro. Mae Duncan wedi cael tair damwain car, dwy ddamwain sgwter ac wedi malu un beic yn y chwe blynedd mae o wedi byw yma. Dw i'n dod allan o'r car yn wyn ac yn wan ac yn hapus iawn nad ydy o wedi medru cael amser o'i waith prynhawn 'ma i fynd â fi yr holl ffordd i dŷ Mauro. Yn lle hynny dw i'n mynd yn ôl i'r fflat ac yn rhoi glanhad iawn iddo, yn codi 'magiau ac yn eu llwytho amdanaf, ac yn cerdded tua'r *metro*. Mae hi'n bedwar o'r gloch ac yn grimpyn o boeth a dwi'n mynd i orfod llusgo'r holl bethau 'ma drwy'r gwres afiach tanddaearol yr holl ffordd i Tor Bella Monaca. Dw i wedi colli cownt o faint o weithiau dw i wedi gwneud hyn dros y blynyddoedd, ac mae'r demtasiwn yn cryfhau i ollwng popeth a cherdded i ffwrdd. Fysan ni'n cerdded yn llawer ysgafnach heb y pethau sy'n ein clymu i'r llawr.

Yn Anagnina dw i'n cymryd yr 20. 'Dan ni'n mynd heibio hen dai a oedd unwaith yn sefyll yng nghanol caeau cyn i Rufain ymestyn mor bell â hyn. Maen nhw'n disgyn yn ddarnau, ond mae pobl yn dal i ymgartrefu ynddyn nhw; y tu allan i un o'r rhain mae yna ddau ddyn yn eistedd ar focsys pren, a rhyngddyn nhw focs arall i swpera oddi arno. Ar y bwrdd mae potel o win coch, a rhwng dwy goeden mae tamaid o weiren a chrys a sanau yn crogi oddi arni. Ymhellach ymlaen mae colofn o gerrig, adfail dyfrbont Rufeinig efallai, ac yn ei chysgod bebyll wedi eu gwneud o glytiau a bagiau plastig. Wedyn hen dŷ â phlastig yn gorchuddio twll yn y to, a mwg yn dod o'r simne; mae rhywun yn coginio.

*   *   *

Mae Mauro wedi cymryd ysbaid o'i waith er mwyn dechrau

o ddifri ar y paentio. Dw i'n rhoi un gôt i'r gegin cyn gadael i gynnal gwers yng nghanol y ddinas. Mae problem hefo'r *metro* heddiw felly mae'n rhaid imi gymryd bws 105. Mae pawb yn yr un cwch a heidiau o bobl yn aros wrth yr orsaf. 'Dan ni'n aros am dros hanner awr cyn gweld bws yn nesáu ac wrth iddo lusgo tuag atom, gwelwn ei fod yn llawn dop gyda phennau, penelinau a breichiau yn gwthio allan drwy'r ffenestri. Mae'r bws yn stopio a dyn yn disgyn allan; y drws ei hun oedd yn ei ddal o mae'n amlwg. Dw i ar fin camu ymlaen pan glywir pobl yn cega â'i gilydd am ddiffyg lle felly dw i'n camu yn ôl a disgwyl am y nesaf.

Drwy ryfedd wyrth daw hwnnw'n eitha buan. Dw i'n gwthio i ganol pawb ac yn dod o hyd i le i roi fy nhroed i lawr. Mae'r bws yn llawn Indiaid, Pacistaniaid a Rwsiaid ac mae gan eu hanner nhw flychau cardbord wedi eu plygu, a ddefnyddir fel byrddau i werthu nwyddau ar y stryd. Wrth inni glosio at ganol y ddinas mae'r rhain yn dechrau disgyn oddi ar y bws, eu ffrindiau yn eu helpu ar eu taith, gan daflu eu heiddo i'r stryd ar eu holau. Ond cyn hir mae'n rhaid i bawb ddod i lawr oddi ar y bws: mae yna gar heddlu wedi stopio yng nghanol y ffordd, a dim golwg o blismyn yn unlle.

Fydd rhaid imi ddod i arfer â byw ymhell o ganol y ddinas. Cha i ddim cerdded allan o 'nhŷ a mynd am dro i lawr at y Tevere, neu ar draws y Circo Massimo, heibio'r Colosseum ar fy ffordd i'r bar. Chlywa i ddim mwy y ceffylau a'r troliau yn mynd heibio fy ffenest yn y bore, na'r clychau yn canu o'r eglwys gyferbyn. Oherwydd mae meddylfryd yr ymwelydd yn rhyfedd; os am fyw ym Mharis, onid ym Mharis y ffilmiau, y lluniau, y dylid byw? Lle bu gennyf ffenest yno ar doeau llwydion y colomennod, felly yma yn Rhufain roedd rhaid imi ddeffro yn y bore i strydoedd culion y ddinas yn atsain fy nghamau yn yr haul.

Ond nid Rhufain y cardiau post mo hon. Yma mae Ffilipiniaid, Rwsiaid, Morociaid, Senegaliaid, Tsieneaid, Albaniaid, gyda'u dwylo gweigion, eu meddwdod, eu digalondid, eu chwerthin a'u hiraeth; pob un ag eitemau i'w gwerthu. Ond dyma wirionedd Rhufain yn y flwyddyn 2000, ac yn y Rhufain honno mae posib gweld y wir ddinas, y cnewyllyn sydd efallai heb newid o gwbl: mae hon yn dal yn ddinas sy'n denu pobl o bob lliw a llun o bob math o lefydd drwy'r byd i gyd ac mae hi wedi bod yn gwneud hynny ers dros ddwy fil o flynyddoedd. Mae hyd yn oed y coed a'r llygod wedi dod yma o bell, wedi eu trawsblannu, fel y bobl sy'n dilyn y ffyrdd i Rufain i chwilio am fywoliaeth. Siaradwn am Efrog Newydd, Y Ddinas, y fagnet, fel petasai yn wir enaid y dinasoedd i gyd, ond dydy Efrog Newydd ddim ond wedi bodoli am ddwy neu dair canrif. Mae'r ddinas fel elfen naturiol yng ngwaed Rhufain; dinesig yw ei heinioes, dyna sy'n ei gwneud hi'n oesol.

*   *   *

Wrth fynd o gwmpas yr ardaloedd sy'n crogi ar gynffon Rhufain, gwelir y tir gwastraff, y blociau uchel o fflatiau, y caeau a'r geifr a'r tir agored. Onid yma, rywsut, y ceir cip ar gymeriad hynafol Rhufain, yn fwy nag yn y canol, lle mae carreg a choncrit wedi alltudio'r caeau a'r preiddiau? Felly roedd y ddinas am y rhan fwyaf o'i hanes, a meysydd glas, coed olewydd a gwinllannoedd yn ymestyn allan at y muriau. Yn y canrifoedd rhwng cwymp yr Ymerodraeth a thyfiant y ddinas fodern, cafodd rhannau helaeth o Rufain eu hadennill gan wylltineb y wlad. A heddiw mae'r ddwy elfen yn cydblethu unwaith eto ymhell o'r Forum a'r

Colosseum. Yma mae natur i'w gweld yn glir, ond mae bysedd y ddinas yn treiddio ymhellach ac ymhellach i mewn iddi hi. Yn hytrach na gwrthdaro, ceir cytgord, a hyfrydwch diwrnod arall yn machlud rhwng dysglau lloeren yr adeiladau tal uwchlaw'r caeau ir.

21

Wrth gerdded tua'r *metro* a thamad o *bizza* yn fy llaw, oedais yn Via Urbano o flaen hen adeilad ac arno arwydd er cof am Don Pietro Pappagallo, offeiriad a wrthsafodd rym y gorthrymwyr Natsïaidd drwy roi lloches i aelodau'r *partigiani* yn ei dŷ. Mae'r arwydd yn darllen: 'Fe'i lladdwyd yn y Fosse Ardeatine.'

* * *

Tu allan i'r archfarchnad mae boi o Somalia yn gwerthu CDs. Mae dau arall hefo fo yn gwerthu sbectols haul a sanau cotwm, ac un arall eto yn sefyll ymhellach i ffwrdd ac yn cadw golwg am yr heddlu. Mae hwn yn sydyn yn gwneud arwydd fod perygl wrth law, ac mae'r tri gwerthwr yn taflu popeth i mewn i'r bocsys cardbord sy'n dyblu fel meinciau i'w nwyddau, yn eu cau a'u codi gan ddechrau cerdded yn gyflym i gyfeiriad y *metro*. Mae car *carabinieri* yn hwylio heibio, dau blismon â sbectols tywyll yn eistedd yn gyfforddus ac yn ddi-hid y tu mewn. Mae'r pedwar yn ymlacio, yn sefyll am eiliad i wylio'r car yn diflannu i fyny'r stryd ac yna'n troi'n ôl am y safle gwreiddiol cyn ailagor y bocsys ac ailosod eu hoffer ac eistedd i lawr yn y cysgod unwaith eto.

Dw i'n croesi'r Via Cristofero Colombo ac yn cerdded bellter nes cyrraedd Catacombi S. Domitilla lle'r arferai'r Cristnogion cynnar gladdu eu meirw. Mae gwres y dydd yn llonydd a llaith o dan y cymylau, a chynhesrwydd ysgafn y gwanwyn wedi ildio o'r diwedd i rywbeth trymach. Gerllaw mae pinwydd tal yn cefnu ar dŷ ffarm yng nghanol tir agored a chaeau gwair yn siglo'n araf yn yr awel. Mae hyn oll yn atgoffa rhywun o'r pellter a fodolai dros hanner canrif yn ôl rhwng yr ardal hon a muriau'r ddinas. Mae llonyddwch Fosse Ardeatine ar y chwith. Y tu mewn ceir arwyddion i dywys ymwelwyr at ystafell eang o gerrig beddau gwastad. Dw i'n cerdded ar hyd y rhesi gan edrych ar y cerrig. Yn nhraddodiad yr Eidal, mae gan bob carreg fedd lun y person sy'n gorwedd yno. Yma ac acw mae blodau ffres a Seren Dafydd yn hytrach na chroes Gristnogol. Mae un garreg fedd yn dwyn y geiriau: 'Diulio Cibei, 15 oed. Saer' a llun hogyn bach yn gwenu. Ar y bedd, ceir croes bren a chadwyn bren fechan o beli.

Wrth adael y siambr, mae llwybr tywyll yn arwain at geg un o'r ogofâu. Yn sydyn mae golau dydd yn ffrydio i mewn drwy dwll yn y to. Ar y wal ceir esboniad: 'Twll a grëwyd gan fom a blannwyd yma gan aelodau o'r fyddin Almaenaidd, er mwyn atal unrhyw fynediad i fangre'r llofruddio.' Af yn fy mlaen nes cyrraedd llidiart haearn bychan caeëdig; yr ochr arall iddo mae concrit yn gorchuddio'r waliau a'r nenfwd, ac yn y golau tila mae ôl dwylo, fel 'tasa rhywun wedi rhedeg ei fysedd drwy'r concrit cyn iddo sychu. Heb wybod pam, daw awydd rhyfedd drosof i gyffwrdd â'r wal.

Cerddaf rownd y gongl a dof allan mewn siambr ddyfnach ond mwy agored. Wrth ymyl mae cysegr a channwyll yn llosgi mewn gwydr coch. Mae cysgodion ar y waliau. Yn yr ogof hon, disgynnodd y cyrff un ar ben y llall. Fe gerddwyd y byw yma o'r awyr agored y tu allan, a gwnaed iddyn nhw sefyll gerbron cyrff y rheiny oedd eisoes wedi'u lladd.

Darganfyddwyd y weithred gan offeiriad. Roedd plant oedd wedi bod yn chwarae yn ymyl wedi clywed oglau cryf yn codi o'r fan.

*　*　*

Cerddais ryw ddiwrnod i fyny i gyffiniau Piazza Fiume, lle ganwyd fy nhad.

Dw i'n dod o hyd i Via Bergamo ac yn oedi ar y gongl i edrych i fyny ar y ffenestri a'r balconi sydd ar gornel yr adeilad. Fûm i yma yn blentyn bach gyda 'nhad flynyddoedd yn ôl a'r tro hwnnw fe amneidiodd tua'r balconi ar y llawr uchaf a dywedodd:

'Yr ystafell ar y chwith, honno oedd fy stafell wely i. Yr un ar y pen arall oedd stafell fy rhieni, a'r un yn y canol oedd y stafell fyw a'r gegin. Roeddwn i a Mam a Dad yn eistedd yn y stafell fyw un prynhawn pan glywsom ni andros o sŵn tu allan, a cheir a moduron yn rhedeg ac yn stopio yn y stryd. Aeth fy nhad yn ara deg at y ffenest ac edrych allan yn ofalus drwy'r rhaniadau yn y bleindiau. Yn ara bach, cododd Mam hefyd, ac yna finnau hefyd, ond roedd y tri ohonom ni yn cadw i lawr yn isel ac yn cuddio tu ôl i'r bleindiau. Yn y stryd roedd yna geir arfog wedi stopio a milwyr wedi dringo allan ac yn sefyll wrth eu hymyl a'u gynnau wrth eu hochrau. Yna ymunodd eraill gyda nhw a mynd i sefyll ar gonglau'r stryd, eu gynnau'n barod a'u pennau yn symud yn araf o un ochr i'r llall gan wylio pob symudiad o bob cyfeiriad. Roedd y stryd yn wag heblaw'r Almaenwyr.

'Yna, dyma griw arall yn rhedeg tua'r garej oedd yn arfer bod yma, ar y stryd fach gyferbyn. Dyma nhw'n rhoi rhywbeth i lawr ar y pafin ac o dan ddrws y garej, ac yna'n rhedeg i guddio y tu ôl i'r ceir. Yn sydyn ffrwydrodd y drws a thorri ar y distawrwydd, ac i fyny yn y fflat gafaelodd Dad ynof i ac yn Mam a'n taflu i'r llawr. Ymhen ychydig, dyma'r tri ohonom yn codi eto yn araf ac edrych allan drwy'r

257

bleindiau ar y milwyr yn camu drwy'r mwg i mewn i'r garej, a dod allan gyda theiars rwber yn eu breichiau. Dyma nhw'n llwytho'r rhain i'r ceir, ac ar ôl gwagio'r garej, yn neidio i mewn ac yn gyrru i ffwrdd. Drannoeth cyrhaeddodd yr Americanwyr.'

* * *

Pan oeddwn i ychydig yn hŷn, aeth fy rhieni â mi un prynhawn o Orffennaf ar hyd y ffordd allan o Rufain ac i gyfeiriad pentref San Bartolomeo, lle ganwyd fy nain.

Stopiodd fy nhad y car wrth hen wal gerrig. Cerddom allan ar draws stryd anial lle'r oedd y llwch ar y llawr yn llachar wyn yn llygad yr haul a chwyn yn tyfu ar ochr y ffordd. Roedd hi'n hwyr y bore a doedd dim sŵn i'w glywed heblaw cyfarth ci yn rhywle.

Edrychodd Dad o'i gwmpas gan chwilio am rywbeth cyfarwydd fyddai'n procio'i gof. Roedd yr adeiladau i gyd yn hen dai cerrig a fu unwaith yn dafarnau neu'n stablau, eu cerrig mawrion yn gorwedd yn anwastad yn erbyn ei gilydd, pren y bleindiau a'r ffenestri yn sych a di-liw, y toeau *terracotta* yn disgyn yma ac acw gan adael clympiau o wair ar y to. Doedd yna ddim pafin i'r bobl gerdded arno na wyneb iawn i'r ffordd; roedd y pentref i gyd yn dref o lwch ac o chwyn, casgliad o strydoedd heb eu marcio yn gyrru drwy lwybrau o olewydd o dan lonyddwch yr haul. Daethom at be' dw i'n ei gofio fel pont fechan, neu ffordd wedi'i chodi, gyda thir mwy agored bob ochr fel toriad yn y pentref bychan. Roedd fy nhad yn adnabod rhywbeth yma ac yn sydyn, o ben draw'r llwybr caregog, daeth bloedd o enau ffigwr a oedd yn cerdded tuag atom: 'Sandro! Sandro!'

'Franco,' meddai fy nhad yn ddistaw. Ac atom ni daeth

dyn yn ei dridegau yn rhedeg at fy nhad ac yn ei gofleidio a gafael yn ei law gan ei dynnu ar ei ôl i fyny'r llwybr at hen dŷ ffarm. Roedd y dyn, oedd yn dioddef o barlys yr ymennydd, wedi adnabod fy nhad o dros ugain llath a thrideg mlynedd i ffwrdd. Daethom at y ffermdy a throi'r gornel wrth y talcen, gyda Franco yn gweiddi enw fy nhad nerth ei ben tan i ddyn hŷn ddod i gwrdd â ni ac edrych ar y tri ohonom yn syn, yn amlwg heb syniad pwy oeddan ni. Yn yr iard o flaen drws cefn y tŷ roedd bwrdd mawr wedi ei osod o dan nenfwd o frigau a dail gwinwydd a daflai gysgod braf dros y bobl a eisteddai yno.

Dydw i ddim yn cofio yn iawn faint o bobl oedd yno, ond roedd yno o leiaf ddau ddyn heblaw am Franco, dwy neu dair dynes ganol oed, rhai plant ac un hen ddynes mewn gwisg ddu henffasiwn. Doedd neb wedi adnabod y tri pherson rhyfedd yma o'u blaenau nhw. Ond gyda'r cyfuniad o Franco yn dweud ac ail-ddweud enw fy nhad ac yntau yn mynd at yr hen wraig, ei chyfarch wrth ei henw a chyflwyno ei hun, fe ddaeth hi, a phawb arall, i sylweddoli pwy oeddan ni a'n bod ni'n perthyn. Bu cofleidio a chusanu ac wylo mawr, ac yna bu'n rhaid inni eistedd i rannu'r pryd roeddan nhw ar fin ei fwyta.

Eisteddais yn hollol dawel yr holl amser oeddan ni yno, wedi fy hudo gan ffresni croesawus cysgod y gwinwydd a'r fflachiadau miniog o olau haul a ymddangosai yma ac acw yn y to, gan y wal gerrig hynafol a orweddai ar ffin y buarth a'r caeau melyn cras oedd yn ymestyn hyd orwel glas yr awyr yn y pellter. Ac o 'nghwmpas chwyrlïai lleisiau o amgylch y bwrdd, rhedai plant i mewn ac allan o'r tŷ, codai awel o fasil ffres o'r tomatos a'r *mozzarella* yn gorwedd ar y plât o olew olewydd, a saethai madfallod dros y llwch ar y llawr. Siaradom am deulu ac am hen enwau oedd wedi'u hanghofio, am lefydd oedd erbyn hynny yn bodoli yn unig yng nghof plentyn fy nhad, ym mhellter atgof yr hen ddynes oedd yn ail-fyw blynyddoedd y credai eu bod wedi diflannu am byth. Roedd rhywun wedi hen farw, hen gefnder wedi ymfudo i America a neb wedi clywed dim ganddo, dim ond ei fod wedi gwneud pres, a phlant i berthnasau wedi mynd yn bell, eu henwau rŵan yn dianc o'i chof.

Bwytaom ac yfom a daeth yn amser gadael. Dw i'n cofio fel y bu ennyd o ddistawrwydd cyn i 'nhad ofyn i'r hen ddynes: 'A chdi, f'annwyl, sut wyt ti?'

'O . . . Sandro bach, dw i'n dal i gredu . . . ac yn dal i ddisgwyl . . . Be' arall alla i neud? Un diwrnod, dw i'n sicr y daw o'n ôl.'

Ddudon ni i gyd ffarwél a dyma ni'n cerdded yn ôl i fyny'r llwybr at y ffordd, gyda Franco yn galw arnom ni bob cam o'r ffordd, 'Ciao Sandro! Ciao tutti, ciao!' Yn y car ar y ffordd yn ôl i Rufain gofynnais i 'nhad beth oedd hi'n ei olygu pan ddywedodd ei bod hi'n dal i ddisgwyl. Dal i ddisgwyl be'?

'Ei gŵr,' meddai fy nhad. 'Disgwyl am ei gŵr y mae hi.'

Yn ystod yr Ail Ryfel Byd, gyda'r ymgyrch yng Ngogledd Affrica yn dirywio a'r Almaenwyr yn cael eu dal yn eu hunfan gan Stalin a'i Fyddin Goch yn y dwyrain, gyrrwyd milwyr Eidalaidd o Affrica i Rwsia. Cyrhaeddodd llawer o'r rhain y rheng flaen yn Rwsia heb fod wedi derbyn nac offer priodol ar gyfer ymladd na dillad addas at aeaf rhewllyd a didrugaredd. Dywed rhai fod hyn wedi digwydd yn bwrpasol, gyda chadfridogion Eidalaidd yn credu mai dyna'r unig ffordd o ddinistrio yr hyn oedd ar ôl o rym milwrol yr Eidal a'r unig fodd, o dan unbennaeth, o newid cyfeiriad arweinyddion gwleidyddol y wlad. Y canlyniad oedd bod milwyr Eidalaidd a oedd wedi bod yn ymladd yng nghanol yr anialwch, o dan haul crasboeth, yn canfod eu hunain yn awr yn ymladd am eu bywydau yn yr eira a'r rhew mewn trowsusau byrion a chrysau lliw *khaki*, ysgwydd yn ysgwydd â milwyr Almaenaidd yn eu cotiau a'u hetiau. Dywedir i'r Almaenwyr roi gweddillion eu prydau i'r Eidalwyr i'w bwyta, ac mae'n anodd dychmygu beth fyddai'n weddill o dan y fath amgylchiadau.

Roedd gŵr yr hen wraig a welsom yn San Bartolomeo yn un o'r rhai a yrrwyd i Rwsia. Ddaeth o byth yn ôl. Mae rheswm yn dweud ei fod wedi marw yno, wedi'i ladd un ai gan y Rwsiaid, gan newyn neu gan oerni. A dyna fysai'r hen ddynes yn ei gredu hefyd, mae'n sicr, oni bai am gyfres o ddigwyddiadau rhyfeddol ers diwedd y rhyfel, â rhai o'r Eidalwyr a ddiflannodd i Rwsia yn dychwelyd flynyddoedd yn ddiweddarach. Daeth rhai yn ôl mor ddiweddar â'r saithdegau a'r wythdegau.

Roedd y dynion hyn, fel llawer o'u cyd-wladwyr, wedi'u cymryd yn garcharorion gan y Rwsiaid. Ond pan ddaeth y rhyfel i ben, yn lle gadael iddynt ddychwelyd adref fe ddywedwyd wrthynt bod yr Eidal wedi colli'r rhyfel, bod y wlad wedi ei dinistrio'n gyfan gwbl, ei dinasoedd a'i threfi wedi'u llosgi i'r llawr a'i chaeau wedi eu difetha. Doedd dim pwrpas iddyn nhw ddychwelyd. Roedd Stalin yn brin o weithwyr. Rwsia oedd wedi colli y nifer fwyaf o fywydau yn ystod y rhyfel ac roedd llawer o'i milwyr yn cael eu gyrru i'r *gulag* pan ddychwelent adref o'r Gorllewin er mwyn eu hatal rhag rhannu gyda'u cydwladwyr unrhyw syniadau a oedd yn annerbyniol i'r llywodraeth gomiwnyddol.

Dywedir i rai o'r carcharorion dderbyn y ffaith na fyddent byth eto'n gweld eu cartrefi na'u teuluoedd ac iddynt ddechrau ymsefydlu yn Rwsia. Erbyn gwybod y gwir, flynyddoedd yn ddiweddarach, roedd hi'n rhy hwyr i adael y bywyd newydd yr oeddan nhw wedi'i adeiladu iddyn nhw eu hunain – eu cartrefi newydd a'u teuluoedd Rwsiaidd – ac felly arhosodd y rhan fwyaf lle'r oeddan nhw. Penderfynodd eraill gychwyn ar y siwrnai adref. Mae hanes yn adrodd am rywrai yn cyrraedd eu trefi ac yn darganfod bod pawb wedi gadael neu wedi marw, bod gwragedd a chariadon wedi ailddechrau byw, bod dynion eraill yn gweithio yn eu caeau a dieithriaid yn cysgu yn eu tai.

Ond i'r merched hynny a oedd wedi coleddu atgofion annwyl am eu dynion, oedd heb glywed straeon gan gyd-filwyr am farwolaeth neu salwch mewn tiroedd pell, oedd heb dderbyn yr un llythyr swyddogol yn cyhoeddi bod eu hanwyliaid ar goll, parhâi'r gobaith eu bod yn dal yn fyw yn rhywle. Felly hefyd gneither fy nhad. Ei wallt du wedi britho, ei chroen wedi gwisgo a'r dyddiau hirion yn dal i droi a dod â gwawr newydd gyda nhw, glynai yn ddwfn at ei ffydd nad oedd y dyn ifanc a adawodd y tŷ y bore hwnnw wedi marw, ac arhosai am weld ei ffurf ryw ddiwrnod – ymhlith y myrdd o ddiwrnodau a aeth heibio mewn hanner can mlynedd – yn cerdded i fyny'r llwybr at y tŷ.

Yr Haf

22

Mae Mimmo, un o ddau berchennog y clwb, wedi cael ei gyfyngu i'w dŷ ei hun. Bu'n rhaid iddo fynd i lawr i'r *comissariato* ac mae'n rhaid fod y carcharau yn Rhufain i gyd yn llawn, oherwydd ar ôl cael ei ddal yn euog fe'i gyrrwyd adref. Am dri mis fydd ganddo ddim hawl mynd ymhellach na charreg y drws felly mae rhai ohonom ni'r hogiau wedi penderfynu ein bod am fynd i'w weld o.

'Dan ni'n cyfarfod yn Centocelle; dw i a Marco yn mynd at y cigydd i gael llwyth o stêc a gwahanol fathau o gig mochyn; mae Mauro yn mynd at y pobydd i gael bara; mae Maurizio i fod wedi cael gwin yn gynharach yn y dydd gan ei fod yn gweithio i gwmni sy'n gwasanaethu ardaloedd y tu allan i'r ddinas o gwmpas Frascati a'r bryniau, y lle gorau am win da a rhad. Job y Milanese yw prynu hufen iâ.

Mae Maurizio yn mynd i'n cyfarfod ni yno yn ei gar ei hun ac mae'r gweddill ohonom yn mynd yng nghar Mauro. Mae Mimmo yn byw ar gyrion y ddinas ac ar y ffordd 'dan ni'n stopio mewn *tabbacchaio* i adael y Milanese i fynd i brynu sigaréts i bawb. Wrth ddisgwyl amdano ar ochr y stryd mae Marco yn sylweddoli ein bod ni'n blocio'r traffig ac mae Mauro yn symud y car. Yn ei ddrych bychan mae Mauro yn gweld bod car tebyg i'w gar o wedi stopio lle'r oeddan ni ddau funud yn gynharach, a 'dan ni'n gwylio wrth i'r Milanese gerdded allan o'r siop at y car arall a cheisio agor y drws i fynd i mewn, ond mae'r ddynes yn y car yn neidio am y drws a'i ddal ar gau gan weiddi ar yr hen ddyn. Mae Mauro yn chwerthin. Mae Marco yn dweud eu hanes yn Frascati a hwythau'n colli'r Milanese a methu'n glir â dod o hyd iddo; wrth gerdded yn y dref welson nhw fo yn eistedd hefo'r plant ac yn gwylio sioe Punch a Judy.

'Dan ni'n cyrraedd tŷ Mimmo ac mae Maurizio yntau newydd gyrraedd. Mae Marco yn mynd at gar Maurizio i helpu hefo'r gwin. Mae ganddo ddwy botel 5 litr ac mae o'n pasio un i Marco sydd ddim yn ei disgwyl ac mae'n llithro o'i ddwylo, ac yn disgyn ar ei droed cyn rowlio, yn ddianaf, ar y concrit. Mae Marco yn rhuo mewn poen ond mae pawb arall yn rhedeg am y botel. Mae Marco yn meddwl ei fod o wedi torri asgwrn yn ei droed ond does neb yn cymryd fawr o sylw ar ôl gweld bod y gwin yn iawn.

Wrth y drws saif Mimmo mewn trowsus a chrys sy'n agored at ei fotwm bol. Mae gan Mimmo y bol mwyaf perffaith grwn rydw i erioed wedi ei weld; mae o'n ddyn byr sydd â'i frest a'i sgwyddau'n solet a sgwâr, ond mae ei stumog yn dod allan fel pelen ac yn edrych yn ffug, fel pe bai rhywun wedi stwffio pêl-droed i fyny ei grys. Mae o'n agor y giât fach ac yn ein gadael i mewn i'r tŷ heb groesi'r rhiniog, a 'dan ni'n gollwng ein pethau ar y bwrdd yn y gegin lle mae'i fab o yn yfed potel o gwrw. Mae Fabio ddwywaith maint ei dad ac yn edrych fel 'tasa fo'n fodlon bwyta unrhyw beth. Allan yn y cefn mae yna ardd fechan gyda thamaid o laswellt a theils yn y canol, ac o'u cwmpas wrychoedd a rhesi o blanhigion a blodau. Diffodda Mimmo'r dyfriwr er mwyn tynnu'r gril i ganol yr ardd a'i gynnau. Cyn hir cwyd arogl siarcol a mwg o'r gril ac eistedda Mimmo i lawr mewn cadair wrth ymyl Mauro, sydd eisoes wedi gwneud ei hun yn gyfforddus. Mae'r Milanese yn edrych ar y blodau, mae Maurizio yn smocio ac yn tollti gwin i wydrau a Fabio yn gwylio'r teledu yn y stafell fyw y tu ôl inni. Diflanna Marco'n syth bìn i'r gegin.

'Sut ti'n dod ymlaen, Mimmo?' hola Mauro.

'O, iawn ysti. Dwi'n falch fod hyn wedi digwydd yn yr haf a finnau'n medru mynd allan i'r ardd a ballu. Meddwl 'tasa fo wedi digwydd yn y gaeaf a finnau'n sownd yn tŷ, heb y planhigion a'r haul. Ond fyswn i'm yn meindio mynd i lan y môr chwaith.'

'Ia, ond meddwl 'tasa ti dal i fod yn y fflat 'na yn y canol! Yn tŷ drwy'r dydd yn y gwres. Doedd gen ti ddim hyd yn oed falconi gwerth sôn amdano fo! Fasa ti 'di mynd yn wallgo!'

'Yn wallgo!' medd Maurizio. 'Blydi hel, fysa fo wedi bod yn well allan yn y carchar nag yn y fflat 'na!'

'Hei! Mae unrhyw dwll o dŷ yn well na mynd yn ôl i fan'na!'

Dw i'n codi ac yn mynd drwodd i'r gegin. Mae Marco fel gwraig tŷ yn y ffordd mae o yn ei elfen yn potsian o gwmpas y gegin ac yn pryderu am y bwyd a'r amser a faint yn union o hyn neu'r llall ddyla fo roi yn be'. Ar hyn o bryd mae o'n gwneud *panzanella* ac yn cwyno bod ei droed yn brifo. Dw i'n tollti gwin iddo fo ac i fi ac mae o'n cymryd llond ceg cyn troi yn ôl at ei domatos. Mae o wedi torri bara ac yn rhwbio garlleg a thomatos i mewn iddo fo, ar ôl gwlychu'r bara y mymryn lleiaf o dan y tap. 'Hen fara ydy hwn,' eglura, 'felly mae isio'i feddalu o chydig.' Yna, mae o'n golchi dail *basilico* ffres ac yn eu rhoi ar ben y tomatos ar y bara. Er mawr syndod i mi, mae o'n cymryd dwy ddeilen *basilico* ac yn rhoi un y tu ôl i bob clust, rhwng ei glust a choes ei sbectol: 'I gadw'r mosgitos draw,' eglura.

Mae Fabio yn dod i mewn ac yn agor y ffrij ac yn mynd â'r bagiau o gig allan i'r ardd. Y tu allan mae'r gril yn mygu'n iach a Mimmo yn taenu lliain gwyn glân dros y bwrdd wrth y drws. Dw i'n anadlu ei arogl braf ac mae'n codi archwaeth bwyd arnaf. Gyda hyn mae'r cig yn cael ei osod ar y fflamau a'r mwg yn codi ac yn lledu. Mae llais yn galw o falconi uwch ein pennau.

'Be' ti'n 'goginio Mimmo?'

'Mae gen i stêc a phorc. A tomatos o'r ardd. A salad hefyd. Ti isio bwyd?'

'O's 'na ddigon?'

'Oes, cyn belled â'th fod yn dod â dy wraig hefyd!'

'O's 'na ferched yna?'

'Nac oes, yn anffodus, dydy'r hogiau 'ma yn dda i ddim, wedi dod â bwyd ond dim merched!'

Ddeng munud yn ddiweddarach mae cnoc ar y drws a dyn tew canol oed yn sefyll yno. Mae o mewn trowsus byr a hen grys-T a thyllau o dan y ceseiliau. Dw i'n medru dweud hynny oherwydd bob tro mae o'n agor ei geg i siarad mae ei freichiau yn codi i bobman ac yn dangos dau dwll blewog. O gwmpas ei wddw mae yna glamp o groes aur.

'Lle mae dy wraig?' gofynna i Mimmo.

'Wedi mynd at ei ffrindiau,' ateba Mimmo.

Mae sŵn sgwrsio prysur yn codi o blith y criw felly dw i'n cerdded o gwmpas yr ardd i edrych ar be' sy'n tyfu yno. Dw i'n adnabod rhai o'r planhigion ac yn plygu i gymryd llond trwyn o'r arogleuon sy'n nofio o'u hamgylch. Mae yna fasil, lafant, mint, rhosmari ac oregano. Mae yna eraill hefyd nad wyf yn eu hadnabod. I fyny yn yr awyr mae goleuadau oren Rhufain yn ymyrryd â disgleirdeb y sêr. Mae'r sêr yn gliriach tua'r dwyrain ac mae lleuad newydd yn codi uwchlaw'r ddinas.

'Dan ni'n dechrau bwyta ac yfed ac am ddwy awr mae platiau o gig, tomatos a basil a salad o'r ardd yn cael eu pasio o gwmpas y bwrdd a'r poteli gwin yn araf wagio. Mae pawb yn bwyta'r cigach gyda'u dwylo; felly hefyd y byddai'r hen Rufeiniaid yn bwyta; roeddan nhw'n defnyddio cyllell i dorri'r bwyd ond doedd ganddyn nhw ddim ffyrc, ac efo llaw fydden nhw'n cario'r cig i'w cegau.

Erbyn diwedd y pryd mae pawb yn gorwedd yn ôl yn chwyslyd yn eu seti. Pawb ond Mauro a Fabio, y ddau'n amneidio at dameidiau o borc yma a stecen acw, ac yn taflu'r cig i ddysglau ei gilydd. Mae'n rhaid i Mimmo godi a mynd at y goeden domatos i nôl chwaneg i'r ddau ac mae Marco yn edrych yn sarhaus arnyn nhw: *'Animali!'* dywed gan estyn am y gwin. Mae ei sbectol o'n gam rŵan, ei lygaid yn araf gau ac mae un o'r dail basil wedi disgyn ac yn gorwedd yn daclus ar ei ysgwydd.

Ar ôl hufen iâ y Milanese dw i'n codi eto at y planhigion ac mae Mimmo yn fy nilyn ac yn enwi pob un. Mae o'n pigo brigau o dri phlanhigyn ac yn dweud wrtha i am arogli a cheisio clywed y gwahaniaeth. Maen nhw i gyd yn arogli fel mint imi.

'Ia, mint ydyn nhw i gyd, ond arogla nhw eto. Ti'n clywed y gwahaniaeth?'

Mae o'n eu pasio imi eto, un ar y tro, ac yn rhoi eglurhad o bob un: 'Hwnna ydy'r mint, hynny yw, mint cyffredin. Mae o fel *peppermint.*' Mae o'n ogleuo yn debyg i fint sydd mewn da-da. Mae o'n pasio un arall. Mae persawr melysach, llai caled ar hwn. 'Oes,' cytuna Mimmo, 'mae o'n fwy melys. Mae'r cyntaf yna yn cael ei ddefnyddio ar gyfer *carciofi alla giudia*, ond *mentuccia* ydy hwnna sy gen ti'n dy law rŵan, hefo *aubergines* fysa chdi'n defnyddio *mentuccia*. A rŵan, hwn yn fa'ma: be' ti'n feddwl o hwn 'ta?' Dw i'n dal arogl meylsach fyth y ddeilen at fy nhrwyn.

'Be' ti'n neud hefo hwn, 'ta?'

'Hwn di'n ffefryn i. Hwn ydy'r mint wyt ti'n 'ddefnyddio i wneud te. Hwn maen nhw'n 'ddefnyddio ym Moroco.'

Yn ôl wrth y bwrdd, wrth inni yfed coffi a smocio, mae'r Milanese yn cychwyn cynhesu a deffro ac mae awydd perfformio arno. Mae o'n dal cadair yn erbyn ei goes, a chyda'i ddwylo mae o'n cogio ei fod o'n llifio un o'i choesau gan wneud sŵn llif yn torri yn erbyn pren. 'Dan ni'n edrych ac yn chwerthin ac yn meddwl be' ddiawl mae hwn yn 'i wneud rŵan? Yna yn sydyn mae o'n dod at y diwedd ac mae o'n tynnu ei goes yn ôl ac mae'r gadair yn syrthio, fel 'tasa'r goes wedi cael ei thorri'n wirioneddol. 'Dan ni'n chwerthin, ac mae'r Milanese wrth ei fodd.

Yn nes ymlaen yn y bar, wrth yfed coffi, mae Mauro wedi mynd i gamblo ac mae Marco'n dweud: 'Nath Mauro neud yr un peth unwaith, ysti.'

''Run peth â be'?' dw i'n gofyn.

'Yr un peth â'r Milanese, mynd i mewn i'r car anghywir. Ac roedd ganddo fo'r cywilydd i ista i lawr yn y car, tynnu sigarét allan o baced, ei thanio hi ac yna, heb edrych i fyny, i gwyno wrth y gyrrwr be' ddiawl oedd o'n disgwyl amdano yn aros fel'na wrth ochr y ffordd a ddim yn tanio'r injan a mynd. Pan edrychodd o i fyny hen foi oedd yna, yn wyn fel wal ac yn cyrcydu yn erbyn ei ddrws.'

*   *   *

Yn Piazza della Pilotta, does yna ddim sŵn o gwbl ond twrw ysgafn dŵr yn rhedeg o ffynnon yn y sgwâr llonydd. Mae arwyddion cyfarwydd yn cyhoeddi bod y tymor wedi newid. Mae'r haf fel lliain bwrdd sydd wedi dod i orwedd dros Rufain, ac ni chaiff godi tan yr hydref.

Ers rhai wythnosau mae ffenestri'r tai wedi bod yn agored yn y prynhawn a lleisiau cymysg y teledu a'r radio a'r bobl o gwmpas y byrddau yn nofio allan i'r stryd. Rŵan mae pobl yn gadael eu ceir yng nghysgod y coed, maen nhw'n cerdded ar draws y stryd i'r ochr dywyll o lygad yr haul ac wrth ddisgwyl am dram, yn mochel yng nghysgod

269

arwyddion ffyrdd.

Yn hwyrach y dydd, dw i'n eistedd hefo ffrindiau mewn fflat yn San Lorenzo. Mae'r ffenestri'n agored, y llenni wedi eu cau a dwy ffan yn troi. Mae pawb yn symud cyn lleied â phosib ond yn dal i chwysu; mae'n anodd anadlu.

*   *   *

Dw i'n dal bws ac mae'r gwres fel carreg wen yn gwasgu i lawr ar y dydd. Mae popeth yn araf ac yn drwm a distawrwydd celain yn llonyddu'r prynhawn. Bob tro mae'r bws yn stopio mae'r drysau hefyd yn araf yn cau a'r bws yn oedi'n hir cyn ailsymud, fel petai'r gwres yn ormod hyd yn oed i bethau mecanyddol y byd. Dw i'n cyfarfod Andrew wrth y pyramid a 'dan ni'n cymryd y trên ac yn mynd i lan y môr. Hanner awr yn ddiweddarach 'dan ni'n dau yn gorwedd ar y traeth yn Ostia ac yn wynebu'r dŵr.

"Set ti'n dal i fynd nawr lle fyset ti'n cyrraedd?' Dweud mae Andrew nid gofyn.

'Fysa ti'n hitio Corsica gyntaf, fysat, neu Sardegna, ella?' ychwanegaf.

'A wedyn Moroco?'

'Ia. Neu Algeria.'

'A wedyn?'

'Mawritania, dw i'n meddwl.'

'A wedyn?'

'Brasil . . . neu Feneswela.'

'Ac ar ôl hynna?'

'Blydi hel, cau dy geg!'

'Na, 'wy o ddifri!'

'Y . . . Pegwn y De?'

'Neu Awstralia, r'ochr bella. A 'sen i'n dal i fynd 'sen i'n bennu lan tu ôl inni fan hyn.'

'Ia, i ofyn chwaneg o gwestiynau dwl.'

'Ti'm yn teimlo bo ti'n mynd rownd mewn cylchoedd?'

'Yndw, weithiau. Mwy yn ddiweddar.'

''Wy am fynd nôl i Gymru ryw ddiwrnod.'

'I fyw?'

'Ie. Ond 'wy'm yn barod 'to. 'Wy'n gweld isie'r bobol, yr iaith, dyfe, ond . . . ti'm yn ca'l gorwedd ar y tra'th . . . mwynhau'r haul . . . a'r bwyd . . . bod mas drw'r nos ac ifed heb i hen fastard weiddi arnot ti i gwpla dy beint a mynd sia thre. Mae'n braf 'ma. A mae'n bwrw glaw o hyd fach yng Nghymru, ti'n gwpod? Blydi glaw . . . '

'Ia, ond dim ond tywydd ydy hynny.'

'Ie, ond mae e 'run peth bob dydd, mae'n ddiflas. Ti am fynd nôl?'

'I le?'

'I Gymru.'

'O, mi wna i, rywbryd. Adra ydy o, 'de.'

Ar y trên yn ôl mae llwyth o blant, yn hogiau a genod, yn dychwelyd o lan y môr, yn ogleuo o'r haul yn eu llinynnau o ddillad ac yn gweiddi a chwerthin o gwmpas dau ŵr o India sy'n eistedd yn ymyl. Mae un o'r dynion yn hŷn na'r llall, ac at hwn yn bennaf mae un o'r hogiau yn cyfeirio ei sioe, gan fynnu gweld eu tocynnau oherwydd ei fod o, ac yn bwysicach, ei dad, yn oruchwyliwr tocynnau. Mae'r dyn hŷn yn hanner protestio ac yn hanner chwerthin wrth i'r plant i gyd ymuno a mynnu gwybod os oes tocynnau ganddyn nhw, ond mae'i gyfaill iau yn eistedd yn ddistaw ac yn edrych yn llym a difrifol.

'Pam ti'm yn gwenu?' gofynna arweinydd y giang, ac mae'r plant eraill yn argymell y dyla fo wenu mwy. Mae'r sioe am y tocyn yn mynd yn ei blaen ac yna mae'r plant yn gofyn am bres i dalu cost y tocynnau absennol. Ac ar hyn, o'r diwedd, mae'r boi ifanc yn gwenu'n betrusgar i ddechrau, ond yna mae ei wên yn lledu'n fawr.

'Mae o'n gwenu!' cyhoedda un o'r genod.

'Ydy,' medd y plagiwr penna. 'A gwên dda sydd ganddo fo hefyd.'

* * *

Heb yn wybod imi, ymysg y tyrfaoedd oedd yn dathlu'r *scudetto* yn Rhufain roedd un dyn ifanc wedi dod yr holl ffordd o Genova. Wedi'i eni yn Rhufain, symudodd ei dad y teulu i'r gogledd, lle'r oedd wedi cael gwaith a lle'r ymgyrchai dros y mudiad undebol. Tyfodd y bachgen i fod yn aelod o fudiadau sosialaidd ond roedd hefyd yn angerddol dros bêl-droed a thros ei hoff glwb.

Ond lai na mis ar ôl y fuddugoliaeth, â'r dathlu'n parhau ar strydoedd y brifddinas, roedd Carlo Giuliani wedi marw, ei gorff yn gorwedd ar stryd yn Genova, wedi'i saethu yn ei ben gan fwled o wn *carabinere*. Darlledwyd y ddelwedd hon drwy'r byd i gyd a pharhaodd miloedd ar filoedd o brotestwyr i gerdded a chwysu drwy strydoedd y ddinas honno tra, y tu ôl i furiau a gynnau'r milwyr, eisteddai arweinwyr wyth o wledydd cyfoethocaf a mwyaf pwerus y byd gan drin a thrafod sut i drefnu pawb arall. Cyn dechrau'r cyfarfodydd, a phrotest ar raddfa nad oedd yr Eidal yn barod amdani'n bygwth, darbwyllodd Berlusconi bawb nad oedd angen pryderu. Yn hytrach roedd o am i drigolion Genova ganolbwyntio ar addurno'r lle â blodau ar gyfer y camerâu rhyngwladol gan guddio'r golch dros gyfnod y cyfarfodydd, er mwyn edrych yn fodern a gweddus yn llygaid y byd.

Heblaw am dristwch amlwg marwolaeth y bachgen ifanc, tristwch arall yw bod ein harweinwyr a'n system gymdeithasol yn creu sefyllfa lle bo dau berson cyffredin – undebwr a gweithiwr ar y naill law a heddwas ar y llall – yn canfod eu hunain ar ddwy ochr wahanol.

*   *   *

Yn Swyddfa Bost Tor Bella Monaca bore 'ma roedd pobl yn ceisio gwthio ymlaen ychydig mwy er mwyn iddyn nhw beidio gorfod aros allan yng ngwres y bore. Y tu mewn roedd dynes wedi llewygu ac fe'i rhoddwyd i eistedd ar lawr yng nghysgod y wal tra oedd dyn a dwy ddynes yn chwifio papurau newydd o flaen ei hwyneb.

Rŵan mae clychau yn canu yn Tor Bella Monaca, eu lleisiau yn cario dros y toeau a'r haul yn oren wrth ostwng ei ben. Y tu ôl imi mae oglau paent yn sychu, yr awyr yn borffor uwchlaw'r awyrennau a'r craeniau, a chyfarth ci fel ceiliog y cyfnos.

*   *   *

Ar y ffordd i Termini i brynu fy nhocyn i fynd i Cortona, dw i'n eistedd ar fws yng nghanol traffig nad yw'n symud ac yn synfyfyrio wrth edrych ar yr adeiladau. Yn y ffenestri mae ambell ffigwr yn pwyso dros y sil ac eraill yn gwylio'r stryd oddi ar y balconi. Mae hi'n adeg brysur o'r dydd a phawb ar eu ffordd adref o'u gwaith. Mae'r dydd yn troi yn nos a'r golau'n newid; mae rhywbeth yn dod i ben, a thangnefedd i'w gael o wylio'r byd yn symud a phobl eraill yn dilyn llwybr eu diwrnod. Cyfrwng hamddena yw gwylio'r mynd a'r dod fel hyn . . .

Yn Termini mae'n rhaid aros am hydoedd cyn cael fy nhocyn a phan ddof allan mae storm yn codi yn y gogledd. Yn Anagnina mae'r awyr ddu yn taranu ac yn rowlio'n fygythiol. Wrth ddod i lawr o'r bws yn Tor Bella Monaca a dechrau cerdded am y tŷ does fawr o ysbaid rhwng mellten a tharan ac mae diferion trwm o law yn gwasgaru fel peli o ddŵr yma ac acw dros y tarmac; mae'r pridd a'r gwair sych ar ochr y concrit llychlyd yn rhyddhau arogl llaith fel pe bai'r ddaear ei hun yn blaguro ac yn ymlacio yn fraich-agored o dan ollyngdod y glaw.

Mae'n edrych yn debyg fod glaw trwm ar fin llifo o'r awyr, ond erbyn imi gyrraedd adref a mynd i sefyll ar y balconi mae'r mellt wedi mynd heibio, y taranau wedi tawelu a'r cymylau duon wedi pasio. I'r gogledd mae'r awyr yn goleuo a does dim ar ôl ond gweddillion arogl lleithder a phinc gwelw'r cymylau lle mae'r haul yn mynd i lawr.

Drannoeth, dw i'n dal trên i fynd i weld fy modryb Margherita a'm hewythr Walter; mae Walter yn wreiddiol o Toscana ac yno ar ochr bryn uwchben tref fechan Cortona mae hen ffermdy ei deulu sydd bellach yn dŷ haf iddyn nhw. Mae'n rhaid bod y storm na ddisgynnodd dros Rufain wedi cyrraedd yma oherwydd mae'n gymylog, ac wrth i'r bore godi mae'r haul yn araf dreiddio o gwmpas copaon y bryniau, a thrwy bennau'r coed mae stribedyn o darth yn nofio a sychu yng ngwres y dydd.

'Dan ni'n yn mynd heibio tŵr toredig arall sydd unwaith eto yn tyfu trwy'r dail. Gwlad cestyll a chaerau yw hon, yn goruchwylio afonydd a ffyrdd, a chlogwyni serth yn codi o'r tir islaw fel muriau cestyll naturiol. Yna, ar un ochr imi, mae talpyn sgwâr o graig yn codi'n wastadedd uchel o dai. Dyma dref Orvieto yng nghanol cansenni siwgr a gelltydd tyner Toscana.

Mae mawredd i'r wlad hon, ac elfen fwy bonheddig yma nag yn Lazio a Rhufain a ffrwythlondeb mwy amrwd y de. Mae yma urddas, sydd wedi esgor yn naturiol ar fawrion clasurol fel Dante a gwin Chianti. Ymysg pinwydd tal Toscana mae rhesi toredig o ffermdai oren o dan awyr las, wag.

Yng ngorsaf Terontola dw i'n dod i lawr oddi ar y trên ac yn cyfarfod Margherita a Walter. Mae Cortona ychydig ymhellach a does dim gorsaf yno felly 'dan ni'n plethu ein ffordd ar hyd y ffyrdd troellog, i mewn ac allan o olau'r haul sy'n saethu rhwng canghennau'r coed uwch ein pennau. Tu allan i'r tŷ 'dan ni'n eistedd ac yn yfed gwydr o win a siarad am fy nhad: maen nhw'n pryderu amdano'n dragwyddol ac yn dal heb ddygymod yn hollol â'r ffaith ei fod o wedi gadael ei gartref ac wedi mynd i fyw mor bell. Mae Margherita yn esbonio sut roedd hi'n teimlo am ei brawd yn gadael.

'Doeddan ni ddim isio fo fynd ar y dechrau. Am un peth roedd ganddo waith yma, swydd dda a phres da. Doedd ganddo fo ddim byd yno. Beth oedd o'n mynd i'w ffeindio? Roedd o'n mynd yn y car bach 'na, ac i ffwrdd â fo gyda'r car yn llawn o'i bethau fo. Lle'r oedd o'n mynd? I'r anwybod, i'r tywyllwch! Felly roedd hi'n ymddangos i ni. Pwy oedd wedi clywed am Gymru o'r blaen?' Rŵan mae hi'n chwerthin.

'Dan ni'n cael cinio ac mae Walter am fynd i gysgu a Margherita am olchi llestri. Mae hi'n dweud wrtha i am fynd am dro felly dw i'n cerdded heibio talcen y tŷ. Y tu ôl i'r tŷ mae gan Walter gae o goed olewydd yn edrych allan ar ddyffryn y Val Di Chiana. Mae'r dyffryn hwn yn cynhyrchu rhai o'r gwinoedd coch gorau yn y byd, a heddiw mae'n

275

berwi yn yr haul.

Uwchlaw'r olewydd mae hen ffordd Rufeinig, a thu ôl i'r ffordd mae'r pre-Appennini, y bryniau isaf sy'n dynodi dechrau'r mynyddoedd uwch ymhellach i'r dwyrain, lle mae rhesi toredig y pinwydd yn dilyn amlinell y copaon. Yma, am y tro cyntaf ers misoedd, caf oedi ac anadlu llonyddwch y mynydd; yma mae sibrwd isel y gwynt, cân aderyn a chyfarth cŵn o fuarthau pell. Mae cactws gwyllt a llwyni crynion yn plygu o dan bwysau ffrwyth porffor-las tebyg i lys nad ydw i wedi ei weld o'r blaen. Dilynaf lwybr anial yn ôl i gyfeiriad y tŷ. Mae clychau eglwys i'w clywed yn y pellter a thoeau *terracotta* anwastad yn dod i'r golwg. Rwyf bellach ar stryd yn y pentref. O fewn tri cham dw i'n clywed Saesneg, Almaeneg ac Iseldireg. Mae plentyn yn rhedeg heibio yn siarad Eidaleg a'i fam yn ei ddilyn, a genod yn cerdded heibio yn siarad Ffrangeg; roeddwn i wedi anghofio mai cae chwarae cyfoethogion gogledd Ewrop ydy hwn ac, ym mis Gorffennaf, mae'r chwarae yn ei anterth.

Y rhain yw'r bobl sy'n mynd i ogledd Ffrainc, i Normandi, i Picardie, i lawr i Provence, lle mae'r byd – drwy lygad a gwres yr haul – bellteroedd maith o'u cartrefi, lle mae caeau mwyn yn ymestyn i dragwyddoldeb, lle mae bwydydd ar fyrddau estron a gwinoedd yn llifo fel grisial o gegau poteli enwog, y lliain bwrdd yn cysgu'n sigledig wrth i'r gwynt gosi'r coed ar y gorwel. Mae'n ddigon pell o'n byd ni inni deimlo gwefr y newydd, ond yn ddigon agos i hawddfyd y cyfarwydd. Hyd at Toscana mae'r byd Ewropeaidd yn dawel, yn dyner a chysglyd o dan yr haul. Pwy all beidio â mwynhau Toscana? Ond ar ôl Toscana mae'r gwir estron fyd, â thawelwch pentrefol a gwaraidd y llefydd hyfryd wedi'u gadael ar ôl. Tu hwnt i Toscana mae'r de, a thu hwnt i'r de, Affrica. Yno mae'r haul yn llai trugarog, y pridd yn sychach, y bobl yn dlotach a'r gwin yn drymach ar y stumog. Mae pobl yn gwthio ac yn gweiddi mwy yno ac mae gartref yn sydyn ymhellach i ffwrdd.

Ar ôl troedio strydoedd troellog y dref dw i'n dod yn ôl at y tŷ. Mae Walter yn awgrymu mynd am dro yn y car. 'Dan ni'n cyrraedd llawr y dyffryn ac yn edrych i fyny ar Cortona. O'n blaenau mae cae o rawn a stabal ar un ochr. Mae Walter yn dangos i mi'r tŷ ar ochr y bryn a'i lais yn atsain dros y caeau.

*   *   *

Yn ôl yn Rhufain, fe roddaf fy mhen allan drwy ffenest agored y tram a dw i'n sylweddoli gymaint yr ydw i wedi dod i hoffi'r ddinas hon; dw i'n hoff o'i thramiau, o'i sbwriel anniben, o'i ffynhonnau yn sibrwd drwy'r nos ac o floedd amrwd ei phobl.

Carreg sylfaen y byd materol yw Rhufain ac mae wedi'i hadeiladu ar ddelwau o garreg ac aur. Mae'i cholofnau, ei bwâu a'i heglwysi yn symbolau o'r grymoedd gwleidyddol a chrefyddol a'i llywodraethai. Serch hynny, mae'i phrydferthwch yn creu cytgord, yn cydblethu newydd a hen, lliw a golau.

Ac yn rhywle mae'r materol a'r ysbrydol yn uno â'i gilydd ac yn atsain y reddf sydd ynom ni i gyd i ddarganfod tangnefedd hefo'r hyn sydd o'n hamgylch. Ac felly mae'r chwilio am gytgord yn ein bywydau yn parhau ac mae gwybod bod rhywbeth ar fin cael ei adael ar ôl yn deimlad unigryw. Mae penderfyniad wedi'i gymryd ac mae fel petasai rhan ohonof eisoes yn edrych i gyfeiriad arall, gan adael rhyw sgerbwd o ymwybyddiaeth a'r llygaid yn nofio mewn breuddwyd drwy fôr o liw a ffurfiau sydd wedi bod mor hir yn gyfarwydd ond sydd rŵan allan o'm cyrraedd. Dw i'n gweld Rhufain yn barod fel petaswn yn edrych yn ôl. Onid dyma hyfrydwch teithio, o gamu yn ôl i lecyn yn nhir y meddwl wedi inni hen adael? Parhau i symud hyd yn oed pan fo'r traed yn gorffwys.

Mae yna adegau pan dw i wedi bod eisiau cuddio fy hun mewn stafell er mwyn cael llonydd rhag murmur didostur a di-baid y Rhufeiniaid, pan fo'u dadlau a'u mynnu tragwyddol wedi fy nhreulio gymaint fel na allwn ddioddef rhagor. Maen nhw'n geidwadol ond eto'n derbyn popeth sy'n wahanol; mae ganddynt ddychymyg a synnwyr creadigol tu hwnt, ond mae'n amhosib eu cael i wyro oddi ar y llwybr maen nhw wedi ei gynllunio; mi elli di gynnig mynd â nhw i rywle neu wneud rhywbeth ac fe gytunant yn llawen, ond fe dreuliant awr y tu allan i gaffi yn ceisio penderfynu a ydynt am fynd i mewn ai peidio. Maen nhw'r bobl fwyaf paradocsaidd dw i erioed wedi byw yn eu mysg: yn fympwyol ond yn ofalus, yn bositif ond yn amheus, yn unigolyddol ond â synnwyr cryf o gymuned, ac yn meddwl eu hunain ond eto'n hollol ddiymhongar ac yn gwbl gyfforddus hefo'u gwreiddiau gwerinol.

Ac o ffenest agored y tram, edrychaf allan wrth fynd heibio'r strydoedd a deuwn yn araf at Borta Maggiore, yn afreal yn y muriau yng ngolau'r lampau. Yr ydym ni bobl fel smotiau anweledig sy'n dod ac yn mynd, tra bo'r ddinas yno o hyd, a'r elfen oesol hon sy'n ein hudo. Ymysg y cerrig hynafol a'r strydoedd budr, yr osgo ffasiynol, yr aur a delwau'r saint, mae yma ddynoliaeth mor sylfaenol o naturiol fel ei bod yn codi fel ffynnon ddiddarfod.

* * *

Yn yr orsaf yn Ostia Antica mae'r sicada yn canu yn y coed uwchlaw'r platfform a dw i'n cerdded allan i wres canol prynhawn ac awel ysgafn y môr ychydig filltiroedd i ffwrdd. Dw i'n croesi pont ac mae cae pêl-droed llychlyd ar y dde ag arwydd yn hysbysebu cystadleuaeth arfaethedig ddau fis yn ôl. I lawr y ffordd mae caeau agored a phinwydd, a llidiart yn borth i Ostia'r Rhufeiniaid.

Mae rhywun yn cael ei daro yn syth gan lonyddwch y lle, math o Pompeii ond heb y drychineb; yr unig drychineb yma yw anocheledd amser. Mae waliau isel sylfeini hen adeiladau yn sefyll fel rhesi ar ochr yr hen ffordd. Mae'r haul yn dal i fod yn uchel a phobl yn symud rhwng y cerrig yn y pellter, eu lleisiau allan o gyrraedd fy nghlyw. I fyny rhes o risiau mae man i edrych i lawr ar y pyllau a'r baddon lle mae mosaig o Neptiwn yn gyrru ei geffylau ymysg anifeiliaid a hanner-dynion, dolffiniaid a seirff y môr. Mor hir maen nhw wedi sefyll yn unig, y bobl a'u creodd wedi hen gilio, eu lleisiau wedi distewi wrth i amser eu harwain i lawr y stryd; efallai y bu iddyn nhw daflu cip dros eu hysgwyddau cyn i'w ffurfiau fynd yn aneglur a niwlog yn y pellter, gan ddedfrydu'r ffigyrau ar y llawr i ddistawrwydd oesol, nes i lwch gymryd lle'r dŵr.

Wrth deithio ceir gwrthdaro rhwng dysgu a synhwyro. Ffeithiau yw dodrefn materol y meddwl, a dydyn nhw ond yn llenwi'r ystafell ac yn blocio'r drysau. Heddiw dydw i ddim am wybod na darllen, dim ond cerdded a sefyll. A dyna pam y caf fy hun oddi ar y prif lwybr mewn sgwâr hir o golofnau a hanner colofnau, iorwg yn eu gorchuddio a gwair a blodau porffor yn tyfu ar lawr. Dydw i ddim yn gwybod beth yn union oedd y lle hwn, ond mae'r sicada yn canu, y blodau yn siglo yn yr awel a'r haul yn tywynnu'n fwyn dros y dail a thawelwch y cerrig. Daw teimlad angerddol o heddwch drosof sy'n fy nhynnu ymlaen, yn fy hudo at y briodas hon rhwng gwyrddni a chraig. Mae'r graig a dynnwyd o'r ddaear yn araf suddo'n ôl at ei gwreiddiau. Mynwent i waith dyn yw hon lle mae natur yn mynd yn ei blaen yn ddi-hid. Mae'r colofnau yn disgyn i grud y dail.

Arhosaf am yn hir yn y man agored yma ac oddi yno af at yr arena, lle byddai pobl mewn togâu yn eistedd ar y grisiau cerrig i wrando ar farddoniaeth a hwyl yn codi i awyr y nos. Ble mae'r lleisiau? Lle mae'r dorf? Oddi yma aethant adref, lampau olew yn llosgi yn y cartrefi, heibio tafarndai llawn gwin a chanu ac ar hyd strydoedd y nos.

*   *   *

Cyn y storm neithiwr roedd arogl mint yn yr awyr wrth borth Porta Maggiore. Yma y byddai mam Alberto yn dod yn ystod y rhyfel i gasglu dail i'w bwyta. Wrth i mi orwedd ar wastad fy nghefn yn y gwair roedd y sêr yn fyglyd drwy dywyllwch oren y ddinas. Roeddan ni wedi parcio ar ochr y ffordd ac yn cael dau funud cyn mynd i ffarwelio hefo rhai pobl a llefydd, oherwydd yfory fe fyddaf yn dal trên ac yn ymadael. Roeddan ni wedi bod am fwyd i'r *Osteria*, ac wrth i ni baldaruo bu'r Milanese yn brysur ar y lliain bwrdd gyda'i bensel. Wrth ffarwelio, rhoddodd y tamaid o bapur i mi, gyda 'narlun arno. Mae symiau'r gweinydd ar un ochr o 'nhrwyn, ac ar y llall mae ôl saws tomato.

Heddiw dw i wedi bod yn cerdded o gwmpas ac yn cael golwg ola ar un neu ddau o lefydd gan gynnwys y Forum. Prin oedd sŵn y traffig gyda'r rhan fwyaf o geir Rhufain wedi diflannu ynghyd â'u perchnogion i fannau eraill llai poeth yng nghanol Awst. Clywid sibrwd siarad y twristiaid o gysgod hen waliau a swn ysbeidiol eu traed yn llusgo'n flinedig drwy'r llwch. Roedd yr haul yn fflachio rhwng colofnau Teml Sadwrn a neidiai colomennod a madfallod gwyrdd yn y gwellt crimp. Oddi yno es i lawr i Piazza Navona i wylio'r dŵr a gweld delw Bernini yn gwatwar eglwys Borromini wrth i hanner y sgwâr groesawu cysgod diwedd y prynhawn.

Felly o Piazza Navona es i at hen ffordd yr Appia, y ffordd Rufeinig i Brindisi ac i wlad Groeg. Yma ar y Via Appia Antica croeshoeliwyd Spartacus a'i ddilynwyr, y caethweision a wnaeth fygwth trechu'r byddinoedd Rhufeinig. Fe'u gosodwyd o boptu'r ffordd yn arwain i Rufain fel rhybudd i unrhyw un a geisiai ryfela yn erbyn ei grym. Ar un ochr i'r ffordd roedd hen ffermdy isel, unig gyda byrddau y tu allan ac arnynt amrywiaeth o waith llaw: potiau a dysglau *terracotta* yn hen steil y Rhufeiniaid. O flaen y tŷ gwelwn ddyn yn eistedd ar y wal yn curo mochyn coed ar agor hefo mwrthwl bach cyn bwyta'r cnau. Doedd yna neb arall o gwmpas heblaw un neu ddau sgwter, a swnian eu moduron oedd yr unig beth i darfu ar y llonyddwch.

Roedd y prynhawn wedi dod i ben, yr haul wedi machlud a symud araf y cyfnos yn deffro yn yr awel ffres. Gellid clywed galwadau'r adar o'u canghennau ac ar ddwy ochr y ffordd agorai'r caeau yn llydan tua'r ddinas. Rhwng y cerrig mawrion gorweddai pyllau o ddŵr mwdlyd ar ôl glaw y noson gynt. Roedd twr toredig ar y llaw chwith ac wrth imi ddringo yn uwch ymddangosodd lleuad gron drwy dwll yn y wal. Yno, arhosais am amser gan edrych i fyny ac i lawr y ffordd cyn disgyn a cherdded heibio beddrod crwn ac arno ffigyrau o hen ddynion barfog. Heb wylio 'nghamrau rhoddais fy nhroed mewn pwll o ddŵr glaw ac ar wyneb crynedig y dŵr gwelais adlewyrchiad y lleuad ar ei ffordd i Rufain.